《强国之路——纪念改革开放30周年重点书系》
编辑委员会

强国之路
纪念改革开放30周年重点书系

宋晓梧 主编

ZHONGGUO SHEHUI TIZHI GAIGE
30 NIAN HUIGU YU ZHANWANG

中国社会体制改革
30年回顾与展望

人民出版社

在新的历史起点上推进改革开放

——《强国之路——纪念改革开放 30 周年重点书系》总序

柳斌杰

从鸦片战争开始，无数中华儿女前赴后继，抛头颅、洒热血，力图探索出一条引领中华民族实现民族独立、人民解放，实现国家繁荣富强、人民共同富裕的康庄大道，这一理想体现在中国近现代历史的始终。从太平天国运动到戊戌变法再到义和团运动，中华儿女始终在苦苦探索着。辛亥革命结束了沿袭数千年的封建帝制，为近代中国革命进步打开了新的一页，但很快又陷入军阀混战。中国共产党领导的新民主主义革命推翻了"三座大山"，建立起人民当家作主的新中国和社会主义基本制度，开辟了建设社会主义的道路，真正实现了中华民族的独立和人民的解放，为当代中国发展进步创造了前提。在中国共产党的领导下，以 30 年前召开的党的十一届三中全会为标志启动的改革开放，是社会主义制度得到巩固和完善的伟大革命，为当代中国发展进步探索了一条真正实现国家繁荣富强、人民共同富裕的伟大道路。正如胡锦涛同志强调的，改革开放是强国之路，是我们党、我们国家发展进步的活力源泉。

30年弹指一挥间。在改革开放步入"而立之年",回顾和总结改革开放30年的伟大历程和宝贵经验,对于我们准确领会和科学把握改革开放这场新的伟大革命的目的和性质,进一步高举中国特色社会主义伟大旗帜,坚定走中国特色社会主义道路的决心和信心,继续推进改革开放、科学发展、和谐社会建设,都有着十分重要的意义。

一

　　在新中国的历史上,改革开放是关系社会主义中国前途命运的抉择。正是这场新的伟大革命,使我们摆脱了"文化大革命"十年内乱所造成的困境,经济持续高速发展、人民生活水平显著提高、综合国力和国际地位大幅提升,谱就了中国历史上最壮丽的史诗、最华美的篇章,创造了举世公认的奇迹。任何伟大革命的启动都是基于历史的动力和对时代大势的深刻分析,是准确把握人民的愿望和历史潮流的结果。改革开放这场新的伟大革命正是中国共产党对中国社会主义建设历史和现实的清醒认识、对国际形势和历史潮流的准确把握,深刻体现了历史与现实的统一、党的意志和人民愿望的统一。

　　30年前,"文化大革命"造成的十年内乱给我们党和国家带来了极其严重的创伤,国民经济濒临崩溃的边缘,人民生活十分困难。1976年粉碎"四人帮",结束了十年内乱,中国历史出现了转机。但由于党的指导思想出现失误,从1976年10月到召开党的十一届三中全会前的两年间,党的工作出现了徘徊局面。而与此同时,世界范围内新科技革命蓬勃兴起,发达国家纷纷进行后工业革命，许多发展中国家也加紧向现代化社会转型。我国经济实力、科技实力与国际先进水平的差距明显拉大，面临着巨大的国际竞争压力。正是在这种情况下，我们党科学分析国内国际形势，准确把握时代主题和顺应人民愿望，以解放思想、实事求是、拨乱反正的大智大勇，举起了改革开放的旗帜，坚定地开辟了建设中国特色社会主义的新路。正如我国改革开放总设计师邓小平同志所说："如果现在再不实行改革，我们的现代化事业和社会主义事业就会被葬送。""不坚持社会主义，不改革开放，不发展经济，不改善人民生活，只能是死路一条。"这表明，要摆脱我国当时所处的严重困境，要加快改变中国的面貌和改善中国人民的生活，必须果断结束"以阶级斗争为纲"，把党的工作重点转到以经济建设为中心上来，通过改革解放和发展社会生产力，完善社会主义制度；通过开放打开国门，勇敢参与国际经济合作和竞争。以具有重大历史意义的党的十一届三中全会为标志，改革开放历史新时期的序幕拉开了，经济改革从农村到城市、从国有企业到其他各个行业势不可挡地展开了，对外开放的大门从沿海到沿江沿边，从东部到中西部毅然决然地打开了，整个中国充满了生机。

改革开放这场新的伟大革命的深入发展是几代共产党人继承和创新的结果。胡锦涛同志在党的十七大报告中强调，"我们要永远铭记，改革开放伟大事业，是在以毛泽东同志为核心的党的第一代中央领导集体创立毛泽东思想，带领全党全国各族人民建立新中国、取得社会主义革命和建设伟大成就以及艰辛探索社会主义建设规律取得宝贵经验的基础上进行的"；

"我们要永远铭记，改革开放伟大事业，是以邓小平同志为核心的党的第二代中央领导集体带领全党全国各族人民开创的"；"我们要永远铭记，改革开放伟大事业，是以江泽民同志为核心的党的第三代中央领导集体带领全党全国各族人民继承、发展并成功推向二十一世纪的"。"十六大以来，我们以邓小平理论和'三个代表'重要思想为指导，顺应国内外形势发展变化，抓住重要战略机遇期，发扬求真务实、开拓进取精神，坚持理论创新和实践创新，着力推动科学发展、促进社会和谐，完善社会主义市场经济体制，在全面建设小康社会实践中坚定不移地把改革开放伟大事业继续推向前进。"以胡锦涛同志为总书记的党中央正在继承和发展着老一辈无产阶级革命家开创的改革开放伟大事业，不断把她推向新阶段。

党的十一届三中全会以来，我们党和国家在取得社会主义现代化建设举世瞩目成就的同时，创造和积累了丰富的实践经验。在党的十二大、十三大、十四大、十五大、十六大分别对改革开放阶段性经验总结的基础上，党的十七大从回顾30年改革开放整个历史进程入手，围绕在一个十几亿人口的发展中大国如何才能摆脱贫困、加快实现现代化、巩固和发展社会主义这些根本问题，总结概括出"十个结合"的宝贵经验，升华了我们对改革开放的认识。"十个结合"生动阐明了在改革开放历史进程中，我们党如何坚持和发展马克思主义，如何坚持和发展社会主义，如何加强和改善党的领导，如何在中国特色社会主义事业总体布局及其每一个方面体现我们党的基本理论、基本路线、基本纲领、基本经验，如何统筹国内国际两个大局，如何协调推进中国特色社会主义伟大事业和党的建设新的伟大工程，等等。贯穿这"十个结合"的一个最为根本的主线，就是坚持把马克思主义基本原理同我国社会主义现代化建设的实际结合起来，开辟中国特色社会主义伟大道路。

二

胡锦涛同志在党的十七大报告中指出，"改革开放是党在新的时代条件下带领人民进行的新的伟大革命，目的就是要解放和发展社会生产力，实现国家现代化，让中国人民富裕起来，振兴伟大的中华民族；就是要推动我国社会主义制度自我完善和发展，赋予社会主义新的生机活力，建设和发展中国特色社会主义；就是要在引领当代中国发展进步中加强和改进党的建设，保持和发展党的先进性，确保党始终走在时代前列"。30 年的实践证明，我们的目的正在一步步达到。

就 30 年改革开放带给当代中国的发展进步来说，深刻地体现在中国人民的面貌、社会主义中国的面貌、中国共产党的面貌所发生的历史性变化上。30 年改革开放带来的最深刻的变化，首先体现的是中国人民面貌的变化，许多曾经长期窒息人们思想的旧的观念、陈腐的教条受到了巨大的冲击，解放思想、实事求是、开拓创新、与时俱进开始成为人们精神状态的主流。在中国共产党的领导下，中国人民以改革开放为动力，为建设一个富强民主文明的社会主义现代化国家，为实现中华民族的伟大复兴而不懈奋斗，中国人民成为先进生产力、先进文化的创造者。在这场深刻变革中，社会主义中国的面貌也发生了翻天覆地的历史性变化，思想大解放，社会大进步；国家实现了从"以阶级斗争为纲"到以经济建设为中心、从封闭半封闭到改革开放、从计划经济到市场经济的深刻转变,社会生产力大解放,社会财富急剧增长,物质生活丰裕,13亿人基本上安居乐业。曾经满目疮痍、饱受欺凌、贫穷落后的中国已经变成政治稳定、经济发展、文化繁荣、社会和谐的一个充满活力和生机的社会主义中国。在改革开放的伟大实践中,中国共产党的面貌也发生了历史性变化,总结了历史经验,重新确立了马克思主义的思想路线、政治路线和组织路线,在开辟中国特色社会主义伟大道路的过程中,在领导中国特色社会主义现代化进程中,始终把保持和发展党的先进性、提高党的执政能力、转变党的执政方式、巩固党的执政基础作为党的建设的重点,实现了从革命党向执政党的彻底转变,成为始终走在时代前列的中国特色社会主义事业的坚强领导核心。

30年改革开放是当代中国发展进步的一个巨变时期。这个时期最鲜明的特点是改革开放。这场人类历史上从未有过的大改革、大开放,极大地调动了亿万人民的积极性,使我国成功地实现了从高度集中的计划经济体制到充满活力的社会主义市场经济体制、从封闭半封闭到全方位开放的伟大历史转折,使一个面向现代化、面向世界、面向未来的社会主义中国巍然屹立在世界东方。这个时期最显著的成就是快速发展。正是在改革开放的推动下,我们这样一个人口众多的发展中大国,以世界上少有的速度持续快速发展起来,经济实力、综合国力不断增强,基础设施和城乡面貌发生巨大变化,人民生活总体上达到小康水平。这个时期最突出的标志是与时俱进。正是在与时俱进地探索和回答什么是社会主义、怎样建设社会主义,建设什么样的党、怎样建设党，实现什么样的发展、怎样发展等重大理论和实际问题的过程中，我们党不断推进了马克思主义中国化，在开创中国特色社会主义事业新局面的同时，拓展了当代中国马克思主义新境界。时代精神、成功实践和理论创新使我们党保持了政治上的坚定，能坚决排除各种错误思潮、错误倾向的干扰，始终带领全国人民沿着正确方向前进。

三

回顾 30 年来，我们所取得的一切成就和进步，都是得益于改革开放这一伟大的实践，得益于中国特色社会主义理论体系这一伟大的理论。伟大的实践孕育伟大的理论，伟大的理论指引伟大的实践。中国特色社会主义理论体系与改革开放之间的关系，深刻体现着理论与实践之间的辩证关系。

解放思想、实事求是、与时俱进，是马克思主义活的灵魂，是我们党的根本思想路线，是我们适应新形势、认识新事物、完成新任务的根本思想武器。在新的历史时期，我们党始终如一地坚持这一马克思主义的思想路线，不断探索和回答什么是社会主义、怎样建设社会主义，建设什么样的党、怎样建设党，实现什么样的发展、怎样发展等重大理论和实际问题，成功地实现了认识上和实践上的伟大突破，实现了我们党在新时期从实践到理论、再从理论到实践的一系列伟大的创新。胡锦涛同志在党的十七大报告中强调，"改革开放以来我们取得一切成绩和进步的根本原因，归结起来就是：开辟了中国特色社会主义道路，形成了中国特色社会主义理论体系。高举中国特色社会主义伟大旗帜，最根本的就是要坚持这条道路和这个理论体系。"中国特色社会主义理论体系，是包括邓小平理论、"三个代表"重要思想以及科学发展观等重大战略思想在内的科学理论体系。这是我们党在建设中国特色社会主义实践中相继形成的马克思主义中国化理论的最新成果系统化，充分体现了我们党在新时期的实践和理论创新既是一脉相承、一以贯之，又是充满创造活力、不断向前发展的。

党的十一届三中全会以来，以邓小平同志为主要代表的中国共产党人，在和平与发展成为时代主题的历史条件下，以巨大的政治勇气和理论勇气，解放思想、实事求是，继承了我党走自己的路的革命传统，在总结当代社会主义正反两方面经验的基础上，在我国改革开放的崭新实践中，围绕着"什么是社会主义、怎样建设社会主义"这个基本问题，把马克思主义基本原理和中国社会主义现代化建设的实际相结合，系统地初步回答了在中国这样的经济文化比较落后的国家如何建设社会主义、如何巩固和发展社会主义的一系列基本问题，正确把握了我国现实社会的历史方位和主要矛盾，明确提出了党在社会主义初级阶段的基本路线，解决了立国之本、强国之路、兴国之要这一系列带有根本性的问题。

党的十三届四中全会以来，以江泽民同志为主要代表的中国共产党人，在新的历史发展时期，把马克思主义的基本原理与当代中国实际和时代特征进一步结合起来，不断创新和丰富发展邓小平理论。在建设中国特色社会主义新的实践中，坚持以发展着的马克思主义指导发展着的实践，准确把握时代特征，科学判断党所处的历史方位，紧紧围绕建设中国特色社会主义这个主题，集中全党智慧，总结实践经验，以马克思主义的巨大理论勇气进行理论创新，进一步回答了什么是社会主义、怎样建设社会主义的问题，创造性地回答了在长期执政的历史条件下建设什么样的党、怎样建设党的问题，深化了我们对中国特色社会主义事业和加强党的建设的规律的认识。这反映了我们党更加自觉地进入了从新的历史高度来认识自己、完善自己、全面加强自己这样一种清醒和自觉。在这个过程中，明确解决了立党之本、执政之基、力量之源这一系列带根本性的问题。

进入 21 世纪之后，国际形势发生了深刻变化，国内改革发展也进入了关键时期，我们党面临新的挑战。党的十六大以来，以胡锦涛同志为总书记的党中央，抓住机遇，应对挑战，立足新世纪中国改革开放和现代化建设的关键问题，继续把马克思主义基本原理与当代中国实际相结合，在推进中国特色社会主义的实践中，解放思想，开拓创新，全面系统地继承和发展了马克思列宁主义、毛泽东思想、邓小平理论、"三个代表"重要思想关于发展的重要思想，依据我国仍处于并将长期处于社会主义初级阶段而又进到新的历史起点的发展阶段，进一步回答了新世纪新阶段我国需要什么样的发展和怎样发展的重大问题，并在发展问题上提出以人为本、为了人的全面发展和社会的全面发展以及人口资源环境的可持续发展等新思想。既着眼于把握发展规律、创新发展理念、转变发展方式、破解发展难题，又着力于推进党的执政方式和社会管理方式的转变，科学回答了发展目的、发展动力、发展方式等一系列带根本性的问题。

正如党的十七大报告所强调的，中国特色社会主义理论体系坚持和发展了马克思列宁主义、毛泽东思想，凝结了几代中国共产党人带领人民不懈探索实践的智慧和心血，是马克思主义中国化的最新成果，是党最可宝贵的政治和精神财富，是全国各族人民团结奋斗的共同思想基础。在当代中国，坚持中国特色社会主义理论体系，就是真正坚持马克思主义。

　　理论与实践的互动是一个永无止境的历史过程。中国特色社会主义理论体系形成和发展于改革开放的伟大实践，又指导改革开放的伟大实践。我们一定要牢记这一理论与实践的辩证关系，继续解放思想，坚持改革开放，在深入贯彻落实科学发展观的新实践中进一步坚持和发展中国特色社会主义理论体系。

　　30年的伟大历程，30年的宝贵经验，30年的辉煌成就。抗震救灾斗争以一种特殊的方式全面检阅和展示了我国改革开放30年的伟大成就；北京奥运会的成功举办，则向世界展示了改革开放30年中国、中国人民的激情与梦想，生机与活力。30年的伟大实践充分证明，改革开放是决定当代中国命运的关键抉择，是发展中国特色社会主义、实现中华民族伟大复兴的必由之路；只有社会主义才能救中国，只有改革开放才能发展中国、发展社会主义、发展马克思主义。30年的伟大实践充分证明，改革开放符合党心民心、顺应时代潮流，方向和道路是完全正确的，成效和功绩不容否定，停顿和倒退没有出路。30年的伟大实践充分证明，高举中国特色社会主义伟大旗帜、坚持中国特色社会主义道路、掌握中国特色社会主义理论体系，当代中国、整个中华民族，就能走向繁荣富强和共同富裕的康庄大道。

为隆重纪念改革开放30周年，中央宣传部、新闻出版总署组织了《强国之路——纪念改革开放30周年重点书系》，目的在于从历史的角度，展示中国共产党领导的伟大实践、中国人民的伟大创造精神、改革开放30年的伟大历程和辉煌成就，总结改革开放30年的宝贵经验，探索人类社会发展规律、社会主义建设规律、中国共产党执政规律；宣传中国特色社会主义，宣传中国特色社会主义理论体系，从而深化党的基本理论、基本路线、基本纲领、基本经验教育，使全党全国各族人民提高坚持党的十一届三中全会以来的理论和路线方针政策的自觉性和坚定性，进一步坚定在新的历史条件下继续推进改革开放、走中国特色社会主义道路的决心和信心，为继续解放思想、坚持改革开放、推动科学发展、促进社会和谐营造良好氛围，为夺取全面建设小康社会新胜利、开创中国特色社会主义事业新局面提供强大思想保证，激励和鼓舞全党全国各族人民万众一心为夺取全面建设小康社会新胜利而努力奋斗。

纪念改革开放30周年，是全面贯彻落实党的十七大精神的重要举措，是党和国家政治生活中的一件大事。该套书系内容系统、全面，立足经济社会发展全局，从历史的角度全方位回顾和再现改革开放30年来中国社会的发展变化，具有较强的全局性和立体感；立足改革开放30年理论与实践中的一系列重点、热点、难点问题进行理论分析和学术探讨，具有较强的思想性和学术性；关注相关行业或领域，理论联系实际，以点带面，进行理论探索和经验总结，具有较强的针对性和现实感。书系客观真实地记录了改革开放30年波澜壮阔的历史场景，全面回顾了 30 年改革开放的伟大实践，记录了 30 年来马克思主义中国化的历史进程，展示了 30 年来中国社会、中国人民、中国共产党面貌所发生的深刻变化，宣传了 30 年改革开放成就和中国对人类社会发展和进步所做出的伟大贡献，总结了中国改革开放 30 年的历史经验，生动地阐释了中国特色社会主义理论体系。我认为，以书系的形式，全景记录我们这个时代的伟大精神和实践，是对历史负责，是对后人负责，也是为中华民族的文化宝库增加了一份珍贵的宝藏。她所载入的以改革开放为标志的时代精神，将永远在中华民族的文化历史中闪光。

目　录

绪 论

党的十七大报告指出，改革开放以来，"我国经济从一度濒临崩溃的边缘发展到总量跃至世界第四、进出口总额位居世界第三，人民生活从温饱不足到总体小康，农村贫困人口从两亿五千多万减少到两千多万，政治建设、文化建设、社会建设取得举世瞩目的成就"。党的十七大报告在总结成绩的同时也客观分析了我国发展进入新世纪面临的新的阶段性特征，指出我国生产力水平总体上不高，长期形成的结构性矛盾和粗放型增长方式尚未根本改变；收入分配差距拉大的趋势还未根本扭转，促进经济社会协调发展的任务还十分艰巨，等等。因此，回顾改革开放30年来的社会体制改革，首先应当充分肯定我国社会建设取得的巨大成就，也要客观分析当前社会体制存在的实际问题，以科学发展观统筹全局，指导社会体制深化改革，进一步推动社会事业健康发展，解决长期以来存在的经济社会"一条腿长，一条腿短"的问题，最终实现经济、政治、文化、社会协调发展，实现全面建设小康社会的伟大目标。

第一，加强社会管理，维护社会稳定，是构建社会主义和谐社会的必然要求。当前和今后一段时期内，必须创新社会管理体制，整合社会管理资源，提高社会管理水平，尽快建立健全与社会主义市场经济相适应的新型社会体制，调整好社会不同阶层的利益矛盾，进一步激发全社会的活力和创造力。

发展社会事业、完善社会体制，现在被列入党中央、国务院重要议事日程。2005年，胡锦涛同志在《在省部级主要领导干部提高构建社会主义和谐社会能力专题研讨班上的讲话》中首次提出："随着我国经济社会的不断发展，中国特色社会主义事业的总体布局，更加明确地由社会主义经济建设、政治建设、文化建设三位一体发展为社会主义经济建设、政治建设、文化建设、社会建设四位一体。"2006 年，党的十六届六中全会通过的《中共中央关于构建社会主义和谐社会若干重大问题的决定》进一步指出要"坚持社会主义市场经济的改革方向，适应社会发展要求，推进经济体制、政治体制、文化体制、社会体制改革和创新"。近两三年来，由于社会体制在构筑社会主义和谐社会中具有了相对独立的重要地位，加之各类社会矛盾日益突出，各方面对社会问题的关注度大大提高，有关社会体制的理论研究取得了很大进展，相关政策措施也不断完善。但同时也应看到，社会体制作为相对独立的体制，与经济体制、政治体制、文化体制比较，提出的时间较晚，其内涵、外延以及相关的理论、政策都还在形成的过程中，需要探讨的问题还很多。

社会建设以及与其紧密相关的社会体制应当包括哪些内容？《中共中央关于构建社会主义和谐社会若干重大问题的决定》在论述社会事业建设时提到了推进新农村建设、促进区域协调发展、实施积极的就业政策、优先发展教育、加强医疗卫生、发展文化产业、加强环境治理等七大方面；在论述保障社会公平的制度建设时提到了规范收入分配秩序、完善社会保障制度；在论述加强社会管理时提到了推进社区服务、健全社会组织。十六届六中全会的决定是从构建社会主义和谐社会这样的宏大视角统揽全局的，当然不能把这一决定所涉及的内容都纳入社会事业和社会体制中来。党的十七大报告在论述社会建设全面展开时，主要提到就业、社会保障、教育、医疗卫生和社会管理。参考其他有关研究资料，考虑到尽量避免与"强国之路——纪念改革开放 30 周年重点书系"中其他内容重复，在本书中把劳动就业体制、收入分配体制、社会保障体制、教育体制、医疗卫生体制以及社会管理体制作为社会体制的重点。

应当说，对社会体制的这样一种概括或分类还是初步的。事实上，也很难毫无交集地界定哪些方面只能归类于经济体制、哪些方面只能归类于社会体制、哪些方面只能归类于政治体制。例如，促进就业与经济增长、物价稳定、国际收支平衡并列为市场经济国家四大宏观经济调控目标，分配与生产、流通、消费并列为经济运行的四大环节，社会保障则一直是福利经济学研究的主要对象，而且党的十四届三中全会通过的《中共中央关于建立社会主义市场经济体制若干问题的决定》分别将劳动力市场体系、收入分配体系、社会保障体系作为构筑我国社会主义市场经济体系的子体系之一，但是由于近年来社会矛盾尖锐、民生问题突出，党中央、国务院的重要文件多次把劳动就业、收入分配、社会保障这些与群众切身利益直接相关的问题放到社会事业、人民生活中来论述，彰显了政府落实科学发展观，以人为本，统筹经济与社会发展的新思路。再如推进社区建设、健全社会组织、协调利益关系等社会管理体制问题，直接涉及政府职能转变、民主法治建设，实际上与政治体制密不可分。经济体制、政治体制、文化体制、社会体制的分类是相对的，怎样更好地说明这四大体制的相互关系还有待于我国社会实践的丰富和理论研究的深入。

第二，社会体制提出的时间虽然不长，但社会体制所包含的内容十分丰富，许多方面作为经济体制的重要组成部分从20世纪70年代末期就启动了改革步伐。30年来，社会体制改革同样取得了巨大成就，促进了社会事业的发展，从而为我国经济持续高速发展提供了较好的社会环境。

——我国在经济体制转轨过程中比较平稳地解决了大量新生劳动力就业、农村富余劳动力转移和城镇国有、集体企业下岗职工再就业等突出矛盾，城乡就业人员从1978年的40152万人增加到2006年的76400万人，增加了36248万人，年均增加近1250万人。30年来，在劳动力总量供大于求、所有制结构、产业结构剧烈调整的过程中，就业规模不断扩大、就业结构逐步优化、就业渠道逐年拓宽、就业形式日渐灵活，总体上保持了就业形势的基本稳定，这是了不起的成绩。近年来，通过培育和完善统一的劳动力市场，城乡就业一体化趋势日益增强，就业服务体系形成并不断完善。政府致力于维护和谐稳定的劳动关系，逐步完善劳动标准体系，新型劳动契约关系初步形成。经过30年的探索和努力，我国基本上建立了与社会主义市场经济体制相适应的、以市场调节劳动力资源为主的劳动就业制度，实现了从政府"统包统配"就业到通过劳动力市场实现就业的深刻变革。

——改革开放 30 年是我国居民收入增长最快、人民群众普遍得到实惠最多的时期。从 1978 年到 2007 年，城镇居民家庭人均可支配收入由 343.4 元增长到 13785.8 元，农村居民家庭人均纯收入由 133.6 元增长到 4140.4 元，扣除物价因素，都增长 6 倍以上。城乡居民家庭恩格尔系数由 1978 年的 57.5％ 和 67.7％ 分别下降为 2007 年的 36.3％ 和 43.1％。农村绝对贫困人口由 2.5 亿人减少到 1479 万人。城镇化水平由 17.9％ 提高到 44.9％。30 年来，从打破平均主义、"大锅饭"起步，逐步理顺国家、企业与职工的分配关系，初步形成了与社会主义市场经济相适应的以按劳分配为主体、各种生产要素按贡献参与分配的收入分配制度，收入来源渠道日趋拓展，收入再分配体系框架基本建立。收入分配体制改革对促进经济社会发展发挥了举足轻重的作用。

——社会保障制度经过改革初步探索阶段、制度框架构建阶段，当前正处在体系全面建设阶段，已经取得了突出进展。在制度设计层面上基本建立了覆盖城乡的社会保障体系。城市居民基本医疗保险制度和农村最低生活保障制度的建立填补了过去的制度空白，农民工工伤保险、医疗保险、养老保险制度的探索，也在逐步完善。在实际工作层面上扩大了社会保障覆盖面，截至 2007 年，基本养老保险和基本医疗保险已覆盖 2 亿以上人口，失业和工伤保险覆盖 1 亿以上职工，生育保险覆盖 8 千万职工，特别是农村新型合作医疗从 2003 年的少数地区试点已经迅速扩展到全国，覆盖了 7 亿农村人口。随着社会保障覆盖面向国有企业职工以外的群体迅速扩展，社会保障基金收支规模和财政社会保障总支出规模也迅速扩大。2007 年，城镇五项社会保险基金总收入首次突破 1 万亿元，达到 10724 亿元。2006 年，全国财政社会保障总支出从 1998 年的 596 亿元增长到 4362 亿元，年均增长 28.3％，大大高于同期 GDP 的增长速度。社会保障已经成为关系国计民生的一项重大经济社会制度，在我国经济转轨和高速发展过程中，发挥了安全网和稳定器的重要作用。

——改革开放以来，我国初等教育、高等教育和职业教育都得到了极大的发展。截至 2006 年年底，实现基本普及九年制义务教育和基本扫除青壮年文盲的"两基"验收县、市、区累计达到 2973 个，占全国总县数的 96%，"两基"人口覆盖率达到 98%。小学学龄儿童净入学率达到 99.27%，初中阶段毛入学率为 97%，初中毕业生升学率为 75.7%。包括普通高中、职业高中、中等技校、成人中专等在内的高中阶段在校学生达 4342 万人，高中教育阶段毛入学率为 59.8%。全国各类高等教育在校学生超过 2500 万人，高等教育毛入学率为 22%。我国已经形成了世界上最大规模的基础教育和高等教育体系。30 年来，全国共有近 6000 万高中毕业生参加高考，1000 多万人被高校录取，其中培养出 3 万多名博士生和 30 多万名硕士生，为经济建设、社会发展提供了大量人才。

　　——改革 30 年来，我国医疗卫生事业也有很大发展。1980 年到 2007 年，卫生机构总数从 18.06 万个上升到 29.89 万个，增长了 65.5%，其中，医院从 9902 个上升到 19847 个，增长了 100.4%。1978 年到 2007 年，医疗卫生从业人员总数从 310.6 万人上升至 590.4 万人，增幅达 90.1%。1980 年到 2006 年，财政预算卫生支出由 51.9 亿元增加到 1778.9 亿元，增长了 33.3 倍。1991 年到 2007 年，孕产妇死亡率从 80/10 万下降到 36.6/10 万，婴儿死亡率从 50.2‰ 下降到 15.3‰，新生儿死亡率从 33.1‰ 下降到 10.7‰。经过多年的努力，特别是防止"非典"之后，公共卫生监督和疾病预防控制取得了显著成效。目前我国党中央、省、地（市）、县四级卫生监督管理网络初步形成，建立了药品食品安全管理体系，地方病和血吸虫病防治工作取得了重大进展。

　　——随着经济体制改革的深化，我国出现了经济组织多样化、社会组织多样化的深刻社会变革，计划经济的"单位人"日渐转变为市场经济的"社会人"。适应这一变革，社会管理体制改革不断深化，政府逐步转变职能，在社会事务管理中坚持依法行政，大幅度减少了社会事业的行政审批事项，大力培育社会组织、中介组织和城乡基层自治组织，使之承担起一定的自我管理和自我服务的社会功能，社会管理的社会化取得了显著进展。截至 2007 年 3 月底，在各级民政部门登记的民间组织总数已经达到 353139 个，其中社会团体 190566 个，民办非企业单位 161430 个，基金会 1143 个。近年来，在社会管理方面，注重培养公众的参与意识，积极拓宽公众参与的渠道，依法规范公民的参与行为，初步形成了党委领导、政府负责、社会协同、公众参与的社会管理新格局。

第三，在充分肯定我国社会事业发展与社会体制改革取得成就的同时，也应清醒地看到，改革开放后的较长一段实践中，由于长期偏重经济建设，社会体制改革和社会事业发展相对滞后。应当说，在物质财富十分匮乏的情况下，集中精力抓经济建设是必要的，但社会事业发展和社会体制改革长期滞后于经济发展和经济改革，的确带来了相当尖锐的社会矛盾和大量突出的社会问题。近年来，随着科学发展观的树立与落实，经济发展与社会事业"一条腿长、一条腿短"的现象开始得到扭转，然而长期积累的社会矛盾不可能三五年内就根本解决，目前，社会事业、社会体制还存在许多不适应构建社会主义和谐社会要求的弊端，亟待解决。

——未来 5 到 10 年，我国劳动力仍处于供大于求的状态，就业形势依然严峻，特别是大量农村劳动力转移所带来的各种城乡社会问题十分突出，困难群体就业难以及本不应该发生的大学生就业难日益显现。就业结构调整的任务繁重，第三产业就业比重过低，此外长期依靠低技能、低成本劳动力赚取外汇的增长方式已见尽头，劳动力的技术结构亟待提升。更需要关注的是我国劳资冲突加剧，劳动争议案件数量持续大幅上升，2006 年全国劳动争议案件数量是 1987 年的 80 倍，年均增幅达 26%。"黑砖窑"等严重侵害劳动者权益的事件频频见于报刊，因劳资冲突而发生集体上访、罢工、静坐、堵塞交通等群体性事件或极端事件时有发生。这不仅对劳资双方的直接利益造成严重损害，而且影响了整个经济社会的健康稳定发展。

——从 1978 年到 2007 年，我国城乡合计的基尼系数由 0.3 左右迅速扩大到接近 0.5，从一个平均主义盛行的国家转变为全球少数收入分配不平等程度很高的国家。根据世界银行《世界发展报告 2006》提供的 127 个国家近年来收入分配不平等状况测量指标，基尼系数低于中国的国家有

94 个，高于中国的国家只有 29 个，其中 27 个是拉丁美洲和非洲国家，亚洲国家只有马来西亚和菲律宾两个。居民收入分配差距过大，具体表现在城乡差距、行业差距和地区差距上。近两年国家采取多种措施力图缩小居民收入分配差距，但未根本扭转扩大的趋势。特别值得重视的是，劳动报酬占 GDP 的比重持续下降，从 2000 年的 51%，下降到 2006 年的 40.61%；职工工资总额占 GDP 的比重也不断下降，从 1980 年的 16.99% 持续下降到了 2005 年的 10.76%，2006 年上升为 11.03%。收入分配差距过大不符合共同富裕的要求，也引起了群众的强烈不满。

——社会保障制度在实际工作中长期作为国有企业改革的配套措施，在打国企改革攻坚战的历史条件下是正确的，但在社会保障领域长期坚持国有企业改革中心论难免使政府的注意力主要集中在国有企业职工身上，对城镇其他人员顾及不够，造成城市中不同人群基本保障待遇不平等，也使农村的社会保障制度长期难以进入视野。近年来，在科学发展观的指导下，基本公共服务均等化成为基本社会保障的发展目标，社会保障的覆盖面有了大幅度的提高，但长期积累的基本保障不均等问题依然严重存在。突出表现在城市与农村的关系、农民工与城市职工的关系、企业职工与机关事业单位职工的关系、一般职工与党政领导干部的关系等方面。如何从我国实际出发，在基本保障项目上妥善处理好这些关系，逐步实现基本公共服务均等化，是我国社会保障制度下一阶段改革面临的重大挑战。此外，基本养老保险个人账户基金如何保值增值、基本医疗保险个人账户是否需要调整、社会保障基金怎样加强监管等，也都亟须深化改革。

——目前我国教育资源在区域之间、城乡之间、学校之间、阶层之间分布不均等。前一阶段"教育产业化"的畸形发展，加剧了教育的不公平。教育的不均衡发展已经成了制约教育全面发展的重要障碍。近年来国家加大了对教育的投入，特别是对贫困学生的资助，但总体看，国家财政性教育经费占 GDP 的比重，长期徘徊在 2%—3%，1993 年政府提出的在 2000 年达到 4% 的目标至今没有实现，我国是世界上政府教育投入最少的国家之一，这与 30 年来我国经济的飞速发展形成巨大反差。另外，教育结构单一、学制僵化、各类教育之间衔接不紧密、教育内容脱离实际、教学难度过高，尤其是教育体制的行政化甚至官本位化等等，都在一定程度上使教育成为社会各界关注的重点。

——医疗卫生服务的不公平性引人注目。2000年世界卫生组织对191个会员国公共卫生投入的公平性进行排位，我国屈居第188位。近年来农村新型合作医疗的迅速发展应当大大缓解这一不公平性，但医疗资源分布不均，约80%集中在城市，其中2/3又集中在大医院，基层卫生服务严重不足，农村卫生资源匮乏的局面并未扭转。从1980年到2006年，财政预算占卫生总费用的比重由36.2%降至18.1%，同期个人自负比重大幅度攀升，也影响了基本医疗卫生服务的公平性。实行医疗机构管办分开、营利性非营利性分开、药品收入和医务人员收入分开等解决"以药养医"问题的措施，20世纪90年代末国务院文件就明确规定了，至今没有实质性进展。此外，4000多家药品生产企业、8000多家药品批发企业、12万家药品零售企业大多在低水平上竞争。为使药品挤进各类医院，一些企业采用各种回扣贿赂，使白衣天使蒙尘，医药丑闻频出，成为社会各界批评的焦点。

——社会管理体制目前存在的突出问题是民间组织数量虽有较大发展，但质量不高。截至2007年，在各级民政部门登记的民间组织总数已经达到35万个，其中大多数行政色彩浓厚，缺乏应有的民间性、自治性、自愿性和自主性。部分民间组织政社不分，经费来源于国家财政拨款或行政性收费，工作人员大部分来自政府机关。大多数行业协会的负责人以及高层工作人员主要来自政府和企业的离退休干部。虽然官方或准官方背景有助于行业协会等民间组织开展工作并参与社会管理事务，但也往往容易给社会公众造成政府代言人的角色定位，不可能充分获取公众对其中立地位的认同。本应代表不同阶层利益或独立协调社会事物的各类民间组织依然存在"官办、官管、官运作"的现象，反映社情民意的表达渠道就难以真正拓宽，社会不同利益群体间的自协调机制也难以广泛建立，这必然造成政府在社会管理方面继续维持"管得过宽、管得过细、管得过死"

的局面。

第四，分析当前我国社会事业发展和社会体制改革面临的诸多问题，是为了通过推进社会体制改革进一步促进社会事业发展，以适应构建和谐社会的要求，绝不能抓住当前存在的一些严重社会问题全面否定改革开放，甚至主张退回计划经济。正如胡锦涛总书记在党的十七大报告中所强调的："改革开放作为一场新的伟大革命，不可能一帆风顺，也不可能一蹴而就。最根本的是，改革开放符合党心民心、顺应时代潮流，方向和道路是完全正确的，成效和功绩不容否定，停顿和倒退没有出路。"

改革30年来，社会事业发展方面成绩很大，存在的问题也很多。如果加以归纳，可以用"总量和规模迅速扩大，结构和关系严重失衡"来概括。例如就业总量、居民收入总量、社会保障资金总量、高等学校规模和毕业生总量、医院规模和医务人员总量以及民间组织的发展规模，都随着经济的高速增长有了长足的进步，但就业结构、分配关系严重失衡，不同人群享有的基本社会保障水平和教育、医疗服务水平差距过大，民间组织与政府的关系失衡。总量和规模问题绝大多数可以依靠加大政府公共投入或吸引社会资金投入来解决，结构和关系问题则必须依靠深化社会体制改革来解决。

2008年7月，国务院通过了《关于2008年深化经济体制改革工作的意见》，明确提出当前和今后一个时期深化改革的重点任务。作为国务院通过的年度改革意见，第一次把社会体制单列出来，要求积极探索社会体制改革的有效途径，破解社会体制改革难点。其中提到：就业体制改革要坚持实施积极的就业政策，加强政府引导，完善市场就业机制，改善创业和就业环境；分配体制改革要规范收入分配秩序，加大调节力度，扩大中等收入者比重，提高低收入者收入水平，调节过高收入，取缔非法收入；社会保障体制改革要完善企业职工基本养老保险制度，逐步做实个人账户，扩大社会保障覆盖面，提高统筹层次，健全城乡最低生活保障制度；医药卫生体制改革要以人人享有基本医疗卫生服务为目标，坚持公共医疗卫生的公益性质，为广大人民群众提供安全方便、有效合理的公共卫生和基本医疗服务；教育体制改革要促进教育公平，按照普及义务教育、扩大高中教育、发展高等教育、大力发展职业教育和继续教育的方向，完善现代教育体系。此外，还提到要健全城镇住房体制和深化事业单位改革。真正落实这些有关社会体制改革的措施，将大大促进我国社会事业的发展。

《关于 2008 年深化经济体制改革工作的意见》主要谈的是近中期的问题。从中长期看，社会体制改革的一项十分重要的内容是培育包括社会组织、中介组织等在内的民间组织。与计划经济相比，现在我国经济组织形式、社会组织形式、职工就业方式、收入分配方式都日趋多样化。与此相对应，社会不同群体之间利益关系日趋复杂。按理说，不同利益群体间的矛盾在很大程度上可以通过各自组织的对话协商加以调节，因为我们党代表了广大人民群众的根本利益和长远利益，我们的国体、政体和基本法律框架能够容纳各社会团体和谐共处。但由于目前缺少社会组织协商对话这一环节，政府包揽了本应由社会组织自行调节的大量具体而繁杂的利益纠纷，不同利益群体的矛盾难以在基层得到解决或缓解，激化到影响社会稳定，只能迫使政府出面。以当前突出的劳资矛盾为例，由于劳资集体谈判行为的实际缺失，政府只好直接干预企业内部的劳资纠纷，原本应由劳动力供求双方协商解决问题的市场机制被大大局限住了。同时人们看到，缺少劳动力供求双方组织行为的制约或平衡，当政府急于发展经济，提出重商富商口号时，劳动者的权益往往容易受到侵害；当政府关注民生，侧重保护弱势群体时，经营者的权益往往容易被忽视。从某种程度上看，之所以改革以来社会事业出现了"总量和规模迅速扩大，结构和关系严重失衡"的现象，就在于不同群体的利益表达不畅，尤其是农民、农民工、下岗职工和私营企业职工的利益表达不畅。如果各社会组织不能真正成为其所代表的社会成员合法利益的维护者，而是准政府性质，我们的社会对话机制就是扭曲的，社会体制就难以根本理顺。

各方面民意能够充分反映，各阶层利益得到相对平衡，这是保持社会稳定，建设和谐社会的极为重要的举措，要达到这一目的，培育和发展民间组织意义重大。现在我国已经有几十万个社会组织，较之计划经济时政府完全垄断社会管理的情况已经有了很大改变，在此基础上进一步实行政社分开，解决"官办、官管、官运作"的弊端，就可以建立"深入了解民情、充分反映民意、广泛集中民智、切实珍惜民力的决策机制"，形成"全面表达社会利益、有效平衡社会利益、科学调整社会利益的利益协调机制"，从而使社会体制与经济体制、政治体制、文化体制四位一体，协调发展。

第一章
劳动就业体制改革

　　劳动就业体制改革是我国社会体制改革的重要内容，20 世纪 70 年代以来的大规模社会经济变革都与劳动就业问题密切相关，劳动就业体制改革在很大程度上影响着社会经济变革的步伐。伴随着社会主义市场经济体制改革目标的逐步确立，劳动就业从计划配置为主转向市场配置为主，这样一种根本性的转变波及劳动就业的各个方面，使劳动就业体制改革取得了很大成绩，也面临着严峻的考验。改革开放 30 年，有必要回顾劳动就业体制改革的历程，客观评价改革取得的成绩，认真总结改革的经验，明确未来发展的思路。

一、我国劳动就业体制改革历程

　　我国劳动就业体制改革的路径选择是坚持市场化改革方向，逐步改变传统的计划型劳动就业体制，形成与社会主义市场经济体制相适应的市场型劳动就业体制。劳动就业体制改革进程受制于社会主义市场经济体制改革目标的确立过程，同时，由于劳动就业体制改革涉及面很广，它又影响到我国经济社会体制改革的全局。大体上看，我国劳动就业体制改革经历了双轨就业体制（1978—1992 年）、市场导向改革（1992—2003 年）和全面深化改革（2003 年至今）三个阶段。

（一）双轨劳动就业体制阶段

从 1978 年到 1992 年，我国对原有的计划就业体制进行了改革，部分引入市场就业机制。市场就业机制首先在国有企业的新进职工中推行，原有职工仍然保留计划经济时期统包统配的旧体制。同时，伴随着多种经济形式和经营方式的出现，民营经济发展，其职工就业基本上由市场配置。因此，这一阶段的劳动力配置分为两部分：一部分仍然是由国家行政控制，另一部分则由市场调节，劳动力配置实行双轨运行体制。

1. 对计划就业体制的突破

从 20 世纪 50 年代末一直到改革开放之前，我国实行的是统包统配的劳动就业制度，这种制度不仅使政府在就业问题上背上了沉重的包袱，越来越多的人等待政府的安置，更为重要的是，从实行这种制度以后，就业的路子越走越窄。1978—1981 年间，大量新增劳动力出现，到 1978 年年底，每年进入劳动年龄的人口都在 2100 万—2700 万人之间，而城镇积累下来的待业青年多达 530 万人，再加上大批知识青年返城，造成劳动力供求严重失调，我国城镇面临着空前的就业压力。根据国家劳动总局的推测，从 1980—1985 年，城镇企业需要就业的人数为 3700 万人①。原计划经济体制在赶超战略指导下经济结构偏向重工业，经济发展吸收劳动力的能力相对较弱，面临严重的就业压力，过去采用的安置就业的手段已经不能完全奏效，由国家"统包统配"的劳动就业制度再也无力延续下去。为解决严重的城市失业问题和创造新的就业机会，中共中央在 1980 年和 1981 年分别举行了两次全国性的劳动工作会议。在 1980 年 8 月的全国劳动工作会议上，中央要求动员各行各业以及社会多方面力量解决就业问

---

① 《进一步做好城镇劳动就业工作》（1980 年全国劳动就业会议文件），中国劳动出版社 1981 年版，第 5 页。

题，并在此会议上提出了"国家统筹规划和指导下，劳动部门介绍就业，劳动者自己组织起来就业和自谋职业相结合"的"三结合"就业方针。主要做法是由过去主要依靠国有（全民所有制）单位安排就业转变为国有、集体、个体共同发展，并通过私营经济和外商投资经济扩大就业；由过去主要依靠发展工业特别是重工业吸收劳动力，转变为通过发展劳动密集型的第三产业和消费品工业扩大就业；由过去单纯依靠行政调配手段组织管理就业转变为运用行政、经济和社会服务相结合的手段促进就业；由过去消极等待国家招工安置转变为鼓励劳动者积极创业，其中一个创举是依靠社会多方面力量和待业人员的积极性，兴办劳动就业服务企业，劳动力市场开始发育。"三结合"就业方针实质上是党的十一届三中全会提出的多种经济形式并存的经济政策在就业工作上的具体体现。这一就业方针的提出，突破了统一安置就业的计划劳动制度，打破了由国家完全解决就业的旧体制，开始了我国的劳动就业体制改革。"三结合"就业方针在实践中取得了很好的效果，在短时间内顺利地度过了当时的就业高峰，解决了城镇待业人员的就业安置问题，促进了就业渠道多元化格局的形成。我国城镇登记失业率由 1978 年的 5.3% 下降到 1980 年的 4.9%，1985 年更是下降为 1.8%。当然，我们也要看到这一改革措施在最初的几年主要着力于扩大就业容量和缓解就业压力，制度方面存在的一些重要问题还没有涉及，对于整个传统劳动就业体制来说，还只是一次局部性调整。

2. 劳动合同制的推行

计划经济体制下，政企不分，政府全面控制企业劳动就业和工资制度，企业没有用工自主权，在职工收入分配上实行平均主义。这种安排抑制了企业职工的生产积极性。从 1984 年开始，随着我国经济体制改革的重心由农村转向城市，搞活国有企业成为整个经济体制改革的中心环节。搞活国有企业起步于扩大国有企业自主权，使国有企业获得部分生产经营决策权，打破固定工制度，实行劳动合同制度，使企业可以根据生产的需要适时增减员工。1986 年 7 月，国务院颁布了有关实施劳动合同制度的四个暂行条例，包括《国营企业实行劳动合同制暂行规定》、《国营企业招用工人暂行规定》、《国营企业辞退违纪职工暂行规定》和《国营企业职工待业保险暂行规定》，要求企业招工面向社会，公开招考，择优录用，并对新招收的职工实行劳动合同制，以改变过去长期实行的终身就业体制。劳动合同制的实施，为企业择优录用职工提供了前提，在新增工人中确立了劳动供求双方的自主权，用工主体开始由国家向企业转换。这四个条例的颁布和实施是劳动就业体制进一步改革的起点，也是我国劳动关系契约化的第一步。由此，劳动就业开始实行"两个选择"（后称"双向选择"）。"两个选择"的意思是：单位招人择优录用，劳动者择优就业。在这种情况下，完全沿用固定工制的调配方法已不能解决劳动力进出企业的流动问题，需要新的途径。1992 年国务院又颁发了《全民所有制工业企业转换经营机制条例》，赋予企业用人自主权，国家不再下达用人计划，企业用人的数量、条件、方式、招用时间完全由企业自主决定。企业的用工自主权得到进一步的落实，为劳动合同制的推行创造了条件。国有企业内部劳动合同制从试点到全面推开，在新增职工中打破了固定工制度，但是，劳动合同制在试行过程中采取的是双轨式的改革方案，只在新招收的工人中实行劳动合同制，老职工仍旧保留固定工制度。

3. 优化劳动组合

在"三结合"就业方针实施的基础上，为提高国有企业生产效率，20 世纪 80 年代末到 90 年代初，劳动就业制度改革的重点转向了"固定工"制度。由于传统劳动就业体制的巨大惯性使国家在改革原有固定工制度时，采取了渐进的步骤，即：通过实行优化劳动组合，在企业内部消化部分富余人员。1988 年，为了推进劳动合同制，搞活固定工制度，提高劳动效率，改善劳动管理，国有企业开始实施"优化劳动组合"，根据企业生产和经营的需要，在先进合理的编制定员的基础上通过考试考核，择优上岗，对管理人员和工人分别进行聘用和组合，并签订上岗合同，以形成具有较高劳动效率的劳动组织。1990 年《劳动部关于继续做好优化劳动组合试点工作的意见》，提出在国有企业实行优化劳动组合来解决冗员问题，开始触及传统劳动就业体制中的固定工制度。1993 年 4 月，国务院发布了《国有企业富余职工安置规定》，确定了"企业自行安置为主，社会帮助为辅，保障富余职工基本生活"的分流安置富余职工的原则。优化劳动组合对改善企业经营管理、调动职工积极性、增强企业活力起到了一定的作用，但是，当时包括失业保险制度在内的其他相关配套制度尚未完善，劳动力市场还未充分发育，职工缺乏对公开失业的心理承受能力，优化劳动组合的作用具有很大的局限性。又由于优化劳动组合后分流的富余职工仍采取企业内部消化的办法，使企业经营者在优化劳动组合中面临很大压力，并未从根本上解决计划经济体制下国有企业隐性失业的问题。

4. 城乡二元劳动就业体制的松动

随着农村家庭联产承包责任制的确立和发展，农村的经济面貌发生了巨大变化，20 世纪 80 年代以后，农村富余劳动力越来越多，由于户籍制度和城镇用工制度的限制，农村富余劳动力还不可能大规模流入城市，大力发展乡镇企业便成为吸纳农村富余劳动力的主要形式。乡镇企业是由农村的社队企业发展起来的集体经济，主要从事工业、农业、建筑业、商业、饮食业和交通运输业的生产和服务。1978—1988 年，乡镇企业发展迅猛，成为转移农村富余劳动力的主要渠道。从 1978 年到 1983 年，乡镇企业新增就业人员 408 万人，到 1988 年年底，乡镇企业总产值增至 6500 万元，乡镇企业就业人数达到 9545 万人。1989 年以后，由于受宏观经济环境的影响，乡镇企业发展速度转缓，就业人数出现下降，农村富余劳动力开始向城镇转移。城镇户籍制度等制约农村劳动力转移的因素开始有所松动。1984 年 10 月，国务院发布的《国务院关于农民进入集镇落户问题的通知》规定，凡在集镇务工、经商、办服务业的农民和家属，在集镇有固定住所，有经营能力或在集镇企事业单位长期务工的，公安部门应准予落常住户口，及时办理入户手续。这一户籍制度方面的初步改革放宽了对农村劳动力流动的行政限制。1985 年 1 月，《中共中央、国务院关于进一步活跃农村经济的十项政策》明确提出要扩大城乡经济交往，允许农民进城开店设坊，兴办服务业，提供各种劳务。这些政策的出台表明城乡分割的劳动就业体制开始松动，越来越多的农村劳动力通过城乡之间和区域之间的流动，寻求到新的就业空间，农村劳动力开始向城镇转移，我国农村劳动力的就业结构开始发生明显变化。劳动部门从 20 世纪 90 年代开始着手统筹城乡就业，1991 年 5 月，劳动部、农业部、国务院发展研究中心共同推动了"中国农村劳动力开发就业试点项目"，探索统筹城乡就业，促进农村劳动力就业的途径。

这一阶段我国劳动就业体制在整个经济体制改革的推动下，部分引入了市场机制，使得面临严峻挑战的就业工作取得重要突破，为深化以市场为导向的劳动体制改革奠定了基础。例如：劳动合同制的推行为企业和职工双向选择提供了前提；劳动就业服务企业和服务体系的发展，为劳动力市场中介机构打下了基础；城乡二元劳动就业体制的松动促进了劳动力城乡流动，提高了劳动力的配置效率。劳动就业体制的改革及各项政策的落实，对于解决我国城镇的就业问题起到了积极的作用。据统计，1979—1981 这三年，全国共新增城镇就业人员 2600 多万人，平均每月有 70 多万人实现就业。到 1982 年，全国多数地区基本解决了 1980 年以前积累下来的包括返城知识青年在内的城镇失业问题。同时，我们也应该看到这一阶段的劳动就业体制改革是在实行有计划商品经济大背景下进行的，改革具有不彻底性。例如：劳动合同制主要用于新招职工；优化劳动组合由于失业保险制度不健全未能达到预计的目标；国有企业大量冗员和劳动力结构性短缺并存；劳动力市场尚未得到充分发育；农村劳动力缺乏必要的合理引导造成盲目流动等。在双轨就业体制下，由于国有企业劳动力流动率极低，国有企业在劳动力配置上，一方面有大量冗员负担，另一方面又因劳动力结构短缺而扩大对计划外用工的需求。

（二）劳动就业体制的市场化改革阶段

1992 年党的十四大报告明确提出建立社会主义市场经济的目标，从 1993 年到 2003 年，围绕建立社会主义市场经济体制改革的目标，新一轮更全面、更深刻的改革启动了。在这一大背景下，劳动就业体制也随之发生根本性变化，改革目标得以明确，改革内容得到进一步深化，市场化的劳动就业体制框架基本建立。

1. 实施《中华人民共和国劳动法》

劳动就业体制改革的不断深化使劳动关系日趋复杂，劳动争议也日趋增加，原有的劳动法规已不能适应形势的变化，迫切需要新的、覆盖面广泛的《中华人民共和国劳动法》来调整各种关系，减少并及时处理劳动争议。同时，经济体制改革目标明确为社会主义市场经济，对加强新时期的劳动立法提出了迫切要求。1994 年 7 月，第八届全国人民代表大会第八次会议通过了《中华人民共和国劳动法》（以下简称《劳动法》），并于 1995 年 1 月 1 日开始施行，劳动就业体制正式向市场经济体制转型。《劳动法》涉及范围很广，突破了计划经济按不同所有制形式分别立法的传统模式，对不同所有制经济组织中劳动者的权利和义务按照同一标准做了统一规定。它以法律形式总结了我国在从计划经济向社会主义市场经济转型中面临的重要劳动问题，主要有：劳动合同、集体协商与集体合同、最低工资、社会保险、劳动争议处理、休息休假等。《劳动法》是新中国成立以来第一部专门保障劳动者合法权益的基本法律，成为规范社会主义市场经济条件下劳动关系的基本法规。以《劳动法》为核心，国务院及劳动部发布了一系列劳动法规和规章，初步构建了适应市场发展需要的劳动法律法规体系。

2. 全面推行劳动合同制

我国劳动合同制的改革首先是在新招收的工人中试行的，而原有的工人和统一分配工作的大中专毕业生以及退伍军人仍实行固定工制度，两种用工制度并存了一段时间。为了适应建立现代企业制度的要求，消除两种用工制度并存产生的新的矛盾，把劳动合同制的改革引向深入，1992 年，劳动部发出了《关于扩大试行全员劳动合同制的通知》，开始在全国范围内推行全员劳动合同制。《劳动法》颁布以后，国家有关部门立即就贯彻《劳动法》、全面实行劳动合同制发出通知。1994 年 8 月，劳动部发出《关于全面实行劳动合同制的通知》，指出"建立劳动关系必须订立劳动合同"是劳动就业体制改革的一项重大举措，是建立社会主义市场经济劳动制度的必然要求。经过几年的努力，全员劳动合同制已基本在全国范围内建立起来。劳动合同制的全面实施，消除了职工的身份差别，使得职工和企业都可以根据各自的需要灵活确定合同期限，促进了劳动力流动和新的用工制度的形成。到1997年年末，全国劳动合同制职工已达7708.3万人，占全国职工总数的52.6%。其中，企业合同制职工已达5094.5万人，占企业职工总数的71.4%。① 这标志着劳动合同管理进一步完善，企业自主用人、劳动者自主择业的新型用工制度已经全面建立。

3. 确立集体协商和集体合同制度

为了建立协调稳定的劳动关系，维护职工和企业的合法权益，1994年12月，劳动部颁布了《集体合同规定》，积极推进集体协商签订集体合同工作。明确了通过集体协商达成集体合同是建立新的劳动关系调整机制的基础。工会代表职工与企业可以就工资、工时、培训、劳保、福利及其他企业内部的劳动问题通过集体协商谈判达成集体合同，以集体的劳动契约制约个别的劳动行为。1996年5月，劳动部、全国总工会、国家经贸委、中国企业家协会《关于逐步实行集体协商和集体合同制度的通知》进一步明确集体协商和集体合同制度的试点任务，试点重点放在非国有企业和实行现代企业制度试点的企业。通过试点，我国逐步建立起以集体协商和集体合同为基本形式的劳动关系主体自主协商机制和由劳动行政部门、企业组织、工会组织代表就劳动关系进行协商的多层次、三方协商机制，对涉及劳动关系的重大问题进行沟通和协商，使集体协商和集体合同成为调整劳动关系的基本手段。1996年各地推行集体协商和集体合同制度的进展较快，1997年，各地报送劳动部门的集体合同共4万份，涉及职工1660万人，审核通过的合同文本3.9万份。② 2001年8月，劳动和

① 国家统计局：《新中国50年系列分析报告之十八：就业规模不断扩大，结构逐步优化》，1999年9月28日国家统计局网站 http://www.stats.gov.cn/tjfx/ztfx/xzgwsnxlfxbg/t20020605_21435.htm。
② 《1997年劳动工作形势初步分析》，中国人力资源与社会保障部网站 http://www.molss.gov.cn/gb/zwxx/2005—12/14/content_99543.htm。

社会保障部同中华全国总工会、中国企业联合会建立了国家协调劳动关系三方会议制度，并召开了第一次国家级协调劳动关系三方会议，使劳动关系协调工作有了一个较为规范和稳定的工作机制。2002 年，全国通过集体协商签订集体合同 63.5 万份，涉及职工 8000 多万人，30 个省、自治区和直辖市建立了省级劳动关系三方协调机制。

4. 建立和发展劳动力市场

劳动力市场是劳动力资源配置的基础，它是一个大系统，可以覆盖劳动就业工作的主要方面。社会主义市场经济体制改革的目标确立后，劳动就业体制改革逐步转向以培育和发展劳动力市场为主。1993 年 11 月，党的十四届三中全会通过的《中共中央关于建立社会主义市场经济体制若干问题的决定》正式提出培育和发展劳动力市场是建立社会主义市场经济体系的重点之一，开发利用和合理配置人力资源是发展劳动力市场的出发点。1995 年，《职业介绍规定》、《就业登记规定》和《就业和失业统计管理暂行办法》相继出台，劳动就业服务体系逐步健全。1998 年 6 月，中央提出了"劳动者自主择业、市场调节就业、政府促进就业"的新时期就业方针。这标志着我国的就业政策更加开放，更加符合市场经济的要求。这一就业方针的实质是通过培育和发展劳动力市场，充分发挥市场配置劳动力资源的基础性作用。1998 年，全国再就业工作会议召开，中共中央、国务院发布了《关于切实做好国有企业下岗职工基本生活保障和再就业工作的通知》，提出："要建立和完善市场就业机制，实行在国家政策指导下、劳动者自主择业、市场调节就业和政府促进就业的方针。要按照科学化、规范化、现代化的要求，大力加强劳动力市场建设。"1999 年，劳动力市场科学化、规范化、现代化建设试点工作在全国 100 个大中城市全面铺开，劳动力市场信息网络建设迅猛发展。到 1999 年年底，全国已建成 11 个省级劳动力市场信息网络监测中心，45 个试点城市已初步建成城区广域网。1999 年，劳动和社会保障部颁发了《关于建立劳动力市场工资指导价位制度的通知》，国家不再控制企业的工资总量和水平，国家对企业的工资水平只进行宏观调节和指导，并建立了劳动力市场工资指导价位制度。同年，国务院出台了《失业保险条例》，为劳动力合理流动和劳动力市场的顺利运行提供了保障。2000 年 12 月，劳动和社会保障部颁布了《劳动力市场管理规定》，作为《劳动法》的配套法规，规范劳动力市场建设，促进劳动力市场的健康发展。初步建成了劳动力市场信息网络体系，2003 年，全国共有 108 个城市实现了市内联网，92 个城市实现了按季度发布职业供求分析报告。

5. 拓展就业服务领域

从 20 世纪 80 年代初期开始，为适应双向选择和劳动力流动的需要，各地相继建立了一些职业介绍机构。十四届三中全会提出建立社会主义市场经济体系以后，作为劳动力市场体系重要组成部分的职业介绍机构也取得了长足的进展，到 2002 年年末，我国已有各类职业介绍机构 26158 所，其中劳动保障部门办职业介绍机构 18010 所。初步形成了以劳动部门开办为主体、以社会开办为补充的职业介绍网络。就业服务领域不断拓展，公益性服务功能得到加强，就业服务已逐步发展为融职业介绍、职业培训、职业指导、劳动保险事务代理等多项内容为一体的"一条龙"全程服务，系统的职业培训制度得以建立。职业培训制度的改革创新包括三项基本内容：一是允许和促进各种社会力量开办职业培训实体。二是政府培训职能和培训行为的转换。如制定培训标准、提供信息服务、制定管理规则、改革资金投入机制、指导培训机构与劳动力市场需要相结合等。三是职业培训机构，特别是政府部门所属的培训机构的市场化改革。经过这三方面的改革，市场导向的开发劳动者职业技能的机制开始建立，主要包括职业分类、职业需求预测、职业技能标准制定、职业培训、职业技能鉴定、职业指导等内容。这个时期的职业培训突出了三个工作重点：一是从 1999 年起，在全国城镇普遍推行劳动预备制度。二是实施"三年千万再就业培训计划"，促进下岗职工再就业，配合国有企业下岗职工基本生活保障和再就业工作。三是组织开展创业培训，探索培训促进就业的新途径。1998年劳动和社会保障部在北京、上海、苏州等地组织了创业培训试点工作。随着经济体制改革的深入，劳动就业格局日益多样化，职业分类与职业技能标准也随之发生变化。1992 年,劳动部颁发了《中华人民共和国工种分类目录》。1999 年,劳动和社会保障部、国家质量技术监督局、国家统计局联合编制《中华人民共和国职业分类大典》。职业分类和职业技能标准制定工作的开展,为劳动力管理和职业培训工作提供了科学依据。

6. 实施再就业工程

随着国有企业改革的深入,特别是党的十五大提出"抓大放小"战略后,国有企业进入结构优化升级和企业优胜劣汰的新阶段,客观上要求企业分流富余职工的方式有所创新。许多国有企业在改制过程中破产或兼并,隐性失业显性化,导致数以千万计的职工离开工作岗位,由隐性失业转变为显性失业。1995 年 1 月,国务院办公厅转发劳动部《关于实施再就业工程的报告》,要求对因产业结构调整和国有企业改革过程中出现的失业人员实施再就业工程,并提供基本生活保障。由于当时还缺乏完善的以市场为导向的就业机制和失业保险制度,又考虑到失业带来的收入损失和社会风险因素,国务院以"下岗"政策作为缓冲对策。1998 年,中共中央、国务院发布了《关于切实做好国有企业下岗职工基本生活保障和再就业工作的通知》,明确提出要建立国有企业下岗职工管理和再就业服务中心。再就业服务中心必须建在企业。各地劳动和社会保障部门、经贸委和企业的主管部门应根据中央文件规定,制定再就业服务中心组建计划,负责督促和指导有下岗职工的企业建立再就业服务中心,确保所有国有企业下岗职工都进入再就业服务中心,领到基本生活费。让失去工作岗位的职工进入再就业服务中心,在一段时间内与原企业继续保留劳动关系,同时通过向他们提供基本生活费和再就业服务来帮助他们重新进入劳动力市场,这是我国解决失业显性化问题的一项特殊过渡性措施。从 20 世纪 90 年代后期到 2003 年,我国劳动就业体制改革的一项重点工作就是促进下岗失业人员再就业。2002 年,《党中央、国务院关于进一步做好下岗失业人员再就业工作的通知》,制定了一系列促进就业的政策,明确政府促进就业的职责,在开发就业岗位、增加资金投入、给予税费减免、实施小额贷款、提供社会保险补贴、开展再就业援助、加强就业服务和职业培训等方面不断加大力度。

7. 合理引导农村劳动力转移就业

1992 年以来，我国开始实施以就业卡管理为中心的农村劳动力跨地区流动的制度，对小城镇的户籍管理制度进行改革。1993 年以来，我国又施行了"农村劳动力流动有序化工程"，在全国建立了 100 个农村劳动力流动观测点，农村劳动力有序化转移工作收到了比较显著的成效。1998 年中旬，长江和嫩江遭受百年不遇的洪灾后，由于劳动就业工作基础扎实，没有出现农村劳动力大规模盲目流动的情况。1994 年，劳动部颁布《农村劳动力跨省流动就业管理暂行规定》，对跨省招收农村劳动力的条件、方式等做了规定，引导农村劳动力合理流动。2000 年 10 月，劳动和社会保障部、农业部等七部门发出通知，针对当前农村就业急需解决的突出矛盾和问题，提出开展城乡统筹就业试点的要求，在沿海和经济发达地区及部分具备条件的中西部地区，逐步建立统一、开放、竞争、有序、城乡一体化的劳动力市场，加快城市化进程。以小城镇为突破口，一些地方政府探索了各种户籍制度改革。2000 年 3 月，《国务院批转公安部关于推进小城镇户籍管理制度改革意见的通知》，对小城镇常住人口不再实行指标管理。同时，城市就业、社会保障和福利制度的改革为农村劳动力向城市流动也创造了制度环境。

这一阶段劳动就业体制改革向市场化方向跨了一大步，改革内容丰富，主要包括：劳动合同制的全面推行、集体协商和集体合同制的确立、劳动力市场的培育和发展、劳动就业服务体系建立、实施再就业工程和统筹城乡就业等。劳动就业体制改革的市场化取向明确，初步建立起了与市场经济相适应的劳动就业体制，基本上适应了市场经济体制改革的需要。

（三）劳动就业体制市场化改革深化阶段

2003 年以后，劳动就业体制改革进入市场化改革深化阶段，改革内容更加丰富。劳动就业体制改革坚持以人为本原则，紧紧围绕贯彻落实科学发展观、构建社会主义和谐社会的要求，始终把扩大就业摆在经济社会发展的突出位置，做出了一系列决策部署，出台了一系列政策措施，劳动就业体制改革全面深化。

1. 实行积极的就业政策

党的十六大提出"就业是民生之本"，并指出："扩大就业是我国当前和今后长期重大而艰巨的任务"。2003 年以后，"再就业工程"逐步转向"积极的就业政策"，在继续推行职业培训、职业服务、提供就业岗位的同时，重点转向创业扶持、就业培训、开发公益性就业岗位、改善创业环境等方面。2005 年，在对前一阶段就业工作总结评估的基础上，国务院印发了《关于进一步加强就业再就业工作的通知》，使原有的积极就业政策得到进一步延续、扩展和充实。各部门配套出台了专项扶持政策，包括支持下岗失业人员自谋职业的免征税费和小额担保贷款政策，鼓励企业吸纳下岗失业人员的社会保险补贴、减免税费和小额信贷政策，政府投资开发公益性岗位优先安置大龄就业困难人员的政策，提高灵活就业人员就业稳定性的社会保险补贴政策，鼓励国有大中型企业主辅分离和辅业改制、分流安置富余人员的免征所得税政策，免费开展职业介绍和提供一次性职业培训补贴政策等。从 2006 年开始，我国实施新一轮的积极就业政策，内容主要包括：一是扩大公共就业服务的覆盖范围，免费职业介绍和职业培训补贴的对象范围增加了厂办大集体企业下岗职工、进行失业登记的其他人员，以及进城登记求职的农民工；二是社保补贴在过去养老保险和失业保险的基础上，增加了医疗保险，重点解决再就业者"病有所医"的问题；三是增加了对持《再就业优惠证》的"4050"人员从事灵活就业的社保补贴政策等。

2003 年至 2006 年，共有 2000 多万下岗失业人员实现了再就业，其中就业困难人员有 500 多万人。积极就业政策的成功实施，对于扩展就业再就业门路和稳定就业形势，对于提高劳动者就业创业能力和改善基本生活，都发挥了重要的作用。2006 年 3 月，十届全国人大第四次会议批准通过了《国民经济和社会发展第十一个五年规划纲要》，为我国经济社会发展描绘了今后五年的宏伟蓝图，对扩大就业也提出了战略目标和宏观政策，要求继续实行积极的就业政策，统筹和扩大城乡就业，努力控制失业规模。2007 年，全国人大审议并通过了《就业促进法》，把实施积极的就业政策上升到法律，并做了进一步的扩展和完善。2008 年，国务院办公厅发布《国务院关于做好促进就业工作的通知》提出要完善政策支持体系，进一步实施积极的就业政策。

2. 保障劳动者权益，关注特殊群体的就业问题

2004 年，国务院发布《劳动保障监察条例》，进一步规范了劳动保障监察的基本制度和办法，强化了执法手段。各地连续在全国组织开展解决拖欠农民工工资、清理整顿劳动力市场秩序、职业安全卫生情况监督检查、整治非法用工和打击违法犯罪等专项行动，有力地维护了劳动者的合法权益。在保障广大劳动者合法的劳动权益的基础上，更加关注特殊群体的就业问题，进一步完善面向所有就业困难人员的就业援助制度，积极帮助"零就业家庭"实现就业。在农民工转移就业方面，逐步取消对企业使用农民工的行政审批，取消对农民进城务工的职业工种限制，切实解决拖欠和克扣农民工工资问题，做好农民工培训工作，改善农民工的生产生活条件，高度重视农民工的生产安全和职业病防治问题，积极探索发展农民工社会保险的途径，积极开展农民工工伤、医疗、养老等社会保险工作。在妇女就业方面，保护妇女享有与男子平等的劳动权利，消除就业性别歧视，实行男女同工同酬，积极开发适合妇女特点的就业领域和就业方式，并将年龄偏大（40 周岁以上）、职业技能偏低、家庭生活困难（"低保"对象）的三类下岗失业妇女列为就业的重点援助对象[1]。在帮助残疾人就业方面，积极发挥政府和社会的作用，努力创造残疾人平等参与社会生活的环境。2007 年 2 月，国务院颁布了《残疾人就业条例》，鼓励社会组织和个人通过多种渠道、多种形式，帮助、支持残疾人就业，鼓励残疾人通过应聘等多种形式就业，禁止在就业中歧视残疾人。在促进高校毕业

---

[1] 蒋永萍："妇女的就业"，引自游钧主编《2005 年：中国就业报告》，中国劳动社会保障出版社 2005 年版。

生就业方面，采取切实有效的措施，加强政策引导和就业服务，拓宽高校毕业生就业渠道。2007 年 4 月，《国务院办公厅关于切实做好 2007 年普通高等学校毕业生就业工作的通知》，《通知》要求各地劳动保障部门要高度重视高校毕业生就业问题，将其纳入就业工作总体部署，统筹安排。积极鼓励、支持高校毕业生面向基层就业、自主创业和灵活就业。对登记失业的高校毕业生开展重点服务。

3. 统筹城乡就业，积极促进农村富余劳动力转移就业

在新的历史时期，劳动就业工作积极推进农村劳动力转移，做出了开展城乡统筹就业的重要部署。2003 年，《国务院办公厅关于做好农民进城务工就业管理和服务工作的通知》，要求各地区、各有关部门要取消对企业使用农民工的行政审批，取消对农民进城务工就业的职业工种限制，不得干涉企业自主合法使用农民工，并且明确要求各级政府努力改善农村劳动力转移的环境。2003 年，农业部、劳动和社会保障部、教育部、科技部、建设部、财政部共同制定了《2003—2010 年全国农民工培训规划》，以提高农村劳动力素质和就业技能，促进农村劳动力向非农产业和城镇转移。从 2004 年开始，国家实施以农村劳动力转移培训为主要内容的"阳光工程"，提出 2004 年、2005 年重点支持粮食主产区、劳动力主要输出地区、贫困地区和革命老区开展短期职业技能培训，每年培训农村劳动力 250 万人。

2006 年，《国务院关于解决农民工问题的若干意见》提出了一系列解决农民工问题的措施，为农村劳动力进城就业营造良好的政策环境，促进了农村劳动力的有序流动，通过实施工资支付保证金制度，强化农民工工资支付监管，维护农民工的合法权益。《国务院关于解决农民工问题的若干意见》的印发，标志着我国农村富余劳动力转移就业工作进入了一个新阶段，在解决农民工工资偏低和拖欠问题、规范农民工劳动管理和保障农民工劳动安全、搞好农民工就业服务和培训、推进农民工参加工伤和医疗保险、解决农民工子女上学问题等方面取得了明显进展。同年，劳动和社会保障部启动了统筹城乡就业试点工作，围绕着"开发就业、平等就

业、素质就业、稳定就业"四个方面的目标创造性地开展工作，不仅使城市就业推进了一步，而且为全国实现城乡统筹就业提供了实践经验。

4. 健全劳动法律体系

从 2003 年至今是我国劳动力市场法规体系逐步健全的阶段。2004 年，劳动和社会保障部颁布了新的《集体合同规定》，完善和补充了原有的集体合同规定。2006 年，劳动和社会保障部启动了全面推进劳动合同制度实施的三年行动计划，积极开展劳动争议案件处理工作。政府还在全国各类企业和工业园区开展创建和谐劳动关系活动，促进企业全面落实劳动保障法律、法规和政策，规范用工行为，促进劳动关系和谐稳定。2007 年 6 月，全国人大常委会审议通过的《中华人民共和国劳动合同法》，针对我国现阶段普遍存在的用人单位随意用工、不订立劳动合同、不办理劳动保险等侵害劳动者权益的现象，进行法律监管和约束，将许多新型的劳动关系纳入调整范围。该法在保护劳动者就业权益、分类规范不同劳动用工形式、明确用人单位法律责任、保护用人单位的合法权益、健全劳动关系协调机制等五方面都有新突破，填补了我国劳动法律制度的许多空白。2007 年 8 月，全国人大常委会审议通过《中华人民共和国就业促进法》，从法律上规范促进就业的方针、政策，建立促进就业的工作机制，明确促进就业的基本原则；规范劳动力市场秩序，禁止就业歧视，确保平等就业；规范职业教育与培训以增强职工的就业能力，规范就业服务和就业援助；建立健全就业工作的监督检查机制与确定违反就业促进法的法律责任。《中华人民共和国就业促进法》第一次将实施积极的就业政策写入法律，坚持"劳动者自主择业、市场调节就业、政府促进就业"的方针，从法律上确立了促进就业和再就业的政策体系、制度保障和长效机制，明确了就业援助和公共就业服务制度，还对实现公平就业，消除就业歧视，保障各类群体的平等就业权利做出了具体规定，为进一步解决好我国艰巨而复杂的就业问题提供了切实有力的法律保障。2007 年 12 月，全国人大常委会审议通过《中华人民共和国劳动争议调解仲裁法》，并于 2008 年 5 月 1 日起施行，对劳动争议调解、仲裁制度做了进一步完善和规范。2008

年4月，全国人大常委会修订通过《中华人民共和国残疾人保障法》，该法涉及全国8300多万残疾人，2.6亿家庭人口。该法明确提出："禁止基于残疾的歧视"，并规定"国家机关、社会团体、企业事业单位、民办非企业单位应当按照规定的比例安排残疾人就业，并为其选择适当的工种和岗位。达不到规定比例的，按照国家有关规定履行保障残疾人就业义务。国家鼓励用人单位超过规定比例安排残疾人就业"。

2003年以来，我国劳动就业体制改革步入了一个新阶段，劳动就业体制改革充分体现出以人为本的原则，从追求就业数量向更多地关注就业质量转变。重视劳动法制建设，保护劳动者公平的就业权益，尤其是农民工，并关注城镇困难群体的就业问题。在完善市场就业机制的基础上加强政府引导，就业规模不断扩大，就业结构进一步改善。

二、劳动就业体制改革的主要成就

30年来，我国劳动就业体制改革取得了巨大的成就，在经济体制转轨过程中比较平稳地解决了大量新生劳动力就业、农村富余劳动力转移和城镇国有、集体企业大批下岗职工的再就业等突出矛盾。就业规模持续扩大，就业结构逐步优化，就业渠道不断拓宽，就业形式更加灵活，总体上保持了就业形势的基本稳定。通过培育和完善统一的劳动力市场，城乡就业一体化趋势日益增强，就业服务体系形成并不断完善。近年来，政府致力于维护和谐稳定的劳动关系，逐步完善劳动标准体系，新型劳动契约关系初步形成。经过多年的探索和努力，我国基本上建立了与社会主义市场经济体制相适应的、以市场调节劳动力资源为主的劳动就业制度，实现了从政府"统包统配"到通过劳动力市场实现就业的深刻变革。

（一）就业总量增加，就业形势基本稳定

1. 就业总量稳步增加

我国是世界上劳动力资源最丰富的国家。1978 年，我国总人口为 96259 万人，经济活动人口①为 40682 万人。到 2006 年，我国总人口增加到 131448 万人，是 1978 年的 1.37 倍，进入劳动年龄的人口为 103506 万人，其中经济活动人口为 78244 万人，是 1978 年的 1.92 倍（见图 1-1）。充足的劳动力资源提供了庞大的就业队伍，劳动力总量不断增加。

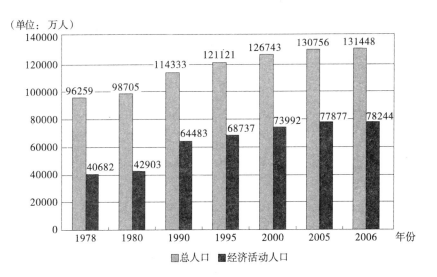

图 1-1　我国主要年份总人口与经济活动人口数
（资料来源：国家统计局相关年份《中国统计年鉴》，中国统计出版社）

我国在经济社会发展的不同时期，采取了各种措施，在保持国民经济平稳较快发展的同时，千方百计扩大就业，成功地缓解了三次就业高峰带来的冲击。1978 年，大量新增劳动力和知识青年返城，形成巨大的就业压力，政府为此制定"三结合"就业方针，经过 5 年的努力，到 1982 年

---

① 经济活动人口指在 16 周岁及以上，有劳动能力，参加或要求参加社会经济活动的人口。

基本平抑了这次失业高峰，城镇失业率曾一度下降到 1985 年的 1.8%。20世纪 90 年代中期以来，针对经济体制转轨和结构调整过程中国有企业集中分流富余人员等突出问题，制定了一系列促进就业的政策，提出了 3 年安置完下岗职工的目标，1998 年有 600 多万下岗职工实现再就业，再就业率达 50%。十六大以来，明确将扩大就业等民生问题摆到了经济社会发展全局更加突出的位置，做出一系列重大决策和部署，为我国进一步促进和扩大就业提供了良好的环境和制度保障。在劳动力总量增加较多、就业压力很大的情况下，保持了就业形势的基本稳定。

我国城乡就业人员从 1978 年的 40152 万人增加到 2006 年的 76400 万人，增加了 36248 万人，年均增加近 1250 万人。其中：城镇就业人员从 9514 万人增加到 28310 万人，年均增加 648 万人；乡村就业人员从 30638 万人增加到 48090 万人。2001 年以后，乡村就业人员的绝对值不断减少（见表1-1）。2003—2006年，全国每年实现新增就业人数分别为859万人、890

表1-1 我国城乡就业人数

（单位：万人）

年份	合计	城镇	乡村
1978	40152	9514	30638
1980	42361	10525	31836
1985	49873	12808	37065
1990	64749	17041	47708
1995	68065	19040	49025
2000	72085	23151	48934
2001	73025	23940	49085
2002	73740	24780	48960
2003	74432	25639	48793
2004	75200	26476	48724
2005	75825	27331	48494
2006	76400	28310	48090

（资料来源：国家统计局相关年份《中国统计年鉴》，中国统计出版社）

万人、970万人和1184万人。① 2002—2006年，总计有2000多万国有集体企业下岗失业人员实现再就业，其中有530多万人是再就业的困难群体。

2. 失业率得到有效控制

在扩大就业的同时，采取多种措施加强失业调控，城镇登记失业率得到有效控制。1978—1988年城镇登记失业率呈稳定下降态势，城镇登记失业人数也由1978年的530万人下降到1988年的296.2万人，城镇登记失业人数减少了233.8万人，顺利度过了第一次就业高峰。1989—1996年城镇登记失业率基本稳定，1996年以后，我国新增劳动力人数不断增加，城镇每年有大量新增劳动力进入劳动力市场，农村富余劳动力在城市化过程中也对城镇就业产生持续的巨大压力，加上国有、集体企业改革释放大量隐性失业人员，登记失业率开始上升，但始终保持在4.5%以下。在我国劳动年龄人口增长进入高峰期的形势下，2003—2007年年底的城镇登记失业率分别为4.3%、4.2%、4.2%、4.1%和4.0%，城镇登记失业率还有所下降（见图1-2）。2008年4月全国104个城市的劳动力市场职业

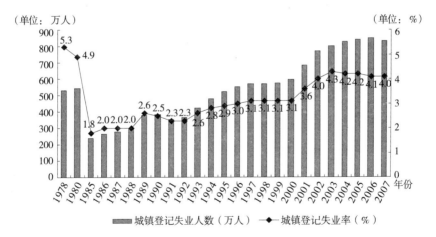

图1-2 1978—2007年我国城镇登记失业人数和城镇登记失业率

（资料来源：国家统计局相关年份《中国统计年鉴》，中国统计出版社）

---

① 《发展劳动保障事业增进人民福利——劳动保障部部长田成平谈十六大以来我国劳动保障事业的主要成就》，《求是》2007年10月11日。

供求信息网监测结果表明，劳动力市场求职人员中，失业人员的比重继续下降，外来务工人员特别是外埠人员的比重明显上升。我国就业局势基本稳定，为深化改革创造了条件，为推动经济社会持续稳定发展发挥了重要作用，也受到国际社会的广泛关注和认同。

（二）就业结构优化，就业格局多元化

改革开放以前，我国劳动者就业基本上集中在公有制企业和机关事业单位，由于推行适应社会主义市场经济的劳动就业体制，就业结构有了深刻变化。城乡分离的就业格局被打破，城镇就业规模明显扩大；第一产业就业人数大幅度减少，第三产业就业人数不断提高，城市化和工业化水平逐步提高；非公有制经济的就业比例迅速上升；灵活就业需求增长，就业途径多样化，就业格局多元化。

1. 城镇就业规模明显扩大，就业的城乡结构进一步优化

作为发展中国家，我国农业部门的就业人员较多，面临农业劳动力向非农产业转移的挑战。我国在进行工业化和城市化过程中，积极调整就业结构，发展具有比较优势和市场潜力的劳动密集型企业，特别是就业容量比较大的服务性企业和中小企业，采取灵活多样的就业形式，使城镇就业人员的数量与比重不断上升。从 1978 年到 2006 年，我国城镇就业人员总量从 9514 万人增加到 28310 万人，增长 2.96 倍，年均增长 5.74%。城市化使农村就业人员比重下降、城镇就业人员比重上升。随着城市化和工业化进程的加快，城镇吸纳就业的能力不断增强，带动了农村富余劳动力不断向城镇转移，使乡村就业人员占全国就业总量的比重下降。1980 年，城镇就业人员占全国就业人员总量的 24.85%，1990 年为 26.32%、1996 年为 28.89%、2000 年为 32.12%、2006 年上升为 37.05%（见表 1 - 2）。

2. 第二、三产业迅速发展，就业的产业结构变化显著

改革开放以来，我国经济发展和结构调整速度加快，国家鼓励发展与人民生活密切相关的农业、轻工业、商业、饮食业、服务业、修理业以及

表 1-2　我国城乡就业结构变动情况

（单位:%）

年份	合计	城镇就业人员比重	乡村就业人员比重
1978	100	23.69	76.31
1980	100	24.85	75.15
1985	100	25.68	74.32
1990	100	26.32	73.68
1995	100	27.97	72.03
2000	100	32.12	67.88
2001	100	32.78	67.22
2002	100	33.60	66.40
2003	100	34.45	65.55
2004	100	35.21	64.79
2005	100	36.04	63.96
2006	100	37.05	62.95

（资料来源：国家统计局：《中国统计年鉴2007》，中国统计出版社2008年版）

制约国民经济发展的交通运输、邮电通讯、金融保险业等基础设施。经过改革开放30年的努力，我国的产业结构发生了很大变化，结束了长期困扰我国的商品短缺局面，人民生活迅速改善，严重制约经济发展的基础设施"瓶颈"也逐渐得到缓解，产业结构逐步趋向合理。进入21世纪，第一产业和一般制造业等传统产业呈现下降趋势，资金技术密集行业和新型服务行业快速增长。

随着经济结构和产业结构的调整，就业人员的产业结构发生了相应变化。三次产业就业人员的数量均呈增长态势，但第一产业比重迅速下降，第二产业比重相对稳定，第三产业比重迅速上升。实行改革开放政策以来，我国第一产业就业人员总量略有提高，但是比重持续下降。2006年与1978年相比，第一产业就业人员增加4243万人，占全国就业人员比重由70.5%下降到42.6%，下降27.9个百分点。第二产业就业人员数量总体上升（1998年以后略有下降，2003年以后又开始增加），从1978年的

6945 万人增加到 2006 年的 19225 万人。第二产业就业人员比重也有所增加，从 1978 年的 17.3% 增加到 2006 年的 25.2%。第三产业就业人员数量和比重均呈快速上升趋势，2006 年与 1978 年相比，第三产业就业人员增加 19724 万人，占全国就业人员比重从 12.2% 上升为 32.2%，上升了 20 个百分点。1997 年第二、三产业就业人员之和超过了第一产业，2003 年以后，第二、三产业就业人员迅猛增加，到 2006 年，第二、三产业就业人员总数为 43839 万人，超过第一产业的就业人数 11278 万人。第三产业就业人员从 1994 年起超过了第二产业。我国第一、二、三产业就业人员的比重由 1978 年的 70.5∶17.3∶12.2 转变为 2006 年的 42.6∶25.2∶32.2。按照国际通行的标准，工业化初期结束的标志之一是农业劳动力比重不超过 55%；工业化中期结束时，农业劳动力比重低于 30%。我国的农业劳动力比重在 2000 年低于 50%，到 2006 年，我国农业劳动力比重下降到 42.6%（见图 1-3）。伴随着我国工业化水平的提高，第三产业就业人员仍将继续增加。人力资源和社会保障部 2008 年 4 月公布的全国 104 个城市的劳动力市场职业供求信息数据显示，一季度第一、二、三产业需求人数所占比重依次为 2%、39.4% 和 58.6%。

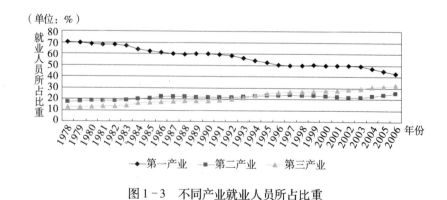

图 1-3 不同产业就业人员所占比重

不同行业就业人员变化显著（见表 1-3）。为适应经济发展的阶段性变化和日趋激烈的国际国内市场竞争环境，第二产业内部结构调整的进程

表1-3 按行业分就业人员数

（单位：万人）

年份	采掘业	制造业	建筑业	地质勘查业、水利管理业	交通运输仓储和邮电通信业	批发零售贸易和餐饮业	金融保险业	房地产业	社会服务业	卫生体育和社会福利业	教育文化和广播影电视业	科学研究和综合技术服务业	合计
1978	652	5332	854	178	750	1140	76	31	179	363	1093	92	40152
1980	697	5899	993	188	805	1363	99	37	276	389	1147	113	42361
1985	795	7412	2035	197	1279	2306	138	36	401	467	1273	144	49873
1990	882	8624	2424	197	1566	2839	218	44	594	536	1457	173	64749
1995	932	9803	3322	135	1942	4292	276	80	703	444	1476	182	68065
2000	597	8043	3552	110	2029	4686	327	100	921	488	1565	174	72085
2001	561	8083	3669	105	2037	4737	336	107	976	493	1568	165	73025
2002	558	8307	3893	98	2084	4969	340	118	1094	493	1565	163	73740

注：该数据只能查到2002年。

（资料来源：国家统计局：《中国统计年鉴2007》，中国统计出版社2008年版）

也明显加快。在大力压缩纺织、煤炭、冶金、石化、建材、机电、轻工等过剩生产能力，关闭技术落后、浪费资源、产品质量低劣和污染严重的小企业的同时，积极鼓励和扶持发展高新技术产业、发展生物工程、新能源、新材料和高环保的产业。制造业、建筑业、商业和餐饮业、交通运输业等是非农就业的重要领域，其中制造业不仅是非农就业的最主要的领域，也是我国经济国际竞争力的最集中的体现。第三产业迅速发展。以IT技术为代表的新经济发展迅速，给信息技术业、电子传媒业、电信业带来了无限的机会，成为发展最快的产业。随着我国住房制度改革的不断深入，房地产业也得到迅猛发展。居民生活水平和消费结构提高促使居民对社区服务、房地产服务、旅游服务、医疗保健服务、文化、教育服务等方面的需求快速增长，带动了这些产业的发展。第三产业中批发和零售贸易、餐饮业、交通运输、仓储业也不断改进、持续发展。伴随着经济结构和产业结构的调整，就业人员的就业结构也发生了相应变化。从 1978—2002 年不同行业就业人员变动情况来看，就业人员的增长速度最快行业从高到低依次为社会服务业、建筑业、金融保险业、批发零售贸易和餐饮业、房地产业以及交通运输仓储和邮电通信业，采掘业、地质勘查和水利管理业的就业人员为负增长。

3. 多种经济成分共同发展，非公有制经济就业人员数迅速上升

党的十五大明确指出，公有制为主体，多种所有制经济共同发展，是我国社会主义初级阶段的一项基本经济制度，非公有制经济是社会主义市场经济的重要组成部分。经济体制改革促进了多种经济形式的发展，从而促进了就业的所有制结构变化。我国非公有制经济迅速崛起，在国民经济总量中所占的份额也不断提高，已成为国民经济的重要增长点，非公有制经济成分的快速发展成为吸收劳动力的主要载体。从就业结构的变化趋势看，随着国有企业下岗分流、减员增效、破产及兼并等原因，对劳动力的吸纳能力减弱，而非公有制经济保持着强劲的增长势头，对劳动力需求旺盛，在劳动就业领域所占的份额也不断增加。另外，随着劳动就业体制改革的深入，人们的就业观念发生了根本性的变化，工资收入和能够发挥个人才华成为择业的主要标准，使得非公有制经济单位从业人数迅速增长。其中，私营经济和个体经济就业人数增加速度最快。改革开放以来，我国个体、私营等非公有制经济的年均增速在 24% 以上，占 GDP 的比重从1997 年的不足 1% 到 2003 年的超过 1/3。2006 年，我国城镇私营企业和个体经济就业人数为 6966.8 万人，在扩大社会就业中发挥着不可替代的重要作用（见图 1-4）。到 2006 年年末，股份合作单位、联营单位、有限责任公司、股份有限公司单位就业人员已发展到 2884 万人；外商和港澳台商投资经济单位就业人员达 1407 万人。我国非公有制经济迅速崛起，在国民经济总量中所占的份额也不断提高，不仅对我国经济发展发挥着越来越大的作用，而且在创造就业岗位、吸纳失业人员、促进社会稳定方面也发挥着重要的作用。

（单位：万人）

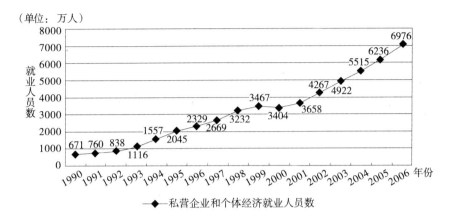

图1-4　我国城镇私营企业和个体经济就业人员数

（资料来源：根据国家统计局：《中国统计年鉴2007》有关数据整理）

4. 就业渠道多样化，灵活就业形式迅速发展

随着劳动就业体制改革和国有企业改革的进一步深化，传统固定的就业岗位大幅度减少，用人单位的用人方式更趋灵活，劳动者对就业的需求正日益多样化。我国城镇中的单位就业人员自20世纪90年代以来在逐渐下降，灵活就业人员越来越多，非全日制、临时性、季节性、钟点工、弹性工作等各种就业形式迅速兴起，灵活多样的就业形式已成为扩大就业的有效途径。劳动和社会保障部2004年的一份就业调研报告数据表明，2004年年底，我国城镇灵活就业人员总量为5000万人左右。2005年，国家统计局公布的数字显示，我国灵活就业的人数已经上升到1亿多人，约占城镇就业人员的40%。

（三）劳动力市场形成并不断发展

我国劳动力市场的形成和发展过程就是劳动力资源由政府配置转变为由市场配置的过程。在这一过程中，我国的劳动就业工作从开始突破计划体制的约束逐步进入到体制创新阶段。

1. **劳动力市场建设逐步发展**

劳动力市场是生产要素市场的重要组成部分，是形成市场导向就业机制的重要基础。党中央、国务院十分重视劳动力市场的建设和发展。党的十五大报告指出，要"着重发展资本、劳动力、技术等生产要素市场，完善生产要素价格形成机制"。党的十五届五中全会进一步提出，要"发育和规范劳务中介组织与劳动力市场，完善就业服务体系，加强职业培训，形成市场导向的就业机制"。劳动力市场逐步发展，促进了劳动力资源的有效配置，劳动力市场科学化、规范化、现代化水平不断提高。《劳动力市场管理规定》的出台，规范了劳动力市场秩序，促进了公共就业服务的发展，保护了劳动者和用人单位的合法权益。我国已在各地建立起职业介绍机构、就业服务中心、失业保险机构、职业指导制度、职业培训制度与机构等劳动力市场的依托系统。劳动就业管理机构的服务手段也日趋现代化，目前已具备完整的工作网络、完善的服务功能、健全的工作制度、高效的服务质量、统一的工作机构。

2. **市场机制已成为配置劳动力资源的主要力量**

随着企业改革的深化和劳动就业体制改革的推进，企业作为劳动力市场的需求主体，劳动者作为供给主体的地位基本确立。劳动合同制的全面实施使就业市场化运行得以实现，市场机制已成为配置劳动力资源的主要力量。不仅新成长的劳动力主要通过市场实现就业，大中专毕业生和退伍军人也基本上是通过市场找到合适的就业岗位。劳动力市场成为解决就业的重要手段，劳动力配置的市场化程度不断提高。就业形式灵活多样，非全日制就业、季节性就业和阶段性就业等就业形式得到广泛使用。劳动者的就业观念也得到迅速转变，更加适应市场就业的要求，更加重视个人的全面发展和生活质量的提高，能够享有更多的闲暇时间和受教育机会，同时对市场化就业可能面临的失业风险具备了一定的承受能力。

3. **劳动力的流动范围明显加大，劳动力市场渐趋统一**

我国双向选择的竞争就业机制在劳动力配置方面的作用日益增强，有利于劳动力的合理流动。一方面，企业为增强自身的市场竞争能力越来注意择优录用和节约使用劳动力；另一方面，劳动者为获得就业岗位或更高收入而进行的流动，不再局限在一个地区、一个行业的小范围，而是打破了城乡、地区、所有制界限，劳动力跨城乡、跨地区、跨所有制的流动越来越普遍。城乡劳动力流动障碍进一步消除，劳动力流动更加自由，农村富余劳动力向非农产业转移、跨地区流动的规模不断扩大，城乡劳动力市场渐趋统一。根据第五次人口普查抽样数据估计，1979—1999 年期间，转向非农产业的农村富余劳动力共有 1.16 亿，年增长速度为 9.8%。20世纪 90 年代后期，农民离乡外出就业平均每年以 500 万人左右的规模迅速增加，成为农村富余劳动力转移的主要渠道。21 世纪以来，农村富余劳动力转移就业呈加速趋势，2001—2005 年，转移农村富余劳动力 4000多万人。

（四）就业服务体系初步建立

就业服务体系是劳动力市场顺利运行的基础条件。劳动者自由流动、自主就业是就业市场化的重要体现，由于市场供求关系不断变化和劳动者技能的多样性、差异性，需要通过劳动就业的中介机构和社会化的服务网络体系，在劳动者与用人单位之间架起一座沟通信息与交易的桥梁，就业服务体系就是连接劳动力供给与需求双方，为他们提供服务，使劳动力资源得到有效利用的一种媒介。

1. 就业服务网络不断完善

我国的公共就业服务起源于 20 世纪 80 年代初的劳动服务公司，到 20世纪 90 年代初，逐渐发展为以职业介绍、就业训练、失业保险和劳动就业服务企业等为主要内容的就业服务体系。随着劳动就业体制改革的深化，20 世纪 90 年代末开始，公共就业服务网络逐步形成，并发生了专业性的分化。其中，失业保险从就业服务体系中分离出来，成为社会保障体系的组成部分；就业训练作为职业培训体系的一部分逐渐独立出来。现在的公共就业服务是融职业信息服务、职业介绍、职业指导、就业岗位开发以及劳动保障事务代理为一体，连接职业培训、失业人员管理的服务体系。公共就业服务机构根据政府确定的就业工作目标任务，制定就业服务计划，推动落实就业扶持政策，组织实施就业服务项目，为劳动者和用人单位提供就业服务，开展人力资源市场调查分析，并受劳动保障行政部门委托经办促进就业的相关事务。我国在大力发展公共就业服务的同时，鼓励各类职业中介机构提供多样化的就业服务，不断完善社会化的就业服务体系。到 2006 年年底，公民个人办的职业介绍机构已达 9689 家（见图1-5）。政府劳动部门、社会团体和民间组织创办的三类就业服务机构，构筑了多层次的劳动力市场中介组织，其中劳动部门创办的就业服务机构是主体，发挥主导作用，社会团体和民间创办的就业服务机构起补充作用。

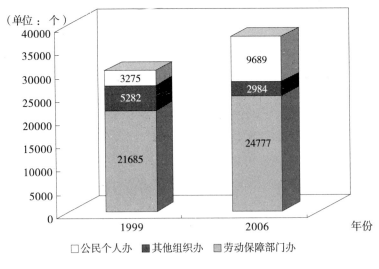

图1-5 我国不同类型职业介绍机构情况

职业介绍是就业服务体系的重要内容，其主要任务是：求职登记、企业用工调查与登记、劳务市场信息收集、就业与用工的指导与咨询，以及就业预测预报。随着劳动力市场的建立和发展，职业介绍机构发展迅速，并在配置社会劳动力方面发挥着重要作用。其中既有政府劳动部门兴办的，也有企事业单位兴办的，还有私营的。各级职业介绍机构数量众多，分布广泛，为用人单位选择所需的劳动者以及劳动者选择适合于自己的就业岗位创造了条件。各级职业介绍机构介绍成功的就业人数逐年提高，2001—2006年，职业介绍机构由26793个增加到37450个，职业介绍机构介绍成功就业的人数，2001年为1229万人，2006年上升为2493万人（见表1-4）。

表1-4 我国职业介绍机构基本情况

年份	本年末职业介绍机构个数	本年末职业介绍机构人数（万人）	本年职业指导人数（万人）	本年介绍成功人数（万人）
2001	26793	8.44	1157.56	1229.11
2002	26158	8.50	1340.20	1354.30
2003	31109	9.70	1611.00	1586.00
2004	33890	10.65	1881.96	1837.75
2005	35747	11.20	2271.60	2165.30
2006	37450	12.32	2582.43	2492.99

（资料来源：国家统计局人口和就业统计司、劳动和社会保障部规划财务司《中国劳动统计年鉴2007》，中国统计出版社2008年版）

2. 职业培训体系初步建立，劳动者素质不断提高

通过积极发展各类教育和职业培训制度，实行学历证书和职业资格证书并重的制度，初步建立了市场导向的职业培训体系，我国劳动者的就业能力、创业能力和适应职业变化的能力不断提高。职业培训包括就业前培训、转业培训、学徒培训和在职培训，依据职业技能标准，培训的层次又分为初级、中级、高级职业培训和其他适应性培训。我国通过发展高等职业院校、高级技工学校、中等专业技术学校、技工学校、就业训练中心、民办职业培训机构、企业职工培训中心等职业培训机构，形成全方位、多层次的职业教育和培训体系。截至2006年年底，全国共有各类职业技术培训机构177686所，注册学生5078.65万人，结业学生5733.62万人。其中，职业技术培训学校3177所，其他培训机构（含社会培训机构）23554所。

针对未能升学的初高中毕业生等新生劳动力，全面实行一至三年劳动预备制培训。1997 年，劳动部在 36 个城市进行劳动预备制试点，1998 年在 200 个城市推行，1999 年在全国范围实施。覆盖城乡的职业培训网络已经形成，使城镇绝大多数新生劳动力能够接受劳动预备制培训，并逐步将农村新生劳动力特别是从事非农产业和向城镇转移的农村劳动力纳入劳动预备制培训范畴。为提高全体劳动者的职业技能水平，全面推行职业资格证书制度，并建立了从初级工到高级技师的职业资格体系，对劳动者实行职业技能鉴定，推行职业资格证书制度。

随着我国教育和职业培训制度的完善，我国就业人员受教育程度明显提高，接受高等教育的人员比例不断上升。1998 年，我国就业人员平均受教育年限已达 7.5 年，比 1982 年的 5.8 年提高了 1.7 年。全国就业人员中，大专及以上文化程度的有 2448 万人，比 1982 年增长了 4.4 倍；2006 年全国就业人员中，具有大专及以上学历的就业人员为 5065.32 万人，所占比重为 6.6%，比 2000 年上升了 1.9 个百分点；小学及以下文化程度的就业人员所占比重为 36.6%，与 2000 年相比，比重下降了 3.3 个百分点。高素质人才占就业人员的比例不断上升，其中大专及以上所占比例上升较多，文盲半文盲所占比例大幅下降。截至 2006 年年底，我国城镇 80% 以上的新就业人员达到高中水平以上或者经过职业技能培训，已有近 3500 万人取得了相应的职业资格证书。2006 年，获得职业资格鉴定证书的人数为 925.24 万人，其中高级技师 3.5 万人、技师 2.6 万人、高级职业资格证书 14.4 万人。①

（五）就业政策体系不断完善

我国积极的就业政策体系不断完善，确立了"劳动者自主就业，市场调节就业，政府促进就业"的就业方针，以促进就业和创业为主要内

---

① 国家统计局人口和就业统计司，劳动和社会保障部规划财务司：《中国劳动统计年鉴 2007》，中国统计出版社 2008 年版。

容，坚持通过发展经济、调整经济结构、深化改革、协调发展城乡经济以及完善社会保障体系促进就业，并采取各种有效措施，千方百计增加就业，扩大就业规模，努力把失业率控制在社会可承受的限度内。我国积极就业政策内容包括：宏观经济政策促进就业、市场机制引导就业、扶持困难群体实现就业、完善失业保险制度保障失业人员生活并促进再就业。

1. 宏观经济政策促进就业

宏观经济政策是指通过促进经济增长和产业引导来拉动就业，控制和减少失业。其基本内容包括：将促进就业作为国民经济和社会发展的战略任务，将控制失业率和增加就业岗位作为宏观调控的主要目标之一，纳入国民经济和社会发展计划，坚持实行扩大内需的方针，适时调整财政政策和货币政策，保持国民经济平稳较快的发展；适应产业结构调整，引导有利于增加就业机会的产业和企业发展，重视发展具有比较优势和市场潜力的劳动密集型企业，特别是服务性企业和中小企业；坚持把发展服务业作为扩大就业的重要渠道，鼓励发展社区服务、餐饮、商贸流通、旅游等行业，更多地增加这些行业的就业岗位；积极发展集体、私营、个体等多种所有制经济，拓宽就业渠道，鼓励劳动者通过灵活多样的方式实现就业，积极发展劳务派遣组织和就业基地，为灵活就业提供服务和帮助。

在积极就业政策的引导下，中央和地方都加大了对公共就业的财政投入力度。从就业贷款贴息、税收减免和再就业补贴等方面的情况看，2006年总补助额约为2002年的30倍（见表1-5）。2006年，全国财政就业补助资金实际执行338.52亿元，其中，中央财政安排234亿元（含小额担保贷款贴息资金2.2亿元），重点向中西部地区和老工业基地倾斜，并对北京、上海等东部沿海7省（直辖市）开展进城务工的跨省份外来农村劳动者职业介绍和职业培训给予了一定支持。[1]

---

[1] 财政部网站：《国家财政大力支持就业再就业工作》，2007年3月。http://www.mof.gov.cn/news/20070301_3201_24614.htm。

表 1-5　1998—2006 年全国就业补助情况

(单位：亿元)

年份	全国合计	中央	中央本级	补助地方	地方
1998	6.55	0.2	0.2	—	6.35
1999	4.17	0.2	0.2	—	3.97
2000	6.35	0.2	0.2	—	6.15
2001	6.81	0.2	0.2	—	6.61
2002	11.38	0.2	0.15	0.05	11.18
2003	99.24	41.11	0.15	40.96	58.13
2004	130.12	63.2	1.89	61.31	66.92
2005	160.91	89.7	2.37	87.33	71.21
2006	338.52	234	—	—	—

(资料来源：《中国财政年鉴 2005》，《中国财政年鉴 2006》。中国财政杂志出版社，2005 年、2006 年版)

2. 扶持就业困难群体实现就业

我国在保障全体劳动者就业权益的同时，采取各种扶持就业的政策：实施下岗职工再就业工程、维护农民工合法权益、保障妇女平等就业权利、促进青年就业、帮助残疾人就业，促进就业困难群体实现就业。逐步健全对进城务工农民的劳动合同管理，加强劳动力市场清理整顿，集中开展农民工权益保障专项执法检查，积极探索发展农民工社会保险的途径，有效维护了农民工合法权益和劳动力市场秩序。国家保护妇女享有与男子平等的劳动权利，消除就业性别歧视，实行男女同工同酬，保障女职工在经期、孕期、产期和哺乳期以及在工作场所受到特殊劳动保护。我国城乡妇女就业人数从 1990 年的 2.91 亿增加到 2006 年的 6.37 亿，2006 年，城镇单位女性就业人员为 4446 万人，占城镇单位就业人员总数的 38%。对未能升学的初高中毕业生全面实行一至三年的劳动预备制培训，在各类中等职业学校开设了职业指导的必修课程。同时，以促进学生充分就业为目标，大力加强职业指导工作，加强就业服务和创业教育工作。为解决大学毕业生就业问题，我国政府实施了促进高校毕业生就业的若干措施，主要有：坚持市场导向、政府调控、学校推荐、学生与用人单位双向选择的改革方向，鼓励高校毕业生到基层和艰苦地区工作，充实城市社区和农村乡镇单位；鼓励各类企事业单位特别是中小企业和民营企事业单位聘用高校毕业生；鼓励高校毕业生自主创业和灵活就业，为他们提供税收优惠、小额贷款和创业培训；建立健全高校毕业生就业服务信息网络，做好就业指导和就业服务工作。同时，引导高校适应市场要求调整专业结构和人才培养结构。在促进残疾人就业方面，积极发挥政府和社会的主导作用，实行按比例安排残疾人就业的制度，努力创造残疾人平等参与社会生活的良好环境。实施下岗职工再就业工程，组织各方力量在有下岗职工的国有企业普遍建立再就业服务中心，为下岗职工提供基本生活保障，代缴养老、医疗等社会保险费，并为他们提供一次职业指导、三次就业信息服务和一次免费的职业培训机会。通过税收优惠、财政补贴等鼓励下岗失业人员自谋职业。对有就业能力和就业愿望的男 50 周岁、女 40 周岁以上就业困难的下岗失业人员，作为就业援助的主要对象，提供即时岗位援助等多种帮助。政府投资开发的公益性岗位优先安排大龄就业困难对象。

3. 完善失业保险制度，保障失业人员生活并促进再就业

20 世纪 80 年代中期，我国开始建立失业保险制度，为失业人员提供失业救助和医疗补助，开展失业人员管理和服务，并充分发挥失业保险促进就业和再就业的作用。1999 年《失业保险条例》颁布实施后，失业保险制度建设步伐加快，按照"广覆盖、社会集资、低水平、权利义务对等、促进就业"的原则不断健全。《社会保险费征缴暂行条例》明确规定了失业保险的覆盖范围和缴费义务人，建立了失业保险登记制度和缴费申报制度，规范了失业保险费的征收程序。《失业保险金申领发放办法》使失业保险金的发放工作进一步规范化。上述三部法规和文件共同构成了我国目前实施的失业保险制度。失业保险制度不断完善，覆盖面不断扩大，在保障失业者基本生活、维持经济社会稳定发展方面起了很大的作用。据劳动和社会保障部统计，2007 年，全国参加失业保险的人数 11645 万人,年末领取失业保险金人数为 286 万人。

(六) 劳动关系总体和谐稳定

我国劳动关系已经由政府主导型转变为市场契约型,劳动关系的调节机制不断健全,从维护劳动者合法权益入手,初步形成了与社会主义市场经济相适应的劳动关系协调机制。

1. 劳动关系契约化

在计划经济体制下,政府是劳动力资源配置的主体,劳动力的供给和需求都由政府决定。劳动关系的协调和处理主要靠政府规定的统一的用工制度、工资标准、劳保福利待遇、奖惩条例进行。企业和职工都执行国家劳动方面的各种计划,当时劳动关系基本上被行政关系掩盖,劳动力供给和需求主体都是政府。社会主义市场经济体制的建立,特别是劳动力市场的培育和国有企业改革,使这种局面产生了巨大的变化,劳动力供求主体明晰化了。企业作为劳动力的需求方,有完全的用人自主权,在确定工资等各种劳动条件方面具有独立的意志;职工作为劳动力的供给方,有完全的择业自主权,在确定工资等各种劳动条件方面也具有独立的意志。企业与劳动者能否达成劳动关系,取决于双方能否在工资等各种劳动条件方面达成较为一致的意见。在这种情况下,企业劳动关系的建立和解除,以及企业内部可能发生的各种劳动问题的处理,正常情况下将不再受政府计划指令和行政手段直接控制。劳动关系双方的行为契约化,即在尊重对方意愿的基础上,通过平等的协商或谈判达成劳动关系,这样一种契约的基本形式是劳动合同。与劳动关系契约化相适应,我国逐步建立了包括劳动合同制度、集体合同制度和协商劳动关系三方机制、劳动争议调解机制等在内的新型劳动关系,劳动关系日益规范化和法制化。

2. 劳动关系调整机制逐步建立

我国已经初步建立了以《中华人民共和国劳动法》为主体的调整劳动关系的法律法规体系,建立了劳动合同制度、集体合同制度和协调劳动关系三方机制、劳动争议处理机制,通过调解、仲裁、诉讼等渠道解决企业和劳动者发生的劳动争议。

劳动合同制度全面实施。我国的劳动合同制度从 20 世纪 80 年代中期开始试点，在 90 年代得到大力推行，至今已在城镇各类企业中广泛实施。2007 年出台了《中华人民共和国劳动合同法》，进一步明确用人单位与劳动者依法建立劳动关系，应该订立书面劳动合同，在订立劳动合同过程中，劳动关系双方应当遵循合法、公平、平等自愿、协商一致、诚实信用的原则。实行劳动合同制度，明确劳动者与用人单位双方的权利和义务，保障了劳动者择业自主权和用人单位的用人自主权。逐步规范劳动合同管理，启动了从 2006 年至 2008 年全面推进劳动合同制度的三年行动计划，2006 年企业劳动合同签订率达到了 80% 的年度目标。

建立集体合同制度。为形成企业劳动关系自我协调机制，劳动就业体制改革开始探索通过平等协商建立集体合同制度，并加以推广。1994 年，根据《中华人民共和国劳动法》和《中华人民共和国工会法》的有关内容，制定了《集体合同规定》。2004 年修改出台新的《集体合同规定》，明确指出：企业职工可以就劳动报酬、工作时间、休息休假、劳动安全卫生、职业培训、保险福利等事项，由工会代表或直接推荐职工代表与企业开展平等协商，签订集体合同。据全国总工会统计，到 2006 年年底，全国签订集体合同共 86.2 万份，覆盖企业 153.8 万个，覆盖职工 1.1 亿人。截止到 2007 年年底，全国签订工资专项集体合同 34.3 万份，比上年增长 12.6%；覆盖企业 62.2 万家，比上年增长 18.3%，比 2003 年增长 112.3%；覆盖职工 3968.6 万人。

建立政府、工会和企业三方协调机制。为平衡劳动关系双方的利益，推动企业建立完善集体协商机制，积极建立符合本国国情的政府、工会和企业三方协调机制，我国在中央、省和城市三级建立了由政府部门、工会和企业联合会组成的协调劳动关系三方机制，初步形成了协调劳动关系的组织体系。这种协调机制，由各级政府劳动和社会保障部门、工会组织、企业组织派出代表，组成协调机构，对涉及劳动关系的重大问题进行沟通和协商，对拟订有关劳动和社会保障法规以及涉及三方利益调整的重大改革方案和政策措施提出建议。

　　建立劳动争议处理机制。为及时依法处理劳动纠纷，维护当事人双方的合法权益，面对劳动争议的复杂性和广泛性，我国建立了劳动争议调解、仲裁和诉讼这些专门解决劳动争议的机构和程序。2007 年出台《中华人民共和国劳动争议调解仲裁法》，在劳动争议处理的适用范围、基本程序、组织机构以及劳动争议调解仲裁的时效和期限等方面做出了一系列新的法律规定，进一步完善了劳动争议处理体制。劳动争议仲裁机构实体化建设取得突破性进展，依法处理了大量劳动争议案件。2002 年至 2006 年，全国各级劳动争议仲裁委员会共立案受理劳动争议案件 130 万件，涉及劳动者 360 万人，结案率在 92% 以上。

　　完善企业收入宏观调控制度。在充分发挥市场机制对工资收入调节的基础上，国家对企业收入的宏观调控制度不断完善。进一步完善工资指导线、劳动力市场工资指导价位和行业人工成本信息指导制度，定期向社会发布相关信息，发挥对工资增长的调节作用，引导企业采取灵活多样的工资制度和分配形式，使企业工资增长与效益增长相适应。全国各地普遍建立和实施最低工资制度，最低月工资标准和最低小时工资标准稳步提高。在保障劳动者工资稳步增加的基础上，建立工资支付保障制度。到 2007年年底，全国已有 27 个省（自治区、直辖市）建立了工资支付保障制度，拖欠职工工资现象得到有效遏制。随着经济的快速发展，城镇职工工资收入不断增长。2006 年全国城镇单位在岗职工平均工资为 21001 元，比上年增长 14.4%，扣除物价因素，实际增长 12.7%。

（七）劳动法律法规不断健全

　　改革开放以来，我国劳动法律法规体系不断健全。我国已形成以《中华人民共和国宪法》为依据，以《中华人民共和国劳动法》为基础，以《中华人民共和国工会法》、《中华人民共和国就业促进法》、《中华人民共和国劳动合同法》和《中华人民共和国劳动争议调解仲裁法》为主干，以相关法律法规为配套，以我国批准的国际劳工公约为补充的相对完善的劳动法律法规体系，为我国劳动就业工作奠定了坚实的法制基础。

1. 调整劳动关系的法律规范逐步完善

《中华人民共和国劳动法》对劳动合同、平等协商与集体合同、劳动争议做了规定。《中华人民共和国劳动合同法》和《中华人民共和国劳动争议调解仲裁法》的出台进一步完善了调整劳动关系的法律体系。普遍实行劳动合同和集体合同制度，对于协调劳动关系、发挥劳动力市场的资源配置功能具有重要作用。解决劳动争议的程序法不断完善，面对劳动争议的复杂性和广泛性，建立了劳动争议调解、仲裁和诉讼这些专门解决劳动争议的机构和程序，并不断改进制度安排，以妥善及时地解决劳动争议，维护劳动关系双方当事人的合法权益。

2. 有关劳动标准的法律规范体系初步建立

为保护劳动者的基本权益，我国已初步建立了以《中华人民共和国劳动法》为核心，内容涉及工时、休息休假、工资津贴、保险福利、女职工和未成年工劳动保护、职业安全卫生等方面的劳动标准体系，并根据经济和社会的发展不断调整和完善各项劳动标准。我国已制定国家和行业劳动定额定员标准200多项，公布了职业分类标准和职业技能标准等其他劳动标准。

《中华人民共和国劳动法》对工作时间、休息休假、工资、劳动安全卫生、女职工和未成年工特殊保护等做了规定。配套的行政法规主要有《女职工劳动保护规定》、《国务院关于修改〈国务院关于职工工作时间的规定〉的决定》等。配套的部门规章主要有《关于企业实行不定时工作制和综合计算工时工作制的审批办法》、《关于贯彻〈国务院关于职工工作时间的规定〉的实施办法》、《最低工资规定》、《企业最低工资规定》、《工资支付暂行规定》、《未成年工特殊保护规定》、《女职工禁忌劳动范围的规定》、《女职工劳动保护规定》、《职业病和职业病患者处理办法的规定》、《职业技能鉴定规定》等。这些法律规范确立了一系列的劳动基准，劳动者受到法定的最低劳动标准的保障，维护了劳动者最基本的劳动权益。

3. 促进就业的法律规范不断健全

我国一直十分重视劳动就业方面的立法，促进就业是劳动立法的一项基本原则。我国劳动就业体制改革确立了"劳动者自主就业、市场调节就业、政府促进就业"的就业方针，使国家通过立法基本实现了对劳动就业的整体协调和管理。《中华人民共和国劳动法》和《中华人民共和国就业促进法》是我国在促进就业方面的重要法律，确立了促进就业的基本原则，有力地推动了我国劳动就业体制改革进程。促进就业立法还对妇女、残疾人、退役军人、少数民族、未成年人等特殊群体的就业采取了特殊的保障措施，以促进其就业。《中华人民共和国残疾人保障法》尤其关注残疾人的就业和社会保障问题，把"国家实行按比例安排残疾人就业的制度"作为一项法律制度予以确立。促进就业方面配套的行政法规主要有《劳动就业服务企业管理规定》、《残疾人就业条例》等。配套的部门规章主要有《职业介绍规定》、《劳动力市场管理规定》、《外国人在中国就业管理规定》、《关于就业训练若干问题的暂行办法》等。

4. 劳动行政执法及其监督检查的法律规范不断发展

《中华人民共和国劳动法》对监督检查、法律责任做了规定。配套的行政法规主要包括《劳动保障监察条例》、《矿山安全监察条例》、《煤矿安全监察条例》、《特种设备安全监察条例》等。配套的规章主要包括《劳动监察规定》、《劳动监察程序规定》、《劳动行政处罚若干规定》等。这些法规的颁布实施，使我国的劳动行政执法及法律监督检查走上了健康发展的轨道，逐步建立起劳动监督检查法律制度。劳动监察制度的建立为保障劳动行政执法及其监督检查活动的全面开展、有效地保证劳动法的实施、维持劳动力市场秩序、更好地保护劳动者的合法权益创造了良好的法治环境。

三、劳动就业体制面临的困难和问题

（一）就业形势仍然严峻

我国劳动年龄人口众多，国民教育水平较低，就业矛盾十分突出。主要表现在：劳动力供求总量矛盾和就业结构性矛盾并存、城镇就业压力加大和农村富余劳动力转移加快并存、新增劳动力就业和失业人员再就业问题并存。

1. 劳动力供求总量失衡，就业压力增加

根据世界银行统计，1999年我国总劳动力人口为7.51亿，占世界总量的26%，相当于高收入国家总劳动力人口（4.35亿）的1.45倍，相当于欧盟国家总劳动力人口（1.36亿）的5.5倍，相当美国总劳动力人口（1.43亿）的5.3倍。2007年《中国统计年鉴》数据表明，2006年年底我国总人口为131448万人，经济活动人口为78244万人。从人口总量的增长速度来看，国家人口计生委《全国"十一五"人口和计划生育事业发展规划》指出：我国人口仍将以年均800万—1000万的速度增长，按目前总和生育率1.8预测，2010年和2020年，我国人口总量将分别达到13.7亿和14.6亿；人口总量高峰将出现在2033年前后，达15亿左右。持续增长的人口总量提供了丰富的劳动力资源，也使我国面临着严峻的就业挑战。《全国"十一五"人口和计划生育事业发展规划》指出：我国劳动年龄人口总量大且保持增长态势，据预测，2016年15—64岁劳动年龄人口将达到峰值10.10亿，2020年仍高达10亿左右；15—59岁劳动年龄人口将于2013年达到峰值9.32亿，2020年仍高达9.30亿人。劳动和社会保障部预测："十一五"期间，城乡新成长劳动力年均达2000万人。全国城镇每年新增劳动力1000万人，加上需要就业的下岗失业等人员，每年需要安排就业的达2400万人。我国正处于工业化、城镇化加速发展的时期，以城镇人口在城乡人口中的比重标定的城镇化率，无论是与发达国家80%以上的水平相比，还是与发展中国家50%左右的水平相比，我国40%左右的水平是相当低的，还有很大的空间。农业富余劳动力的转移，是社会进步的必然趋势，也是生产力发展的必然结果。我国现有2亿农民工，有1亿农业富余劳动力，还有每年新成长的近千万农村新生劳动力，我国劳动力供给数量庞大且不断增加。

从劳动力的需求看，劳动力需求作为派生需求，其增长有赖于经济增长。改革开放以来，我国经济取得了令世界瞩目的成绩。根据国家统计局资料，1978—2006 年我国 GDP 年均增长率为 9.8%，快速的经济增长为我国就业增长创造了良好条件。按照经济增长保持 8% 至 9% 的速度，每年可新增 800 万—900 万个就业岗位，加上补充自然减员，可安排就业 1200 万人左右，年度劳动力供求缺口仍在 1200 万人左右。由于工业化、城镇化的快速发展，农业用地面积逐年减少，农业就业空间不断缩小。因此，5 到 10 年内，不论是城镇还是农村，劳动力总供给都大于总需求。

2. 就业的结构性矛盾和区域性问题突出

在劳动力市场供求总量矛盾没有缓解的情况下，就业的结构性矛盾突出。一方面，失业人数不断增加，劳动力供给持续增长；另一方面，劳动者的素质和结构不能满足劳动力市场的需求，出现了大量的岗位空缺。《国家教育事业发展"十一五"规划纲要》指出我国人均受教育水平仍然不高，就业人员平均受教育年限仍低于发达国家平均水平 3 年以上，创新型人才和高技能人才不足，杰出人才缺乏。近年来，全国各地都出现"技工荒"，技术工人供不应求的局面普遍存在，高技能人才数量短缺，难以满足经济发展需要。

我国就业结构转换滞后进一步加剧结构性失业。国际经验表明，产业结构从农业向非农产业转移将会带动就业结构转换。我国的就业结构转换仍滞后于产业结构的转换，最突出的问题是第一产业的产值与其劳动力比重的矛盾。改革初期，农业产出比重为 28.2%，劳动力比重则高达 70.5%；伴随着经济发展和城镇化步伐的加快，2006 年，我国农业产出比重下降到 11.7%，农业劳动力就业比重虽然有所下降，但是大量富余劳动力仍滞留在农村，农业劳动力所占比重为 42.6%。近年来，农村富余劳动力转移就业规模加大，然而，这些转移就业的劳动力接受的教育和培训有限，劳动者的技能水平低下，无法满足产业升级的需要。由于农村转移就业人口的受教育程度普遍不高，如果不能补之以一定程度的职业培训和继续教育，将会极大地影响到他们在城市的就业能力和生活质量，制约农业富余劳动力转移的步伐。随着我国工业化步伐加快，第三产业产出占 GDP 比重会不断提高，其吸收劳动力就业的空间很大。第三产业就业

比重跟其他国家相比，美、日发达国家在70%以上，一般世界平均水平
是45%以上，我国第三产业就业比重2006年为32.2%，第三产业吸收就
业的能力仍有待进一步提高（见图1-6、图1-7）。

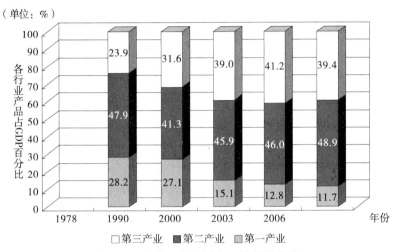

图1-6　改革以来我国产业结构的变化

（资料来源：国家统计局：《中国统计年鉴2007》，中国统计出版社2008年版）

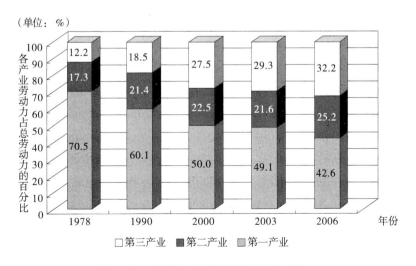

图1-7　改革以来我国就业结构的变化

（资料来源：国家统计局：《中国统计年鉴2007》，中国统计出版社2008年版）

就业的区域性问题。由于经济发展不平衡和产业结构不同等原因，我国劳动就业水平存在区域不平衡问题。从失业状况来看，失业的严重程度在地域分布上是不平衡的。东部优先发展战略拉动了东部地区的就业需求，创造了更多的就业岗位，容纳了大量中西部地区的农村富余劳动力，东部地区登记失业率较低。例如：2006 年登记失业率最低的是北京，登记失业率为 2%，其次是广东，登记失业率为 2.6%。中西部地区投资不足，难以产生更加有效的就业需求，劳动力供给过剩的矛盾突出，失业比例高于东部地区，如湖南、四川、宁夏登记失业率都高于 4%。东北地区作为全国的老工业基地，劳动力的所有制结构和产业结构转型造成失业问题比较突出，登记失业率较高，例如：2006 年失业率最高的是辽宁，登记失业率为 5.1%（见表 1-6）。因此，在西部开发、中部崛起以及东北振兴战略中，必须将促进就业作为工作的重要目标，解决区域内经济发展

表 1-6 我国部分地区失业情况统计

地区	登记失业人员（万人）			登记失业率（%）		
	2000	2005	2006	2000	2005	2006
北京	3.3	10.6	10.4	0.8	2.1	2.0
江苏	30.4	41.6	40.4	3.2	3.6	3.4
广东	30.2	34.5	36.2	2.5	2.6	2.6
山西	9.7	14.3	15.6	2.2	3.0	3.2
内蒙古	12.6	17.7	18.0	3.3	4.3	4.1
辽宁	41.2	60.4	54.1	3.7	5.6	5.1
吉林	23.0	27.6	26.3	3.7	4.2	4.2
黑龙江	25.3	31.3	31.2	3.3	4.4	4.4
湖南	27.6	41.9	43.3	3.7	4.3	4.3
四川	30.8	34.3	36.1	4.0	4.6	4.5
陕西	11.4	21.5	21.5	2.7	4.2	4.0
宁夏	3.8	4.4	4.2	4.6	4.5	4.3

（资料来源：根据国家统计局：《中国统计年鉴 2007》，中国统计出版社 2008 年版）

和就业问题。

3. 弱势群体与高校毕业生的就业问题突出

在就业总量矛盾与结构矛盾的交互作用下，在经济结构调整和深化企业改革过程中，劳动力市场竞争越来越激烈，弱势群体就业难度相对加大。我国就业弱势群体主要包括新增就业群体、大龄失业群体、残疾人群体等。首先，我国青年人口规模大，每年新成长劳动力数以千万计，新增劳动力由于缺乏工作经验和求职手段引起青年就业问题日益突出。2005年，《中国首次青年就业状况调查报告》显示，15岁至29岁的青年总体失业率为9%，高于2005年4.2%的城镇登记失业率。其次，大龄失业群体实现再就业困难。多年来，国有企业下岗人员失业问题，主要集中于年龄偏大、知识水平偏低、技能单一的群体。对于很多用人单位来说，45岁以上的男性和35岁以上的女性已经不在他们的考虑范围之内了。随着产业结构不断升级，"4050"人员还会产生。如果这些人员长期处于失业状态，一方面会给养老保险制度带来很大的压力，另一方面也是劳动力资源的极大浪费。对于这些再就业困难群体，政府已经出台了很多的扶持政策，以帮助他们实现再就业。经过5年多的努力，这个群体的数量正逐步下降。此外，残疾人就业难的状况仍需改善。2007年在我国8000多万残疾人中，已经实现就业的有2266万人，其中城镇463万人，农村1803万人。我国尚有858万有劳动能力、达到就业年龄的残疾人没有实现就业，而且每年还将新增残疾人劳动力30万人左右。

高校毕业生作为新增就业群体的一部分，就业形势同样严峻。自2001年开始，高校毕业生总数迅猛增长，由103.6万人增至2006年的377.5万人。2008年全国高校毕业生总数将从2007年的464万人增至532万人，比2007年增加60多万人，就业难度进一步加大（见表1-7）。除去10%考硕和考博学生、专升本学生以及出国留学学生，再加上2007年待就业的70万—80万人，2008年实际需要就业的高校毕业生人数在550万人以上。

表1-7　普通高等学校毕业生情况

年份	普通高等学校毕业生数（万人）	毕业生数增长率（与上年相比）（%）	在校学生数（万人）
1978	16.5	—	85.6
1980	14.7	−10.9	114.4
1985	31.6	115.0	170.3
1990	61.4	6.6	206.3
1995	80.5	26.4	290.6
2000	95.0	12.1	556.1
2001	103.6	9.1	719.1
2002	133.7	29.0	903.4
2003	187.7	40.3	1108.6
2004	239.1	27.4	1333.5
2005	306.8	28.3	1561.8
2006	377.5	23.0	1738.8

（资料来源：国家统计局：《中国统计年鉴2007》，中国统计出版社2008年版）

（二）劳动关系矛盾日益突出

在社会主义市场经济体制下，契约化的劳动关系决定了劳动关系主体双方的利益既有一致的一面，也有冲突的一面，在劳动关系双方就工资等劳动条件进行协商时，一些深层次的矛盾正逐步显现。同时，我国经济和社会结构仍然处于变动时期，各种社会矛盾相互交织，劳动关系更加复杂化，协调劳动关系难度增大。经济结构调整和经济全球化正在对就业结构产生重大影响，劳动力供求矛盾尖锐的局面短期内难以根本扭转，就业形式多样化，劳动力流动频率加快，灵活就业保持快速增长的势头，都为劳动关系调整带来新的挑战。

1. 劳资关系协调机制不健全

我国劳动供求关系总量不平衡，在相当一段历史时期内供大于求，企业劳资关系中雇主以其资本权利处于主导地位。经济全球化是 21 世纪的大趋势，在这种背景下，资本、技术、人力资源等要素在全球自由流动和配置，尤其是资本要素流动性更大，发展空间广泛，话语权更强。相比之下，劳工一方处于弱势。发达市场经济国家的历史经验证明，在劳动力供求总量失衡的情况下，劳动力供求主体双方的组织行为，即雇主组织与工会组织的集体协商可以起到重要的利益平衡作用。目前我国也建立了工会、雇主和政府三方协商机制，在协调劳动关系方面取得了较大进展，但仍存在许多问题。从劳动力的需求方看，雇主组织大面积缺位，组织网络不健全，人力、财力、信息网络薄弱，缺乏协调劳资关系的传统、专业人才和知识，组织化程度不高，自律性不强。从劳动力的供给方看，代表劳动者群体的工会组织在计划经济体制下长期处于行政附属地位，缺乏维权传统，改革以来强调了维护职工权益的职能，但仍难以摆脱行政附属地位。在非国有企业的工会建设中，这些问题更为突出，使得工人利益往往缺乏有力的表达渠道和保护机制。特别要提到的是，在以中小企业为就业主渠道的大背景中，区域性、行业性集体谈判制度的发育严重滞后，并缺乏相关的配套法律法规。此外，在片面追求 GDP 增长的过程中，一些地方政府较少考虑甚至以牺牲劳动者利益的方法来吸引投资者，少数官员在国企改革中以权谋私，损害职工利益，进一步恶化了劳资关系。以上原因致使我国劳资关系三方协调机制尚不健全，开展集体协商尚不充分。而国际经验和国内的已有经验表明，劳资集体谈判恰恰是协调企业内部劳资关系、维护雇主和雇员双方合法权益的最有利的低成本方式。

2. 劳资冲突有所加剧

在我国劳动关系总体和谐的大背景下，由于劳资关系的协调机制不健全，劳资冲突有所加剧，主要表现为：一是劳动争议案件数量持续大幅上升。劳动争议的焦点主要集中在劳动报酬、保险福利、劳动保护以及解除和终止劳动合同等问题上。2006 年全国劳动争议案件数量是 1987 年的 80 倍，进入劳动争议仲裁机构的案件量年均增幅达到 26%。从 1996 年到 2006 年 10 年间，全国劳动争议仲裁委员会受理劳动争议案件逐年增加，

由1996年的48121件增加到2006年的317162件（见图1-8）。预计随着

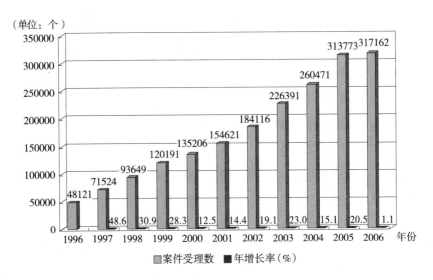

图1-8　历年劳动争议处理情况

（资料来源：国家统计局：《中国统计年鉴2007》，中国统计出版社2008年版）

劳动合同法和就业促进法的实施，劳动者维权意识将会明显增强，劳动争议案件的数量还会增加。二是严重侵害劳动者权益的事情经常发生。人为压低劳动者工资水平，拖欠、克扣工资现象严重；劳动者的休息、休假权和劳动卫生权被剥夺；安全保护措施缺乏，恶性事故频繁；侵犯女职工特殊权益现象严重；不为劳动者缴纳各种保险费的企业大量存在；侵害劳动者人身权利，变相收取押金现象较为普遍等。① 国有企业的改革也使原来相对稳定的劳动关系出现了局部紧张。在国企改革中，由于相关政策措施不完善，致使部分职工利益在改制中受到损害，如经济补偿金标准偏低、社会保险关系没有接续、职工没有得到妥善安置等。三是劳资冲突的群体性事件和极端事件时有发生。劳资冲突以集体上访、罢工、静坐、堵塞交通等群体性事件和极端事件的形式表现出来，不仅对劳方的直接利益造成

———————

① 工人日报：《工会视点：站在构建和谐社会的高度重视工会工作》，2006年3月14日。

严重损害，而且不利于整个经济社会的健康稳定发展。

（三）劳动力市场发展面临的制度障碍

从总体上看，我国劳动力市场的一体化程度不断提高，市场也正在成为解决就业问题越来越重要的手段。但是，我国的劳动力市场建设仍然面临着诸多制度障碍。

1. 劳动力市场行政性分割阻碍了劳动力的合理流动

劳动力的自由流动是劳动者就业主体地位的体现，是形成统一劳动力市场的基本前提。在劳动力自由流动、劳动力市场机制充分发挥配置劳动力资源作用的情况下，由于劳动力市场不同行业性质、职业特征等因素造成的劳动力市场分割是正常的。然而，由于行政性制度政策造成的分割却会阻碍劳动力的合理流动，降低劳动力使用效率。例如，在我国传统的二元结构下，城镇与乡村劳动力就业制度长期分离，劳动力流动受到户籍制度、社会保障制度等的制约造成了我国劳动力市场的行政性分割，城乡之间、不同城市之间，以及不同农村社区之间，劳动力的自由流动受到诸多制度和政策的限制。改革开放以来，我国农村劳动力的跨区域流动日趋活跃，据统计，全国跨区域流动的农村劳动力已超过1亿人。但是，农村劳动力进入城市就业仍受到排挤，农村劳动力无法同城市劳动力一样，进入同等待遇的职业领域并获得相应的劳动报酬。除城乡分割以外，行业垄断也造成了劳动力市场的行政性行业分割。我国电力、铁路、电信、民航等基础设施行业、城市公用事业和教科文卫领域的种种垄断格局虽然有所突破，但市场准入限制和行政性垄断现象还大量存在，适应市场经济发展要求的公平竞争环境和多元投资格局尚未形成，非公有制经济参与其发展还存在很大的体制和政策阻力。行政性分割不利于统一劳动力市场的形成，影响就业规模的扩大。

2. 劳动力市场管理制度不适应就业形式多样化的需求

我国就业形式日益多样化和灵活化，非正规就业人数庞大，流动就业规模巨大，这些变化都对我国传统的以正规就业为主要对象的劳动力市场管理制度形成挑战。劳动力市场管理制度越来越不适应就业形式多样化的需要，对非正规就业人员的管理方面依然存在许多真空以及形形色色的行政干预，例如：档案和户口管理制度上，对非正规就业的劳动者存在许多歧视性规定。非正规就业增多的趋势提高了劳动力市场法规的执行和监督成本，对劳动者权益保护提出了严峻的挑战。由于大多数非正规就业单位是未登记注册和未纳入官方统计的单位，现有的行政管理和法律法规难以覆盖，劳动者很难享有贷款、职业技能培训、公共服务和法律保护的机会。劳动力市场管理的手段和途径都必须适应我国就业形式多样化的现状，加快改革步伐。

3. 社会保障制度不健全阻碍了劳动力市场的发育

我国的社会保障制度改革曾长期作为国有企业改革的配套措施加以设计和实施。20 世纪 90 年代末，社会保障制度逐渐成为了一项独立的社会制度，社会保障制度的覆盖面不断扩大，社会化程度进一步提高，制度项目日益完善。然而，社会保障制度仍然存在许多不健全的地方，阻碍了劳动力市场的发育。在制度设计上，社会保障因城乡分割而存在悬殊差异，成为劳动力自由流动的制度性障碍。又例如基本养老保险统筹层次较低，实现省级统筹的地区仍占少数，大部分还只是停留在市、县级统筹层面上，这种区域性分割也在一定程度上阻碍了劳动力的跨区域流动。不同人群的社会保障分割也阻碍着劳动力跨职业间的流动，如企业职工和机关事业单位职工的社会保障待遇差别过大，加大了一些事业单位改革的难度。

4. 劳动就业法规体系仍待健全

2007 年全国人大常委会先后通过了《中华人民共和国劳动合同法》、《中华人民共和国就业促进法》和《中华人民共和国劳动争议调解仲裁法》三部劳动法律，加大对劳动者的保护力度，积极促进和谐劳动关系的形成。《中华人民共和国就业促进法》的公布施行，标志着我国在建设以《中华人民共和国宪法》为依据，以《中华人民共和国劳动法》为基础，以《中华人民共和国就业促进法》、《中华人民共和国劳动合同法》和正在起草的《中华人民共和国社会保险法》为主干，以相关法律法规为配套补充的劳动保障法律体系方面，又迈出了非常重要的一步。然而，我国劳动就业法规体系仍不完善，有待进一步健全。首先，《中华人民共和国劳动法》与其他法律法规的协调性有待加强。我国《中华人民共和国劳动法》的相关配套立法步伐加快，并且随着社会经济的发展不断增加新的内容，这些新的法规与1995年开始实施的《中华人民共和国劳动法》有所冲突，影响了法律体系的一致性。《中华人民共和国劳动法》颁布于我国刚刚确立社会主义市场经济体制的改革目标之时，受当时历史条件的限制，《中华人民共和国劳动法》的一些内容不适应我国就业格局、形式等方面的变化。其次，《中华人民共和国劳动合同法》、《中华人民共和国就业促进法》和《中华人民共和国劳动争议调解仲裁法》颁布的时间不长，仍需要在实践中加强落实并不断完善。更为重要的是，在劳动就业领域有法不依的现象还大量存在，劳动执法力度不够，劳动力市场监察失衡。一方面，一些地方劳动监察部门由于受资金、人力等方面因素的限制，处于"民不举、官不究"的状态，未有效地起到对违法用人单位的惩罚和警示作用；另一方面，部分地区政府出于吸引外资的需要，对部分用人单位的违法行为采取听之任之和默认的态度，在劳动力市场执法中存在严重的地方保护主义倾向。从2004年至今，我国一些地区出现了较严重的民工短缺，即"民工荒"现象，其直接原因就是劳动者权益缺乏保障，工资长期低水平徘徊甚至被拖欠、工作条件差，尤其在一些地方工伤事故频繁、社会保障待遇缺失。在我国农业相对收入不断提高的同时，长期依靠廉价劳动力投入的经济发展模式却缺乏改善。"民工荒"是劳动力市场供求和工资状况的综合反映，也是农民工对自身劳动权益的消极保护。2008年年初，"民工荒"波及面有所扩大，一些农民工输出地也面临着招工难。然而，在劳动者权益保护较好、工资水平较高的地区却没有出现"民工荒"，例如：珠三角等地企业招工难，长三角的企业却没有出现招工难现象。因此，加强劳动者权益保护，完善劳动法律法规建设和执法体系具有重要意义。

四、劳动就业体制改革未来展望

党的十七大报告指出，就业是民生之本。要坚持实施积极的就业政策，加强政府引导，完善市场就业机制，扩大就业规模，改善就业结构。完善支持自主创业、自谋职业政策，加强就业观念教育，使更多劳动者成为创业者。健全面向全体劳动者的职业教育培训制度，加强农村富余劳动力转移就业培训。建立统一规范的人力资源市场，形成城乡劳动者平等就业的制度。完善面向所有困难群众的就业援助制度，及时帮助零就业家庭解决就业困难。积极做好高校毕业生就业工作。规范和协调劳动关系，完善和落实国家对农民工的政策，依法维护劳动者权益。十七大报告的论述为我国未来劳动就业体制的改革指明了方向。

（一）坚持把就业优先作为宏观调控的重要目标

我国当前所面临的就业形势十分严峻，这决定了我国在经济发展战略上应当坚持就业优先，实施扩大就业的发展战略，把促进就业作为宏观调控的基本目标之一，在相当长的时期内实施积极的就业政策，促进以创业带动就业。

1. 实施扩大就业的发展战略

牢固树立就业是民生之本的观念，在保持经济健康快速发展的同时，把就业和再就业工作放在更加突出的位置。注重扩大国内需求，最大限度地创造新的就业机会，增加就业总量。注重发展有利于增加就业含量和利用人力资源的经济产业和生产服务领域。注重发展劳动密集型产业，更充分地发挥其在吸纳劳动力就业方面的重要作用。将第三产业作为今后扩大就业的主攻方向，特别是利用服务业的社会需求大和发展前景广阔的优势，进一步发挥其扩大就业的作用。继续支持和引导非公有制经济发展，进一步贯彻落实鼓励中小企业和多种所有制经济发展的各项政策措施，在投融资、税收、技术服务、市场开发、信息咨询和人员培训等方面加大扶持力度，支持它们在促进就业和再就业方面发挥更大作用。在继续深化国有企业改革中，通过实行主辅分离、辅业改制，分流安置富余人员，实现国有企业改革、经济结构调整与就业结构调整的协调推进。

2. 进一步完善积极的就业政策

积极的就业政策主要是通过政府对市场的主动干预来引导市场行为，弥补市场功能的缺陷，从而实现充分就业和整个社会福利的最大化。随着我国劳动就业体制改革的深入，积极就业政策的各项措施会得到进一步的落实，其效应也会在实践中有所体现。未来我国积极就业政策的完善主要在两个方面：一是深入贯彻已有的积极就业政策，从指导思想到战略取向，从制度政策保证到政策评估都应在实践中得到落实。要按照《中华人民共和国就业促进法》的规定，确保积极的就业政策继续实施并逐步规范，包括简化操作程序、规范操作办法，完善政策内容，使广大劳动者放心满意。相对于现行政策而言，《中华人民共和国就业促进法》规定的内容和范围更广，要求的层次更高，特别是职业培训、职业介绍、鼓励自主创业和就业援助的有关政策，都需要通过实施这部法律使之落到实处。二是随着社会经济发展和劳动就业体制改革的深化，积极就业政策的具体内容会有一些扩展。未来我国积极的就业政策应该对全体劳动者实施公平就业和保护就业并行，实施针对所有人群的普惠政策，用公平竞争理念来确立劳动者的平等就业权，消除劳动就业中客观存在的普遍性的不平等就业现象。同时，对特殊劳动者实施劳动保护，强化对农民工、妇女、青年和残疾人等就业困难群体的保护性就业。在城乡劳动者得到更多就业机会的同时，改善就业环境，增强就业稳定性和提高就业质量。

3. 促进以创业带动就业

创业是最积极的一种就业形式，是发挥劳动者自主性、能动性的重要途径。创业还具有带动更多就业的"倍增效应"，在我国劳动力供大于求矛盾长期存在、社会投资吸纳就业有限的情况下，弘扬劳动者的创业精神，依靠劳动者自主创业、自筹资金、自主经营，创造更多的就业机会，对建立我国就业新格局、新机制具有重大意义。党的十七大报告着重强调了"以创业带动就业"、"使更多劳动者成为创业者"，这一新要求表明创业将逐步成为我国解决就业难题的重要途径。因此，采取有利于创业的财政税收政策，积极培育市场创业主体，让更多的劳动者成为创业者，是今后促进创业、扩大就业的重要政策取向。首先，要加强创业观念教育和典型引路的做法，使更多劳动者通过建立自强自立、自主创业、敢于创新、不怕风险等理念，奠定创业的思想基础，并在社会上形成尊重创业、支持创业、宽容失败的氛围。其次，要落实好国家支持自主创业的政策，鼓励和帮助劳动者创业。建立健全从产业政策、税收政策、金融政策等方面构建的支持创业政策体系。最后，要健全包括开业指导、创业培训、金融服务、信息服务、市场拓展服务、企业孵化等支持创业的服务体系。要形成全社会支持劳动者自谋职业和自主创业的氛围，以创业带动就业，形成全民创业的风气，使创业成为就业新的增长点。

4. 完善面向困难群众的就业援助制度

认真落实《中华人民共和国就业促进法》中关于完善面向所有困难群体就业援助的相关规定，保障就业困难群体基本生活，提高其就业能力，促进就业。在解决下岗失业人员再就业、农民工进城就业环境问题的同时，加强对城镇新增就业群体就业问题的关注。要加强对长期失业人员的系统调查，以准确判断其构成特征、就业状况、生活状况以及社会需求。重新定位劳动预备役制度，理顺失业登记、就业培训、职业介绍等就业服务与劳动预备役的衔接，发挥其提高劳动者就业技能、促进就业的作用。

（二）完善劳动力市场，不断提升就业服务水平

完善的劳动力市场是扩大就业、完善积极的就业政策、促进以创业带动就业等重要战略得以实施的基础性平台。进入新世纪，我国劳动力市场建设的重点已经放到实施与完善积极的就业政策方面，积极就业政策的实

施又要求进一步完善劳动力市场、全面提升就业服务水平。

1. 不断健全市场导向的就业机制

改革开放以来的经验证明，在经济增长的前提下，解决就业问题的根本出路是深化劳动就业体制改革、促进劳动力就业的市场化。因此，强化市场配置资源的基础性作用是我国劳动就业体制改革最重要的内容，仍然是未来改革的基本方向。要坚持通过发展和改革的办法促进就业和再就业，坚持市场导向的就业机制，坚持劳动者自主就业、市场调节就业、政府促进就业的方针。不断健全市场导向的就业机制要求进一步完善劳动力市场，提高劳动力资源的配置效率。劳动力市场的完善主要涉及两个方面的内容：一是建立统一、开放、有序的劳动力市场，使劳动力能在不同地区之间、同一地区不同部门之间自由流动和公平竞争，带动就业增长。这就要求取消劳动者流动的不合理障碍，统筹城乡就业，实现城乡劳动力市场的一体化，建立统一规范的人力资源市场。二是健全就业服务体系，促进劳动力市场功能的发挥。

2. 建立统一规范的人力资源市场

2008 年我国组建人力资源与社会保障部，将人事部、劳动和社会保障部的职责整合划入人力资源和社会保障部，为我国整合人才市场与劳动力市场，建立统一规范的人力资源市场提供了重要的组织保证。然而，由于我国在较长一段时间内都存在着对劳动者的行政性分割管理，即人事部门管"人才"，劳动部门管"工人"，组织部门管"干部"，劳动者的不同身份定位以及不同定位所适应的不同管理方式在短期内很难得到大的改观，不同管理方式之间如何协调和规范仍有待在实践中逐步探索，因此，建立统一规范的人力资源市场就成为未来我国完善劳动就业体制的重要内容。建立统一规范的人力资源市场包括两层含义：一是要彻底改变目前不同劳动者由于地域、身份、行业、部门的原因造成的劳动力市场行政分割状态，建立城乡统一的劳动力市场，在就业权益保护、就业服务体系、就业管理等方面实行统一的政策体系，实现劳动者和用人单位供求双方相互选择，切实保障劳动者的择业自主权、创业自主权和用人单位的用人自主权，调节劳动力的供求，引导劳动者合理流动和就业，规范企业用人行为和劳动力市场秩序。二是要建立面向全体劳动者的人力资源激励政策。把劳动者作为人力资源来看待，通过实施教育和职业培训，坚定不移地实施科教兴国战略和人才强国战略，把我国的人口优势转变为人力资源优势，并合理引导企业和劳动者重视人力资源的培训和积累，把我国建成人力资源强国。

3. 统筹城乡就业，实现城乡劳动力市场一体化

首先，要从宏观上构建有利于城乡统筹就业的体制环境，把统筹城乡就业作为统筹城乡经济社会发展的重要内容，置于国民经济和社会发展总体规划和战略之中，从国民经济和社会发展全局的高度考虑就业与产业政策、投资政策、外资政策、社会事业发展政策等的关系。其次，推进有就业需求的城镇化进程。加大对农村基础设施投入和生产、流通和市场信息等服务的支持力度，培育农村经济造血功能，形成有利于多种产业发展的环境和城镇化发展的基础。遵循城镇化发展的客观规律，以产业发展带动劳动力和人口聚集，产生有效的就业需求。再次，深化就业管理制度改革，兼顾城市就业和乡村就业，并且把城市就业和农村就业作为一个有机的整体来看待。加强对农村转移劳动力的就业支持、引导和管理，理顺就业服务和就业管理体制，就业服务机构全面向乡镇和村社延伸。对城乡劳动者参加职业技能培训，实行财政补贴政策，鼓励劳动者接受职业培训，努力提高自身素质，特别是对农村富余劳动力向非农产业转移，要实行适度的倾斜政策，鼓励他们到中小城镇去，实现比较稳定的就业和居住，提高农村劳动力转移就业的稳定性。最后，抓好各类公共服务体系建设，并协调有关部门，从户籍管理、财政、社会保障、医疗卫生等方面制定综合的配套政策，清除农民工流动的政策性、体制性障碍。立足于城乡就业的内在联系和相互作用，适应工业化、城市化、市场化和现代化的进程，逐步改革户籍制度，取消城乡居民的身份界限，通称本地居民。统筹城乡社会保障制度改革，适度加快农村社会保障制度建设，缩小城乡劳动者在社会保障方面的差异。要尽快建立起有权威和信誉的全国统一劳动力供需信

息的搜寻与组织系统及其管理制度，逐步建成统一的劳动力市场信息网络。规范发展职业介绍、劳务派遣、劳动保障事务代理、职业咨询指导、就业信息服务等，加强对职业中介机构的监管，同时改进劳动力市场的管理和服务手段，尽快取消阻碍劳动力流动的管理程序和项目，提高服务效率，为劳动者提供优质高效的全方位就业服务。

4. 健全面向全体劳动者的职业教育培训制度

我国劳动力数量庞大但综合素质较低，一般劳动力数量过剩，高素质人才不足，解决就业问题必须注重劳动者就业能力的提升，努力提高劳动者文化素质、技能水平和创业能力。以需求为导向，加强职业教育培训的宏观管理，鼓励行业协会和雇主一起参与制定中长期战略与发展规划，进行课程设计，通过实施有效的实习项目增加以就业为导向的学习机会。建立多方参与的教育和培训提供机制，形成政府主导，行业、企业和社会力量积极参与的多元化办学格局，创造有力的制度环境鼓励私营部门投资。引导企业加强对员工培训，广泛开展在职教育。要依靠中学、大学和社会组织大力开展多层次和多渠道的职业教育。同时，全面推行劳动预备制度和就业准入制度，扩大职业资格证书适用范围，广泛开展职业技能鉴定，大力提升职业资格和职业技能证书的社会地位。要特别注重对农村富余劳动力转移就业培训。按照《2003—2010 年全国农民工培训规划》的要求，在全国大规模开展职业技能培训，建立健全农村劳动力转移培训机制，加大农村人力资源开发力度，落实每年培训 600 万人的规划。2010 年以后，按照城乡经济社会协调发展的要求，把农村劳动力培训纳入国民教育体系，扩大培训规模，提高培训层次，使农村劳动力的科技文化素质总体上与我国现代化发展水平相适应。

（三）构建新型劳动关系调整机制

目标是建立和谐的劳动关系，坚持劳动力供求双方主体独立和权利义务对等原则。完善新型劳动关系调整机制，要严格实施《中华人民共和国劳动合同法》，健全劳动关系三方协调机制，推行集体谈判制度，加强劳动监察。

1. 严格实施《中华人民共和国劳动合同法》，加强劳动合同管理

严格实施《中华人民共和国劳动合同法》，广泛组织开展劳动合同普法宣传活动，按照《中华人民共和国劳动合同法》相关规定，协调劳动关系，尤其是非正规就业人员的劳动关系，使之更加适应灵活就业形式不断发展的客观需要。定期开展劳动合同制度执法检查，重点督促非公有制用人单位和改制企业执行劳动合同制度，依法规范劳动关系。

2. 健全三方协调机制，积极推行集体谈判制度

着力加强三方协商机制组织体系的建设，进一步明确和定位雇主组织和工会组织在三方协商机制中的职能，围绕各自组织的职能定位深化改革，促成工会组织和雇主组织职能转变。工会组织应切实实现维护职工利益的职能，依据《中国工会章程》，克服工会职能的行政化倾向，实现活动方式、工作方式的转变。雇主组织要加强制度建设，增强其对不同类型企业的代表性，提高组织自律能力，在与政府、工会进行劳动关系三方协商过程中发挥实质性作用。在完善劳动关系三方协调机制基础上，进一步推进企业集体协商与集体合同制度，签订适合本企业特点的集体合同，提高集体合同签订率和履约率。要积极开展区域性集体协商，由地方工会代表与当地企业组织代表进行协商，并签订区域性集体合同。在行业雇主组织和行业工会组织健全的前提下，探索行业性集体协商，以指导本行业企业的集体合同。

3. 加强劳动监察，依法维护劳动者权益

随着经济体制改革的深入，劳动立法的内容必然会日益丰富、更新完善。《中华人民共和国劳动法》要更加强化对劳动者权益的保护，各类用人单位适用的劳动人事法律规范趋向统一，更加明确劳动法中的责任条款。进一步完善劳动争议处理的机构和程序。针对劳动就业领域存在的有法不依的现象，在执法方面，一是加强队伍建设。尽快建立一支强有力的监察执法队伍，切实履行好监察执法、维护劳动者合法权益这一重要职责。在省市县普遍建立监察机构，有条件的地方向街道、乡镇和社区延伸。加大对劳动保障监察机构和队伍建设的投入，配备必要的执法设备，提高劳动保障监察处理违法案件特别是突发群体事件的快速反应能力。二是严格行政执法。努力增强劳动系统工作人员的法治观念，提升执法人员的法律素质，提高依法办事和服务能力，依照法定权限和程序行使公共权力。制定各项监督制度，健全监督机制，规范行政执法人员的行为，使劳动行政执法步入制度化、规范化轨道。健全重大行政处罚案件备案制度，要求重大行政处罚案件在规定的期限内必须向上级行政机关备案。

第二章

收入分配体制改革

收入分配问题，不仅事关民生，而且关系到社会公平、公正和国家的长治久安，一直都是经济社会发展的重大议题和社会各界关注的焦点。我国社会经济体制改革是从收入分配改革起步的，打破平均主义、让一部分人先富起来，激发了广大劳动者的积极性，为经济发展注入了生机。收入分配体制改革从农村到城市，由微观到宏观，从初次分配到再分配，已经发展成为涉及面广泛的综合性改革。经过30年的改革，我国的收入分配体制发生了巨大变化，取得了显著成就，同时又面临着收入差距过大、收入分配不公等严峻的挑战。

一、我国收入分配体制改革历程

我国收入分配体制改革经历了四个阶段：1978—1984年为恢复社会主义按劳分配原则阶段；1984—1992年为收入分配体制改革探索阶段；1992—2003年为市场导向改革阶段；2003年至今为改革深化阶段。

（一）恢复社会主义按劳分配阶段

从 1978 年到 1984 年，是我国收入分配体制改革的第一阶段，这一阶段主要是恢复按劳分配原则，打破平均主义，在收入分配方面引入和体现利益机制。

1. 建立农村家庭联产承包责任制

1978 年 12 月，党的十一届三中全会原则通过的《中共中央关于加快农业发展若干问题的决定（草案）》提出："按劳分配、多劳多得是社会主义的分配原则，决不允许把它当做资本主义原则来反对"，在理论上纠正了对社会主义按劳分配原则的极"左"认识，推动了对收入分配体制改革的探索。十一届三中全会揭开了农村改革的序幕，以家庭联产承包为主的农业生产责任制迅速在全国推广普及，确立了农户家庭在农村经济活动中的主体地位。农村家庭联产承包责任制使农村分配制度发生了重大变化。"交够国家的，留足集体的，剩下全是自己的"，从分配方面来说，明确划分了国家、集体、个人的权利、责任和利益关系，有效地将农民的收入同他们的劳动成果挂起钩来，激发农民摆脱贫困的积极性和创造性，农民收入迅速增加。1980 年农村居民人均纯收入中来自家庭联产经营部分从 1978 年的 26.8 提高到 32.7%，1981 年提高到 37.8%，1982 年达到 69.4%，1984 年更是达到 80.3% 的高水平。我国人均粮食消费量由 1978 年的 195 公斤增加到 1984 年的 243 公斤，居民食物的营养水平也明显提高。农村家庭联产承包经营基本确定了新时期农村居民收入分配制度的框架。特别是自 20 世纪 90 年代中期明确农村土地承包关系延长 30 年以后，稳定了农民的预期，进一步强化了以家庭联产承包经营收入为主的农村收入分配制度。

2. 恢复计件工资和奖金制度

计划经济体制下，我国传统的、由事先按潜在的劳动能力规定的工资级别和工资标准，在实践中逐渐演化为按身份、按级别、按地位分配，实际上形成了平均主义、大锅饭。工资管理高度统一集中，企业没有分配自主权，特别是"文化大革命"当中，职工工资长期没有调整，严重挫伤了广大劳动者的积极性，工资分配失去了激励作用。为了贯彻按劳分配原则，调动职工的劳动积极性，1979 年 7 月，国务院制定并发布了《关于扩大国营工业企业经营管理自主权的若干规定》，就企业可拥有部分计划、销售、资金运用、职工福利基金和奖励基金使用等权利做了说明，放权让利使企业获得了一定的经营自主权和部分的分配决策权。随后，《国务院关于实行奖励和计件工资制度的通知》开始恢复和试行计件工资和奖金制度。截至 1978 年年底，全国约有 9000 多个企业进行试点，1979 年，全面推行计件工资和奖金制度。1980 年 4 月，国家计划委员会、国家经济委员会和国家劳动总局联合发布了《关于试行国营企业计件工资暂行办法（草案）的通知》，对计件工资试点工作进行指导。1980 年开始，我国全民所有制企业推行了经济责任制，实行责、权、利相统一，相应企业职工的工资也开始浮动。1983 年，随着国营企业实行利改税，一些试行利改税的企业，奖励基金改由税后留利中提取，企业奖金开始同经济效益联系起来。

这一阶段的收入分配体制改革可以概括为：坚持"一个目标"，即打破平均主义；明确"一项政策"，即允许和鼓励一部分人先富起来；围绕"一个中心环节"，即增强企业的活力。这一阶段中政府主导的、单一的、平均主义的分配模式被打破，政府不断扩大企业经营和分配自主权，企业和劳动者都获得了部分参与分配的权利。然而，这一阶段主要是对按劳分配原则的初步恢复和调整，还没有真正开始对计划经济时期的收入分配体制进行改革。

（二）收入分配体制改革探索阶段

从 1984 年到 1992 年，我国收入分配体制改革进入探索阶段。这一阶段收入分配体制改革的重点是进一步贯彻按劳分配原则，增强企业活力。提出"以按劳分配为主，其他分配方式为补充"的收入分配原则和"在促进效率提高的前提下体现社会公平"的分配政策。

1. 调整国家与企业的分配关系

从 1984 年开始，我国经济体制改革的重点转向城镇。1984 年 10 月，党的十二届三中全会通过了《中共中央关于经济体制改革的决定》，提出了有计划商品经济概念，提出了建立多种形式的经济责任制，认真贯彻按劳分配原则，主张拉开收入差距，目的是实现共同富裕，明确指出："增强企业活力是以城市为重点的整个经济体制改革的中心环节。"国有企业改革初期的重点就是调整并规范国家与企业、企业与职工两方面的分配关系。按照发展社会主义有计划商品经济的要求，国家实行以"减税让利"为核心内容的国有企业分配关系调整的一系列改革措施和政策，主要包括：实行企业利润留成办法、两步利改税、承包制、税利分流试点等，国家与国有企业的收入分配关系得到初步规范。同时，国家制定和出台了一系列鼓励非国有经济发展的优惠政策，主要是"两免三减"的税收优惠政策，非国有企业迅速成长。

2. 改革国有企业工资制度，引入多种分配方式

1985 年年初，国务院《关于国营企业工资改革问题的通知》提出在国营大中型企业中，实行职工工资总额同企业经济效益按比例浮动，即工效挂钩模式。其基本内容是：由政府核定企业基期工资总额基数，经济效益指标基数，并确定工资总额随同经济效益浮动的比例，企业工资总额随经济效益指标的增减情况按比例挂钩浮动。从实施的情况来看，企业最主要的挂钩形式是工资总额同上缴利税挂钩。工资挂钩模式是我国企业工资改革经历的重要阶段，实现了国有企业职工工资制度同行政机关和事业单位的脱钩。

1987 年，党的十三大报告明确指出："社会主义初级阶段的分配方式不可能是单一的。我们必须坚持的原则是，以按劳分配为主体，其他分配方式为补充。除了按劳分配这种主要方式和个体劳动所得以外，企业发行债券筹集资金，就会出现凭债权取得利息；随着股份经济的产生，就会出现股份分红；企业经营者的收入中，包含部分风险补偿；私营企业雇佣一定数量劳动力，会给企业主带来部分非劳动收入。以上这些收入，只要是

合法的，就应当允许。"十三大报告在强调以按劳分配为主体的同时，肯定了以其他分配方式获取收入的合法性，这为日后按生产要素分配理论的提出打下了基础。在这一阶段，结合国有企业改制，特别是股份制试点，企业内部职工持股这种生产要素参与分配的形式得以广泛发展。

3. 调整机关、事业单位工资制度

在传统工资制度下，国家机关、事业单位职工的工资同样存在着工资决定上的高度集中、工资水平上的平均主义等特点。1985 年，《中共中央、国务院关于国家机关和事业单位工作人员工资制度改革问题的通知》指出，机关、事业单位工资制度改革的目的，是为了逐步消除原有工资制度中的平均主义和其他不合理因素，初步建立起能够较好地体现按劳分配原则，便于管理和调节的工资制度。通过这次改革，国家机关和事业单位建立起了以职务工资为主的结构工资制，基本上建立起了正常的晋级增资制度，初步体现了按劳分配原则，在一定程度上克服了由于极"左"路线干扰造成的平均主义问题，初步体现了脑力劳动和体力劳动、简单劳动和复杂之间的劳动差别。当然，20 世纪 80 年代中期的机关、事业单位的工资制度改革，只是在一定程度上体现了按劳分配原则，分配中的平均主义倾向并没有彻底改变。

4. 改革国有单位福利制度

国有单位福利制度改革是收入分配体制改革的重要内容，在改革开放之初就纳入视野。计划经济时期，我国实行低工资、高福利的政策，福利制度实质上是对低工资的补偿，各项福利主要由企业来承办，企业办社会的现象非常普遍。随着国有企业改革不断深入，生产经营和生产服务职能开始分离，并调整职工收入结构，把福利性补贴逐步纳入职工工资。1991年4月，七届全国人大四次会议通过的《中华人民共和国国民经济和社会发展十年规划和第八个五年计划纲要》指出：结合价格、住房和医疗制度的改革，把一部分福利补贴纳入工资，并同工资调整和工资制度改革结合起来，改变补贴中的平均主义现象，实现收入货币化，增加收入的透明度。

这一阶段的收入分配体制改革主要是围绕国有企业改革逐步展开的，初步引入了市场机制，明确了按劳分配以外的其他分配方式的合法性。由于我国经济体制渐进式的改革方式，不同领域的改革进度不同，在有些领域引入市场机制的同时，有些领域仍然保持原有的传统计划体制。在收入分配方面表现为：计划体制内的平均主义和不同体制下的居民收入差距扩大现象并存，甚至出现了"脑体倒挂"现象，即脑力劳动者的报酬低于体力劳动者相同条件下取得的报酬数量。从总体上看，这一阶段处于有计划商品经济的体制框架内，如何充分发挥市场的作用还涉及较少。无论是企业工资制度改革还是机关、事业单位工资制度改革都是初步的，还受到计划经济的局限。例如：工效挂钩制度中，国家作为按劳分配的主体和企业作为商品生产的主体就存在矛盾，随着社会主义商品经济的发展，收入分配体制的市场化改革提上日程。

（三）收入分配体制市场导向改革阶段

从1992年到2003年，我国收入分配体制进入市场导向改革阶段，主要是逐步建立同社会主义市场经济体制相适应的分配制度，确立劳动、资本、技术和管理等生产要素按贡献参与分配的原则，明确提出"初次分配注重效率，再分配注重公平"的分配政策。

1. 建立现代企业制度，进一步理顺国家与国有企业的分配关系

1992年，党的十四大确定了国有企业改革的目标是建立现代企业制度，成为自主经营、自负盈亏、自我发展、自我约束的商品生产和经营单位。按照建立现代企业制度的要求，国有企业税利分流改革全面推行。1993—1994年启动实施的财税改革，决定将国有企业所得应该上缴国家的部分采取税的形式，并取消国有企业与非国有企业（不包含外资企业）在所得税方面的差别，按照统一税率征收，剩余的部分全部归企业支配使用。国家与国有企业的利润分配关系进一步理顺。根据党的十六大提出的要求，2002年开始建立新型的国有资产管理体制，在坚持国家所有的前提下，建立中央政府和地方政府分别代表国家履行出资人职责，享有所有

者权益，权利、义务和责任相统一，管资产和管人、管事相结合的国有资产管理体制，并在中央政府和省、市（地）两级地方政府设立国有资产管理机构。国有资产管理体制的改革进一步明确了国家与国有企业和国有资产的关系。

2. 改革企业工资制度，实行企业经营者年薪制

根据党的十四大提出的"要加快工资制度改革，逐步建立起符合企业、事业单位和机关各自特点的工资制度与正常的工资增长机制"的要求，工资制度改革全面展开。在企业工资制度改革方面，确立"市场机制决定、企业自主分配、政府监督调控"的企业工资制度改革目标模式。国有企业作为依法自主经营、自负盈亏、自我发展、自我约束的商品生产和经营单位，可以采取适合自身特点的工资制度和具体分配形式，取得了内部分配的自主权。为搞好企业内部分配，调整企业职工收入结构以及改进企业经营者收入分配办法，企业开始实行以岗位技能工资为主要形式的内部分配制度。1992 年 1 月，劳动部发布了《岗位技能工资制试行方案》，要求以按劳分配为原则，以加强工资宏观调控为前提，以劳动技能、劳动责任、劳动强度、劳动条件为基本劳动要素评价为基础，依据不同工作岗位对劳动者的具体要求，制定相应的岗位工资。岗位技能工资的实施在一定程度上改变了以前工资分配中补贴过多、工资所占比重过低的现象。岗位工资制与我国的住房制度、医疗保险制度等改革同时进行，一部分福利性补贴逐步纳入到工资中，使职工的基本工资总额的比重逐步达到 70% 以上。在企业建立岗位工资制度的过程中，在进行科学的职位分析、岗位劳动评价基础上，提高关键性管理、技术岗位和高素质短缺人才岗位的工资水平。鼓励资本、管理、技术等生产要素参与分配，试行职工持股分配、技术要素分配等方法。

与此同时，改进企业经营者的收入分配办法，把企业经营者收入与企业普通职工收入区分开来，明确企业经营者与本企业职工的收入倍数。1992 年劳动部、国务院经济贸易办公室发布《关于改进完善全民所有制企业经营者收入分配办法的意见》，明确规定，企业连续三年全面完成上

缴任务，并实现企业财产增值的，要对厂长或者厂级领导给予奖励，从而把企业经营者收入与其工作业绩进一步联系在一起，标志着我国开始建立与一般职工不同的企业经营者薪酬制度。为了突出经营者的重要作用，形成利益制衡机制，1995 年，劳动部和国家经济贸易委员会联合下发《现代企业制度试点企业劳动工资社会保险制度改革办法》，明确规定企业经营者试行年薪制、股权激励在内的多种分配方式，经营者的收入与企业生产经营成果、责任、风险和资产保值增值相联系。

1997 年，党的十五大报告明确提出允许和鼓励资本、技术等生产要素参与收益分配，提出要把按劳分配和按生产要素分配结合起来。随后，1997 年，劳动部在《关于"九五"时期企业工资工作的主要目标和政策措施》中指出，要在具备条件的国有企业中积极稳妥地推行企业经营者年薪制办法，使经营者工资收入与一般职工工资收入相分离，与企业经营难度、经营风险和经营业绩相联系。1999 年 9 月召开的党的十五届四中全会通过《中共中央关于国有企业改革和发展若干重大问题的决定》，在国有企业的分配问题上有了新的突破，第一次提出了"建立与现代企业制度相适应的收入分配制度，在国家政策指导下，实行董事会、经理层等成员按照各自的职责和贡献取得报酬的办法"，突破了长期以来国有企业经营管理者和普通工人一样只获得工资，收入与贡献不挂钩的问题。2002年，党的十六大提出："确立劳动、资本、技术和管理等生产要素按贡献参与分配的原则"。按生产要素贡献参与分配方式的确立使企业在工资收入分配中，开始重视企业经营者的管理要素。把经营者与职工的收入分配区分开来，是国有企业分配制度改革取得的重要进展。

3. 改革机关、事业单位工资制度

1993 年以前，机关事业单位实行统一的工资制度。1993 年 3 月，八届全国人大一次会议上，国务院明确提出：政府机关实行公务员工资制度，执行国家统一工资标准。事业单位实行符合行业特点的工资制度，有条件实行自收自支，企业化管理的单位，可参照企业工资制度办理。自此，国家机关和事业单位工作人员的工资制度开始分离，公务员制度开始建立。1993 年,《国务院关于机关和事业单位工作人员工资制度改革问题的通知》中下发了《机关工作人员工资制度改革方案》和《事业单位工作人员工资制度改革方案》,指出要克服平均主义,建立起符合机关和事业单位各自特点的工资制度与正常的工资增长机制,行政机关实行的是职级工资制,即公务员工资制度,事业单位则实行体现其特点的工资制度,即根据事业单位所处行业,分别实行专业技术职务等级工资制、职务岗位工资制、结构工资制、岗位津贴和奖金制、行员等级工资制。

4. 建立工资分配国家宏观调控体系

1991 年 4 月,《中华人民共和国国民经济和社会发展十年规划和第八个五年计划纲要》提出:"改变奖金、津贴和工资外收入的混乱状况,加强工资管理,逐步实行国家宏观调控、分级分类管理、企业自主分配的体制"。1993 年,劳动部对各地不再下达指令性职工人数、工资总额等计划指标,普遍实行动态调控的弹性工资计划。随后,国家宏观调控手段不断增加,建立健全弹性工资计划、工资控制线、工资指导线、最低工资保障以及工资内外收入监督检查制度,提出了国有企业自定工资的"两低于"原则,即:"工资总额增长幅度低于企业经济效益增长幅度,职工实际平均工资增长幅度低于企业劳动生产率增长幅度"的原则。对机关事业单位的工资管理体制也进行了调整,改变了原有的高度集中统一的管理方式,确立了在国家宏观调控下区别对待、分类管理的新体制,主要表现为事业单位工资制度与机关脱钩,并根据事业单位特点和经费来源不同,对全额拨款、差额拨款、自收自支三种类型的事业单位,实行不同的管理办法。在工资总额的管理上,对自收自支事业单位试行了工资总额包干的办法,初步形成了"分类管理、分类指导"的管理模式。

5. 加快国有企业福利制度改革步伐

1992 年 1 月,劳动部、国务院生产办公室、国家体改委、人事部、全国总工会在《关于深化企业劳动人事、工资分配、社会保险制度改革的意见》中,要求结合价格、住房和医疗制度改革,把福利补贴逐步纳入工资。随后,企业职工的收入结构不断得到调整,工资分配的激励作用得到提高。1995 年 3 月，在八届全国人大三次会议上，国务院提出：要逐步减轻企业办社会的负担，一般可以先把企业的辅助性机构和服务单位分离出去，实行独立核算，减少补贴，逐步走向社会，实现自负盈亏。同年 5 月，国家经贸委、国家教委、劳动部、财政部和卫生部联合发出了《关于若干城市分离企业办社会职能分流富余人员的意见》，确定在全国"优化资本结构"试点城市和国务院确定的百户现代企业制度试点企业进行分离企业办社会职能的改革试点。同年 9 月，党的十四届五中全会通过的《中共中央关于制定国民经济和社会发展"九五"计划和 2010 年远景目标的建议》指出：企业非生产性的服务单位和所承担的社会服务职能，要创造条件逐步分离出去，形成社会化服务体系。

6. 完善收入再分配制度

在财税制度方面，1980 年起开征个人所得税，当时纳税的主要对象是来华工作的外籍人员。1993 年 10 月，出台《中华人民共和国个人所得税法》，规定从 1994 年实施统一的个人所得税法，提高了扣除额的标准，降低了最低税率。使纳税人不仅包括在华工作的外国人，而且包括本国公民。1999 年恢复征收利息税，明确把储蓄存款利息作为个人所得税的应税项目，用于低收入群体，包括下岗职工生活补助、城镇居民最低生活保障和补发所欠的离退休人员养老金及农村扶贫等。个人所得税的作用空间越来越大。社会保障制度作为收入再分配体制的重要组成部分，开始从国有企业的配套措施中独立出来，制度建设全面展开，社会化程度不断提高。

这一阶段的收入分配体制改革步伐加快，明确将中国特色社会主义分配制度表述为"以按劳分配为主体、多种分配方式并存的分配制度"，收入分配体制框架初步建立。生产要素按贡献参与分配的原则以及"效率优先，兼顾公平"的分配政策极大地推动了我国经济发展。同时，这一时期由于城乡差距、地区差距、行业差距迅速扩大，导致全社会居民收入分配差距迅速扩大。尽管平均主义问题在某些部门和企业内还存在，但从全社会来看，收入差距过大已经成为主要倾向，特别是同效率提高无关的灰色收入膨胀，即所谓的暴富，更引起了群众的强烈不满。

（四）收入分配制度改革深化阶段

从 2003 年至今，收入分配体制进入了以科学发展观为指导，以构建和谐社会为目标的深化改革和创新阶段，呈现了一些新特征。例如：对收入分配差距、社会公平的关注；对贫困群体、低收入群体的关注；统筹城乡发展、协调区域发展；加大对"三农"的支持力度等。

1. 深化国有企业分配制度改革

在中央企业收入分配制度改革中，重点是改革企业负责人薪酬制度。2004 年以来，在全面实施年度经营业绩考核的基础上，对中央企业负责人实施年度薪金制度，进一步完善企业负责人薪酬制度，一些企业负责人薪酬过快增长的势头得到遏制，改变部分关系国家安全和国民经济命脉的企业负责人薪酬偏低的状况，改变薪酬与绩效脱节、能升不能降的状况，部分企业工资外收入得到清理。同时，针对少数企业执行国家政策不严格、人工成本增长过快、收入差距过大等问题，为加强中央企业人工成本管理，规范收入分配行为，2004 年 10 月，国务院国有资产监督管理委员会发布了《关于加强人工成本控制规范收入分配有关问题的通知》，建立了中央企业收入分配重大事项审核报告制度，要求企业按国家有关政策规定建立职工住房补贴制度、住房公积金制度、企业年金制度以及实施股权激励等收入分配重大事项，均应按照《中华人民共和国公司法》的有关规定，向出资人或股东报告（或经批准）。

为了进一步规范国家与企业的分配关系，2007 年 9 月，《国务院关于试行国有资本经营预算的意见》决定试行国有资本经营预算。国有资本经营预算是国家以所有者身份依法取得国有资本收益，并对所得收益进行分配而发生的各项收支预算。财政部门是国有资本经营预算的主管部门，国有资本收益主要用于弥补国有企业改革成本。国有资本经营预算制度的建立进一步规范了国家和企业的分配关系，促进国有企业完善收入分配制度，增强国有企业对国家的责任意识。同时，在部分行业建立了特别收益金制度，统一内外资企业所得税税率，启动和扩大增值税转型改革试点。

2. 规范公务员收入分配秩序，完善事业单位收入分配制度

2005 年，为理顺公务员工资分配关系，国家启动了新一轮的公务员工资制度改革。按照《中华人民共和国公务员法》的规定，建立国家统一的职务与级别相结合的、科学完善的公务员工资制度，初步规范了津贴补贴制度。改革的内容主要包括：一是通过简化工资结构、增设级别、增强级别功能、完善工资调整办法等措施，进一步加强工资的激励作用，促进公务员队伍建设。二是适当向基层倾斜。我国公务员队伍60%在县以下基层单位，92%是科级以下人员。为了鼓励广大基层公务员安心本职工作，工资改革中采取了相应的倾斜措施。

事业单位工作人员收入分配体制改革的总体目标是，建立符合事业单位特点、体现岗位绩效和分级分类管理的收入分配制度，完善工资正常调整机制，健全宏观调控机制。改革的主要内容包括：一是建立岗位绩效工资制度，使工作人员的收入与其岗位职责、工作表现和工作业绩相联系。岗位绩效工资包括岗位工资、薪级工资、绩效工资和津贴补贴四部分，其中岗位工资、薪级工资为基本工资，实行"一岗一薪、岗变薪变"，"一级一薪、定期升级"。二是实行新的工资分类管理办法。适应事业单位分类改革的要求，对从事公益服务的事业单位，根据单位类型不同实行工资分类管理。三是建立符合事业单位自身特点的工资正常调整机制，在运行机制上与机关不同。四是完善高层次人才收入分配激励机制，建立事业单位主要领导收入分配激励约束机制。在充分调动高层次人才和事业单位主要领导积极性的同时，加强引导和调控事业单位的收入分配。五是健全收入分配调控机制。实行分类管理、分级调控，完善收入分配调控政策，加强工资收入支付管理，建立统分结合、权责清晰、运转协调、监督有力的宏观调控机制。

3. 扩大中等收入者比重

2005 年 10 月，党中央在"十一五"规划建议中提出"着力提高低收入者收入水平，逐步扩大中等收入者比重，有效调节过高收入，规范个人收入分配秩序，努力缓解地区之间和部分社会成员收入分配差距扩大的趋势。注重社会公平，特别要关注就业机会和分配过程的公平，加大调节收入分配的力度，强化对分配结果的监管"。2006 年 5 月，中央政治局会议要求扩大中等收入者比重。2007 年，党的十七大在认识深化的基础上，进一步强调到 2020 年实现中等收入者占多数的目标。扩大中等收入者比重是从我国当前实际出发，缓解城乡、地区和部分社会成员之间收入差距持续扩大、缩小贫富差距的需要，也是在经济发展基础上全面建设小康社会和实现共同富裕的必然要求。

4. 增强政府对收入分配的宏观调控能力

这一阶段对收入分配的宏观调控，主要是通过不断完善工资调控制度和加强工资管理、监督来调节收入分配差距，整顿收入分配秩序，逐步建立社会工资形成与调控机制。随着非国有经济逐步发展，规范社会工资收入形成机制，加强宏观调控成为收入分配体制改革的重点之一。国家有关部门陆续出台了一系列政策措施：一是完善最低工资制度，并按时调整标准和进行执法检查，保障劳动者能够获得最基本的工资报酬。全国 31 个省（自治区、直辖市）全部颁布了适用于非全日制就业劳动者的小时最低工资标准。二是推动落实了工资指导线制度和劳动力市场工资指导价位制度，对企业工资增长进行指导，对不同岗位的社会平均工资定期进行调查、发布。全国 28 个省（自治区、直辖市）发布了年度工资指导线，增长基准一般在 11% 至 17% 之间。三是建立了人工成本预测预警制度。四是建立健全企业工资集体协商制度，积极探索集体协商的工资决定办法，并指导各地在非公有制中小企业集中的地区开展区域性、行业性工资集体协商，使职工民主参与工资分配决策的权利有了制度保障。我国已经初步建立了以工资指导线制度、劳动力市场工资指导价位制度和人工成本预测预警制度为核心的工资管理与调控体系。

在健全并不断完善工资管理与调控体系的同时，加强了对垄断行业的工资管理。对在岗职工工资水平高于当地 2 倍以上的企业，从严审核其挂钩效益基数和工资总额基数，并将其浮动比例调至 0.6 以下，严格执行新增效益工资分档计提办法。以金融、电力、电信、烟草等行业为重点对象，开展了企业工资内外收入的监督检查工作。

5. 统筹城乡发展，增加农民收入

2004—2008 年，党中央、国务院连续发出五个指导农业农村发展的"一号文件"，出台了一系列强农惠农政策，农业农村发展呈现难得的良好局面。五个"一号文件"，明确了统筹城乡经济社会发展的基本方略，初步形成了发展农业生产、促进农民增收的农业农村政策体系，初步构建起新阶段农业农村和城乡统筹发展的基本政策框架。2004 年年初，党中央、国务院发布《中共中央、国务院关于促进农民增加收入若干政策的意见》，强调了粮食主产区农民增收和贫困地区农民增收这两个重点和难点，提出促进农民扩大就业和增加收入的有关政策。此后，党中央、国务院先后以提高农业综合生产能力、推进新农村建设、发展现代农业为主题，提出逐步完善国家对农业投入稳步增加的机制，加快农村教育、卫生等社会事业的发展。重中之重的地位，城乡统筹发展以及多予、少取、放活的方针都开始显现并得到了加强，强农惠农的政策体系和以工促农、以城带乡的制度框架开始构建。强农惠农的政策措施主要包括：一是农村税费改革。取消面向"三农"的各种收费，全面取消了农业税，同时，对农机、化肥、农药实行免税政策，制定实施与农产品有关的进口税收优惠政策，并较大幅度提高农民从事个体经营活动时，按期（次）缴纳增值税、营业税的起征点。二是增加对农补贴。2007 年中央"一号文件"明确提出，各地用于种粮农民直接补贴的资金要达到粮食风险基金的 50% 以上。除粮食直补以外，2007 年，中央进一步加大了良种农机具配置补贴和测土配方施肥补贴等政策的扶持力度，并扩大了补贴范围，共安排专项资金 88.7 亿元，比 2006 年增加 29 亿元。三是推进农村综合改革。大力推进乡镇机构、农村义务教育和县乡财政管理体制改革，从制度上促进农民减负增收。四是着力解决农民工工资拖欠问题。2006 年，国务院明确要求建立农民工工资支付保障制度，开展解决企业拖欠农民工工资专项检查活动，中国人民银行制定了农民工工资支付专用存款账户，有 20 多

个省市不同程度上建立了工资保障金制度。

6. 加大收入再分配力度

2005 年 10 月,党中央在"十一五"规划建议中提出加大调节收入分配的力度,强化对分配结果的监管。2007 年,党的十七大报告提出:"深化收入分配制度改革","初次分配和再分配都要处理好效率和公平的关系,再分配更加注重公平"。收入再分配制度建设步伐加快。财税体制改革进一步深化,财政转移支付制度和公共财政制度逐步完善,力求基本公共服务均等化。进行农村税费制度改革,提高农业收入。支持教育、卫生、社会保障等社会领域改革,从 2005 年起对部分义务教育阶段家庭贫困学生实行"两免一补"(即免教科书费、免杂费,补助寄宿生生活费),2008 年全部实现城乡免费义务教育。2003—2007 年,中央财政对地方的转移支付累计 4.25 万亿元,87% 用于支持中西部地区。在税收方面,2006 年修改《中华人民共和国个人所得税法》,提高了个人所得税工薪所得费用扣除标准,由 800 元提高到了 1600 元,减轻了中低收入者的税收负担,照顾了一部分低收入人员。调整了消费税、住房营业税的相关政策,强化对高收入人群的税收监管。积极促进社保体系的构建,社会保障体系框架逐步完善,社会保障和福利救助政策更着重于构筑覆盖城乡所有人群的全方位保障网。

这一阶段收入分配体制改革不断深化,改革的内容由点及面逐步从微观向宏观,从初次分配到再分配拓展。收入分配体制改革经历了从单一到全面的过程,系统性要求不断提高。这一阶段对公平与效率的认识有了深化。改革开放初期,收入分配体制改革最初的考虑是打破平均主义和大锅饭,1987 年的十三大报告提出要在促进效率的前提下体现社会公平。到1993 年则进一步确立了"效率优先,兼顾公平"的分配原则。2002 年,党的十六大提出"初次分配注重效率,发挥市场的作用","再分配注重公平,加强政府对收入分配的调节职能"。十六大对效率与公平的关系做出了清晰的回答。正是在这一分配原则思想的指导下,传统体制下的不合理的平均主义分配方式经过市场化改革基本得到改善,资本、管理等要素在市场经济条件下能获得更为充分的回报，一部分人和一部分地区先富了起来。但是，由于体制转轨中的复杂性，"效率优先，兼顾公平"的分配原则面临着一些新的问题，最明显的就是收入分配差距的持续扩大。收入分配领域存在的许多分配不公和秩序混乱的问题，大量产生于初次分配阶段，如垄断行业收入过高、农民工工资过低和拖欠等，这些问题通过收入再分配很难调节，因此，我国政府审时度势，用改革发展的眼光对公平与效率的关系及时调整，深化收入分配体制改革。2003 年，十六届三中全会《关于进一步深化经济体制改革的若干问题的决定》全面提出了"科学发展观"。继此之后，又提出"和谐社会"的概念，对社会公平的关注度不断提高。2007 年，党的十七大报告强调："初次分配和再分配都要处理好效率和公平的关系，应更加重视与初次分配相关的机会公平、规则公平和过程公平问题"。对公平与效率的认识深化，进一步推动了收入分配体制改革，既有利于增加社会财富，提高经济效率，又有利于促进社会公平正义，维护各方合法权益。

二、收入分配体制改革的主要成就

我国收入分配体制改革在促进经济社会体制改革、促进经济社会发展上起到非常重要的作用：收入分配体制发生了根本变革，社会主义初级阶段的收入分配制度得以确立，收入分配关系得到规范；居民收入水平有了大幅度提高，收入来源渠道日趋拓展；贫困人口大幅度减少；收入再分配体系框架基本建立并不断完善。

（一）社会主义初级阶段的收入分配制度初步确立

1. 按劳分配为主体、多种分配方式并存的制度基本确立

改革开放以来，收入分配体制改革在初次分配中大力贯彻按劳分配原

则，改变过去企业吃国家大锅饭、职工吃企业大锅饭的局面，实现了由计划经济体制向社会主义市场经济的转型。在这一过程中，我国公有制经济进一步壮大，个体、私营等非公有制经济较快发展，已成为社会主义市场经济的重要组成部分，生产资料所有制结构已由单一公有制转变为以公有制为主体、多种所有制并存。与此相适应，我国的分配方式也由过去单一的按劳分配、实际上的平均主义分配体制转变为按劳分配为主、多种分配方式并存，劳动、资本、技术和管理等生产要素按贡献参与分配的新体制，初步形成了与社会主义市场经济相适应的收入分配制度。

2. 国家和企业的分配关系理顺

我国收入分配体制最初是要打破平均主义，而最大的平均主义就体现在企业与国家的关系上。改革开放以前，国家与企业之间的关系简单而统一，国有企业的所有利润上缴财政，企业维持生产及扩大规模所需的资金都由国家财政拨付。这种分配制度使国有企业丧失了主动性和积极性。随着经济体制改革的展开和深入，政企分开和政资分离的改革取向使政府与国有企业之间的利润分配关系发生了变化，曾先后经历了统收统支、企业基金、利润留成、利改税、利润承包、税利分流以及国有资本经营预算等多种分配形式。在国有企业建立现代企业制度的过程中，国家与企业的分配关系从制度上逐步得以规范。一方面，国家作为社会管理者从企业征税，对所有企业一视同仁；另一方面，国家还是国有资本的所有者，国家可以按其股份大小及企业可分配利润多少从企业分得利润。

3. 国有企业、行政机关和事业单位的工资制度已脱钩

改革开放以前，由于所有制结构单一，国家不仅为行政机关和事业单位设定工资制度，而且对国有企业的工资分配管得很严，造成国有单位的工资制度趋同、工资调整同步进行的格局。经过 1985 年和 1993 年两次大规模的工资制度改革，国有企业、行政机关和事业单位三者的工资制度已脱钩。国有企业工资制度改革取得突破性进展，以市场为导向的企业工资

决定机制初步确立。工资由市场机制决定，企业自主分配，按照建立现代企业制度的要求并根据人力资源管理特点，建立以岗位工资为主的基本工资制度。政府对收入分配实行监督和宏观调控。行政机关执行公务员工资制度，按照《中华人民共和国公务员法》的规定，建立国家统一的职务与级别相结合的、科学完善的公务员工资制度。事业单位则实行体现其特点的工资制度，建立岗位绩效和分级分类管理的收入分配制度。

4. 初次分配与再分配职能分工

在计划经济时期，国有企业职工的劳动报酬分为货币工资和劳保福利两部分，企业既要为职工支付货币工资，也要筹措资金在企业范围内进行保险福利的再分配。初次分配和再分配的边界很不清晰，本来属于初次分配范畴的内容，常常借助再分配的方式进行。企业不仅是初次分配的单位，也是再分配单位，企业办社会现象十分严重。改革开放以来，政府从初次分配领域中退出，并加大了对再分配的调节力度。随着福利制度改革的不断深入，社会福利社会化、住房改革市场化、社会保障制度逐步建立，企业所承担的保险福利等再分配职能，或通过纳入工资并入初次分配（如住房），或由政府承接并纳入本来意义上的再分配（如医疗、养老保险），初次分配与再分配的职能分工明确。

初次分配的市场机制基本形成。农村实行家庭联产承包责任制后，农民的农业收入和非农业收入直接受市场机制的调节。城镇企业劳动就业制度改革，劳动合同制的全面推行，劳动力资源配置逐步市场化，市场导向的工资形成机制基本确立，工资水平大体反映劳动力市场供求关系。个体、私营等非公有制经济的经营者和从业人员，其经营收入和工资收入直接由市场机制决定；国有企业和集体单位职工的工资水平与企业经济效益挂钩，在很大程度上受市场机制调节；由于就业流动性的增强，国家机关事业单位的职工收入也受到市场机制作用的影响。

（二）城乡居民收入大幅度增加

改革开放30年是居民收入增长最快、人民群众普遍得到实惠最多的时期，生产力的发展使人民群众的物质文化生活水平显著提高。

1. 城乡居民收入水平不断提高

从城乡居民家庭人均可支配收入来看，城镇居民家庭人均可支配收入
1978 年为 343.4 元，2005 年突破万元大关，2006 年上升到 11759.5 元。
2006 年城镇居民家庭人均可支配收入实际增长 10.4%，这一增幅是改革
开放以来除 2002 年外最大的。农村居民家庭人均纯收入由 1978 年的
133.6 元上升到 2006 年的 3587 元，2006 年实际增长 7.4%，增速为 1997
年以来最高，且增幅连续 3 年在 6% 以上（见表 2-1）。

表 2-1　1978—2006 年城乡居民人均收入变动情况

年份	城镇居民家庭人均可支配收入		农村居民家庭人均纯收入	
	绝对数（元）	指数（1978=100）	绝对数（元）	指数（1978=100）
1978	343.4	100.0	133.6	100.0
1980	477.6	127.0	191.3	139.0
1985	739.1	160.4	397.6	268.9
1990	1510.2	198.1	686.3	311.2
1995	4283.0	290.3	1577.7	383.6
2000	6280.0	383.7	2253.4	483.4
2001	6859.6	416.3	2366.4	503.7
2002	7702.8	472.1	2475.6	527.9
2003	8472.2	514.6	2622.2	550.6
2004	9421.6	554.2	2936.4	588.0
2005	10493.0	607.4	3254.9	624.5
2006	11759.5	670.7	3587.0	670.7

（资料来源：国家统计局：《中国统计年鉴2007》，中国统计出版社2008年版）

按城乡住户调查资料推算，我国居民收入总额已经由 1997 年的 37490
亿元，上升到 2006 年的 93573 亿元，是 1997 年的 2.5 倍。居民收入的增
长率逐年提高，1998 年居民收入增长率为 6.90%，2001 年居民收入增长

率提高到 10.12%，2006 年更是提高到 13.53%。① 扣除价格因素，2006
年居民收入仍比 2005 年增长 9.8%（见图 2－1）。

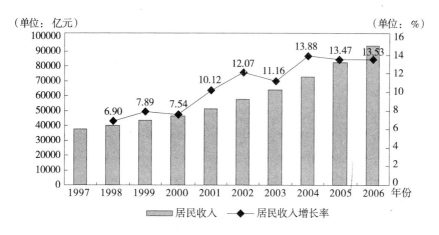

图 2－1　1997—2006 年居民收入情况

（资料来源：张东生：《中国居民收入分配年度报告（2007）》，中国财政经济出版
社 2008 年版）

2. 人民生活普遍得到改善

城乡居民消费水平不断提高。2006 年我国全体居民平均消费水平为
6111 元，农村居民为 2848 元，城镇居民为 10359 元，这三个数据分别是
1978 年同期居民消费水平的 33、21、26 倍。1978—2006 年，城乡居民消
费水平指数除 1989 年小于 100 以外，其他年份都大于 100，全体居民消费
水平年均增长 7.4%，其中农村居民消费水平增长 5.9%，城镇居民消费
水平增长 6.2%。1978—2006 年，社会消费品零售总额从 1558.6 亿元增
长到 76410 亿元（见表 2－2）。

消费结构明显改善。城乡居民消费水平提高的同时，消费结构也发生
了变动。2006 年，在所有影响消费结构的八项消费支出中，按照影响作
用大小的排序依次为食品、教育文化娱乐服务、交通通信、居住、衣着、

---

① 张东生：《中国居民收入分配年度报告（2007）》，中国财政经济出版社 2008 年版。

表2-2　城乡居民消费水平变动情况

年份	绝对数（元）			指数（上年＝100）		
	全体居民	农村居民	城镇居民	全体居民	农村居民	城镇居民
1978	184	138	405	104.1	104.3	103.3
1979	208	159	425	106.9	106.5	102.8
1980	238	178	489	109.0	108.4	107.2
1985	446	349	765	113.5	113.3	111.1
1990	833	560	1596	103.7	99.2	108.5
1995	2355	1313	4931	107.8	106.8	107.2
2000	3632	1860	6850	108.6	104.5	107.8
2001	3869	1969	7113	105.7	104.5	103.2
2002	4106	2062	7387	106.5	105.2	104.2
2003	4411	2103	7901	106.5	100.3	106.3
2004	4925	2301	8679	107.4	103.4	106.4
2005	5463	2560	9410	107.9	107.6	105.7
2006	6111	2848	10359	109.3	108.6	107.6

（资料来源：国家统计局：《中国统计年鉴2007》，中国统计出版社2008年版）

医疗保健、家庭设备用品及服务、杂项商品与服务（见表2-3）。从1990—2006年的消费结构变动情况来看，食品支出始终是居民消费支出中的最主要部分，但其支出比重不断下降，1990年食品支出占总支出的比重为54.25%，2006年下降为35.78%。衣着和家庭设备用品及服务两项所占比重也呈下降趋势。交通通信支出在总的消费支出中所占比重上升幅度最大，由1990年的1.2%上升到2006年的13.19%。上升幅度较大的其次为医疗保健、居住和教育文化娱乐服务（见图2-2）。居民消费水平提高带动了消费结构升级，使城乡居民家庭恩格尔系数下降，城、乡居民家庭恩格尔系数由1978年的57.5%和67.7%分别下降为2006年的35.8%和43%（见图2-3）。城镇居民消费结构升级，人民生活水平不断提高。

表2-3　城乡居民消费结构变动情况

（单位：元）

项目＼年份	1990	1995	2000	2005	2006
平均每人消费性支出合计	1278.89	3537.57	4998.00	7942.88	8696.55
食品	693.77	1771.99	1971.32	2914.39	3111.92
衣着	170.90	479.20	500.46	800.51	901.78
家庭设备用品及服务	108.45	263.36	374.49	446.52	498.48
医疗保健	25.67	110.11	318.07	600.85	620.54
交通通信	40.51	183.22	426.95	996.72	1147.12
教育文化娱乐服务	112.26	331.01	669.58	1097.46	1203.03
居住	60.86	283.76	565.29	808.66	904.19
杂项商品与服务	66.57	114.92	171.83	277.75	309.49

（资料来源：国家统计局：《中国统计年鉴2007》，中国统计出版社2008年版）

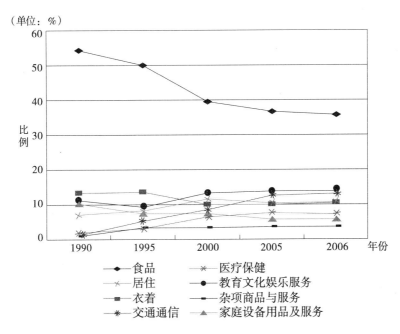

图2-2　城镇居民平均每人消费性支出构成

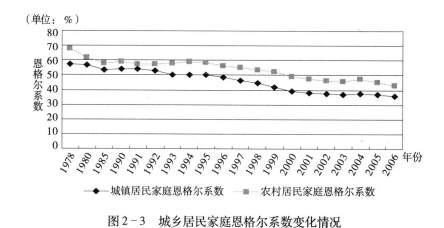

图 2 - 3 城乡居民家庭恩格尔系数变化情况

（资料来源：国家统计局：《中国统计年鉴 2007》，中国统计出版社 2008 年版）

除城乡居民消费水平和消费结构外，影响居民生活质量的其他方面，例如，居住条件、交通条件、通信条件以及公共设施等方面都得到很大改善。城市人均住宅建筑面积和农村人均住房面积分别从 1978 年的 6.7 平方米和 8.1 平方米，增加到 2006 年的 27 平方米和 30.7 平方米。

（三）居民收入结构发生巨大变化

城乡居民收入不断增加的同时，收入结构发生了巨大变化。城乡居民在以劳动收入为主的基础上，收入来源日益多元化；低收入居民收入增速加快。

1. 城乡居民在以劳动收入为主的基础上，收入来源日益多元化

城镇居民收入来源日益多元化。城镇住户抽样调查数据显示，我国城镇居民人均总收入中，工薪收入仍为总收入的主体，但其在总收入中所占比例有所下降，1990 年工薪收入占总收入的比重为 75.83%，2000 年下降为 71.17%，2006 年下降为 68.93%。转移性收入、经营收入、财产性收入成为城镇居民收入增长的亮点，占居民家庭收入的比重不断提高。1990—2006 年，城镇居民人均总收入从 1516.21 元增加到 12719 元，其

中，经营净收入比重从1.48%上升至6.4%；财产性收入比重从1.03%上升至1.9%；转移性收入比重从21.7%上升至22.8%（见表2-4）。

表2-4　城镇居民家庭基本情况

（单位：元）

项目＼年份	1990	1995	2000	2005	2006
平均每人全部年收入	1516.21	4279.02	6295.91	11320.77	12719.19
工薪收入	1149.70	3390.21	4480.50	7797.54	8766.96
经营净收入	22.50	72.62	246.24	679.62	809.56
财产性收入	15.60	90.43	128.38	192.91	244.01
转移性收入	328.41	725.76	1440.78	2650.70	2898.66
可支配收入	1510.16	4282.95	6279.98	10493.03	11759.45

注：1. 本表为城镇住户抽样调查资料。2. 从2002年起，城镇住户调查对象由原来的非农业人口改为城市市区和县城关镇，本章相关资料均按新口径计算，历史数据做了相应调整。

（资料来源：国家统计局：《中国统计年鉴2007》，中国统计出版社2008年版）

　　农村居民家庭人均纯收入不断增加，由1990年的686.31元增加到2006年的3587.04元，其中家庭经营纯收入占主体地位。按收入来源分，1990—2006年，工资性收入保持较快增长，占纯收入比重由20.22%上升到38.33%；家庭经营性收入增速回落，占纯收入比重由75.56%上升到53.83%；财产性收入保持平稳增长；转移性收入较快增长（见表2-5）。

　　2. 居民家庭财产性收入增加

　　居民金融资产总量增加。改革开放以来，居民金融资产总量迅速增加。1978年，我国城乡居民金融资产仅为376亿元，到2006年年末，城乡居民金融资产总额达到25.34万亿元，比1978年增加了673.9倍，年均名义增长25.2%，扣除物价因素，实际增长19.7%。其中，2006年人民币储蓄存款年底余额从1978年的210.6亿元增加到161587.3亿元，是1978年的767.3倍（见表2-6）。

表 2-5　农村居民家庭基本情况

（单位：元）

年份 项目	1990	1995	2000	2005	2006
纯收入	686.31	1577.74	2253.42	3254.93	3587.04
工资性收入	138.80	353.70	702.30	1174.53	1374.80
家庭经营纯收入	518.55	1125.79	1427.27	1844.53	1930.96
财产性收入	—	40.98	45.04	88.45	100.50
转移性收入	28.96	57.27	78.81	147.42	180.78

注：本表为农村住户抽样调查资料。

（资料来源：国家统计局：《中国统计年鉴 2007》，中国统计出版社 2008 年版）

表 2-6　中国居民金融资产状况

金融资产种类	2005 年		2006 年	
	拥有量（亿元）	人均拥有量（元）	拥有量（亿元）	人均拥有量（元）
现金	19945	1525	22469	1709
存款	150551	11514	171737	13065
证券	14943	1143	23631	1798
保险准备金	18315	1401	22680	1725
其他	6265	475	12855	19275

（资料来源：国家统计局：《中国统计年鉴 2007》和《中国统计年鉴 2006》，中国统计出版社）

　　居民金融资产的扩张速度远远高于同期的经济增长速度和居民收入增长水平。从 1978 年到 2005 年的 28 年间，我国 GDP 增长了 57.9 倍，扣除价格因素平均每年增长 9.7%，比居民金融资产增长速度低 10 个百分点；年均农村人均纯收入名义增长 12%，扣除物价实际增长 7.6%，城镇居民人均名义收入增长 13%，年均实际增长 7.2%，分别比居民金融资产的增长速度低 12.1 和 12.5 个百分点。[1]

---

[1]　张东生：《中国居民收入分配年度报告（2007）》，中国财政经济出版社 2008 年版。

3. 低收入居民收入增速加快

2003 年以来，我国政府通过多次提高企业离退休人员基本养老金标准，积极落实医疗待遇政策，有效保障城镇低收入群体的基本生活，大力促进下岗失业人员再就业，完善最低工资制度等措施，让低收入群体分享改革发展成果。据抽样调查数据显示：2006 年城镇最低 10% 收入组的人均可支配收入增速达到了 13.8%，为 1996 年以来首次高于全国平均增长水平（12.1%），比最高 10% 收入组的人均可支配收入增速也高出了 2.7 个百分点。农村最低 20% 收入组 2006 年人均纯收入名义增长 10.9%，比最高 20% 收入组的人均纯收入增速高出 1.5 个百分点。最低收入组的人均转移性收入增长 9.9%，高出全国平均增速 0.5 个百分点，比最高收入户增速高出 4.2 个百分点。其中，占转移性收入 65.8% 的养老金或离退休金增长了 14.2%，比全国平均增速高出 4.7 个百分点。

（四）贫困人口大幅度减少

改革开放以来，我国在致力于经济和社会全面发展的进程中，在全国范围内实施了以解决贫困人口温饱问题为主要目标的有计划、有组织的大规模扶贫开发，极大地缓解了贫困现象。我国扶贫工作大致经历了体制改革推动扶贫、开发性扶贫、反贫困攻坚和全面扶贫四个阶段。

1. 体制改革推动扶贫

1979—1985 年，是我国扶贫工作的第一阶段，主要以体制改革推动经济增长来消除贫困。通过实行家庭联产承包责任制，极大地激发了农民的劳动热情，解放了农村生产力，提高了土地产出率；与此同时，在农村进行的农产品价格逐步放开、大力发展乡镇企业等多项改革，使农民收入普遍增加，多数贫困农民脱贫致富，农村贫困现象大幅度缓解。据统计，从 1978 年到 1985 年，农村人均粮食产量增长 14%，棉花增长 73.9%，油料增长 176.4%，肉类增长 87.8%；农民人均纯收入增长了 2.6 倍；没有解决温饱的贫困人口从 2.5 亿人减少到 1.25 亿人，贫困人口占农村总人口的比例由 1978 年的 30.7% 下降到 1985 年的 14.8%；贫困人口平均每年减少 1786 万人。

2. 开发性扶贫

1986—1993 年，在总结第一阶段扶贫经验的基础上，成立专门的扶贫工作机构，安排专项资金，针对资源条件较差的地区，制定专门的优惠政策，确定了开发式扶贫方针。主要措施包括实施区域开发、流域治理；为贫困地区提供各种优惠贷款，进行信贷扶贫；通过财政渠道无偿援助扶贫物资，以公共投资方式改善贫困地区的基础设施；通过提高农民素质，依靠科学技术扶贫；组织劳务输出等。1986—1993 年，农村贫困人口由 1.25 亿人减少到 8000 万人，平均每年减少 640 万人，年均递减 6.2%；贫困人口占农村总人口的比例从 14.8% 下降到 8.7%。

3. 反贫困攻坚

1994—2000 年，是我国扶贫工作的第三阶段。以 1994 年《国家八七扶贫攻坚计划》的公布实施为标志，扶贫开发上升为国家战略，并进入反贫困攻坚阶段。《国家八七扶贫攻坚计划》明确提出，集中人力、物力、财力，动员社会各界力量，力争用 7 年左右的时间，到 2000 年年底基本解决农村贫困人口的温饱问题。在这一阶段，国家大幅度增加反贫困的投入，使农村贫困人口由 1994 年的 7000 万人下降到 2000 年的 3209 万人，贫困人口占农村总人口的比例从 7.7% 下降到 3.4%。

4. 全面扶贫

进入新世纪以后，我国进入了全面建设小康社会、加快推进社会主义现代化建设的新时期。以 2001 年制定"农村扶贫开发纲要（2001—2010）"为起点，我国扶贫事业发展也进入了一个新阶段。国家采取了建设社会主义新农村、促进城乡、地区、不同社会群体协调发展的一系列政策，对扶贫开发工作提供了良好的政策保障和机遇。新时期的扶贫不但要解决贫困人口温饱问题，而且要围绕全面建设小康社会，使贫困人口和地区实现全面发展。

贫困人口的大规模减少是改革以来我国所取得的突出成就之一。按照国家贫困线标准，从 1978 年到 2006 年，我国农村没有解决温饱的贫困人

口由 2.5 亿人减少到 2148 万人，贫困人口占农村总人口的比例由 30.7%
下降到 2.3% 左右，平均每年减少贫困人口数为 878 万人。2006 年，绝对
贫困人口与低收入人口合计为 5698 万人，比 2005 年减少 734 万人，减少
11.4%，占农村人口的比重为 6%，减少 0.8%（见图 2 - 4）。

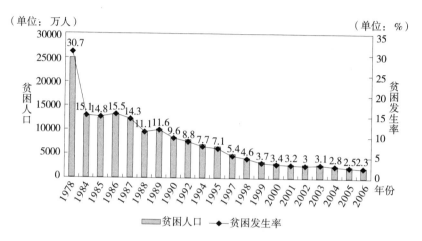

图 2 - 4　1978—2006 年中国农村贫困人口和贫困发生率

注：贫困发生率：也叫贫困人口比重指数，是指低于贫困线的农村人口占农村总
　　人口的比重。

（资料来源：国家统计局：《中国统计年鉴 2007》和《中国统计年鉴 2006》，中国
　　统计出版社）

　　如果按照国际贫困线，即每人每天生活费不足 1 美元，世界银行
（2000 年）估计我国的农村贫困人口已经由 1990 年的 2.8 亿下降到 1997
年的 1.24 亿，减少了 55.7%，平均每年减少贫困人口数为 2229 万人。①
与其他国家和地区贫困人员状况的比较来看，1990 年我国贫困人口为
3.75 亿人，占世界总贫困人口比例为 29%，到 1999 年这一比例下降到
19.2%，2015 年预计下降到 9.1%（见表 2 - 7）。这都表明贫困人口数量
急剧减少。我国作为世界上人口最多的国家，同时也是世界上贫困人口最

---

① 世界银行：《中国：战胜农村贫困》，中国财政经济出版社 2000 年版。

多的国家，在减少贫困方面取得了前所未有的成就。"为发展中国家，甚至整个世界提供了一种模式"（UNDP，2006）。[①] 正如阿马蒂亚·森指出的，"世界上没有任何一个国家像中国那样成功地减少了由低收入造成的贫困，并对世界的反贫困做出重大贡献"[②]。

表2-7　世界银行估计的世界各地区的贫困人员状况

（单位：百万人）

地区 ＼ 年份	1990	1999	2015
东亚和太平洋地区	486（37.6%）	279（23.9%）	80（9.9%）
欧洲和中亚	6（0.5%）	24（2.1%）	7（0.9%）
中东和北非	48（3.7%）	57（4.9%）	47（5.8%）
拉美和加勒比海地区	5（0.4%）	6（0.5%）	8（1.0%）
南亚	506（39.2%）	488（41.7%）	264（32.6%）
撒哈拉以南非洲	241（18.7%）	315（26.9%）	404（49.9%）
总计	1292（100%）	1169（100%）	809（100%）
中国	375（29.0%）	224（19.2%）	74（9.1%）

注：贫困人口是指每天生活费低于1美元的人口，括号内数据为占世界总贫困人口的比重。

（资料来源：World Bank，"Global Economic Prospects and the Development Countries"，Table 1.9，2003）

（五）收入再分配体系框架基本建立

收入再分配是对国民收入初次分配的调整，收入再分配遵循公平原则，通过政府调控，采用综合的社会政策和手段，建立有效的分配和保障机制。收入再分配是收入分配体制的重要内容，收入再分配体系主要包括财税制度和社会保障制度。

---

① 国务院扶贫开发领导小组办公室：《中国农村扶贫开发概要》，中国政府网 www.gov.cn，2006年1月3日。

② 阿马蒂亚·森：《中国应回归全民医疗保险》，《南华早报》2007年7月20日。

1. 财税制度不断健全

随着国民经济的发展和居民收入水平的提高，我国的财税制度不断健全。我国1980年起开征个人所得税，1994年实施统一的个人所得税制，1999年恢复征收利息税，2006年修改《中华人民共和国个人所得税法》，提高了个人所得税工薪所得费用扣除标准。个人所得税收入保持了持续快速增长，调节收入分配的力度越来越大。

我国的财政政策正朝着以人为本、关注基本公共服务的方向发展。不断强调经济社会协调发展，无论从政策导向还是从财政投入上看，把义务教育、基础医疗和公共卫生、基本社会保障、公共就业服务等摆到更为突出的位置，着力改变社会发展滞后于经济发展的局面（见图2-5）。基本公共服务的政策和投入向农村、欠发达地区、困难群体倾斜，国家财政的收入再分配能力得到提高（见表2-8）。从1978年到2006年，国家财政用于收入再分配的资金总额不断增加，2000年明显增加到2324.87亿元，占国家财政支出比例提高到14.63%。随后，每年快速增加，到2006年，国家财政用于收入再分配的资金增加到6705.17亿元，占国家财政支出比例为16.59%。

（单位：%）

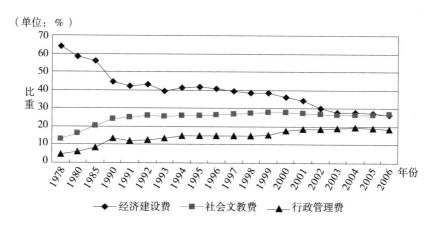

图2-5 1978—2006年国家财政支出结构变化情况

（资料来源：国家统计局：《中国统计年鉴2007》，中国统计出版社2008年版）

表2-8 国家财政用于收入再分配的主要支出项目

（单位：亿元）

年份	财政支出	支农支出	农村救济费	社会保障支出	合计	占国家财政支出比例（%）
1978	1122.09	76.95	6.88	18.91	102.74	9.16
1980	1228.83	82.12	7.26	20.31	109.69	8.93
1985	2004.25	101.04	12.90	31.15	145.09	7.24
1995	6823.72	430.22	31.71	115.46	577.39	8.46
2000	15886.50	766.89	40.41	1517.57	2324.87	14.63
2001	18902.58	917.96	47.68	1987.40	2953.04	15.62
2002	22053.15	1102.70	44.38	2636.22	3783.30	17.16
2003	24649.95	1134.86	79.80	2655.91	3870.57	15.70
2004	28486.89	1693.79	85.87	3116.08	4895.74	17.19
2005	33930.28	1792.40	125.38	3698.86	5616.64	16.55
2006	40422.73	2161.35	182.04	4361.78	6705.17	16.59

注：社会保障支出中包括抚恤和社会福利救济费、社会保障补助支出、行政事业单位离退休支出。1996年以前不包括由行政管理费开支的离退休支出。

（资料来源：国家统计局：《中国统计年鉴2007》，中国统计出版社2008年版）

2. 社会保障制度体系框架初步形成

经过多年的改革，我国社会保障制度逐步由国家统管向国家、单位、个人三方负担转变，由企业自保向社会互济转变，由国家全部包揽向基本保障转变，由现收现付向部分积累转变，由政策调整向法律规范转变，社会保障制度体系初步形成，覆盖范围逐步扩大，收入再分配调节功能不断提高（详见本书第三章）。

三、收入分配体制改革面临的挑战

我国的收入分配体制改革取得了很大进展，但改革的任务还远远没有完成。在新的历史时期、新的发展阶段，收入分配领域面临着许多新的问题与新的挑战。突出表现在收入分配差距仍在不断扩大，合理的收入分配格局仍未形成，收入分配秩序有待理顺，收入再分配调节功能不足等。

（一）合理的收入分配格局仍未形成

收入分配格局是指国民收入在不同群体之间的分布情况。改革 30 年来，我国居民收入水平有极大的提高，但合理有序的收入分配格局仍未形成，主要问题是居民收入在国民收入中的比重减少，劳动报酬偏低。

1. 居民收入在国民收入中的比重减少

国民收入是由居民收入、企业收入、政府收入三部分构成的，合理调整这三者在国民收入中的分配关系，是社会主义市场经济条件下宏观经济管理的一项重要任务。改革开放以来，特别是实行社会主义市场经济体制以来，随着经济快速发展和经济体制改革不断深化，居民收入、企业收入和政府收入在国民收入中的比重发生了较大变化，有力地促进了经济发展和人民生活水平的提高。但近几年，也出现了一些值得重视的问题。1997—2006 年间，居民收入所占份额不断下降。2006 年我国居民收入总额 93573 亿元，国民总收入 211808 亿元，居民收入占国民收入的 44.2%。这一比重比 1997 年低 3.8 个百分点，比 2005 年低 0.4 个百分点，为近十年来最低（见表 2-9）。

居民收入的增长慢于国民收入和政府财政收入的增长。以 1996 年为基准数据比较城镇居民人均可支配收入、农村居民人均纯收入、政府财政收入和国民收入的增长速度，结果显示：1996—2006 年，政府财政收入增长速度最快，其次是国民收入，城镇居民可支配收入和农村居民纯收入增长速度都慢于国民收入和政府财政收入的增长速度，其中农村居民纯收入增长最慢（见图 2-6）。

2. 劳动报酬偏低

国民收入分配中的初次分配是劳动、资本、技术、管理、土地等生产要素按贡献参与分配的关系，是按照生产要素市场价格决定的分配。从目

表 2-9　居民收入占国民收入的比重

（单位：亿元,%）

年份	居民收入	国民收入	居民收入占国民收入的比重
1997	37490	78061	48.0
1998	40075	83024	48.3
1999	43237	88189	49.0
2000	46499	98000	47.4
2001	51207	108068	47.4
2002	57387	119096	48.2
2003	63789	135174	47.2
2004	72642	159587	45.5
2005	82424	184739	44.6
2006	93573	211808	44.2

（资料来源：张东生：《中国居民收入分配年度报告（2007)》，中国财政经济出版社 2008 年版）

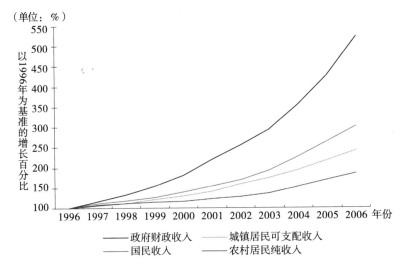

图 2-6　居民收入增长与主要总量指标增长对比

（资料来源：《中国统计年鉴 2007》，中国统计出版社 2008 年版）

前情况看，我们虽然已初步建立了社会主义市场经济体制，但生产要素市场发育仍不健全，一些生产要素的价格还没有市场化。例如，城乡统一的劳动力市场还未形成，劳动力流动仍存在制度障碍；垄断经营、分配秩序混乱等都会使初次分配关系出现扭曲。由于我国劳动力市场供给大于需求，企业职工工资集体谈判制度仍不健全，工资增长机制尚未形成，资本全球流动等因素的影响都使得初次分配中劳动报酬所占比重下降。1994—2007 年《中国统计年鉴》"地区生产总值收入法构成项目"数据中，各地区劳动者报酬的合计数据反映出我国劳动报酬所得比重持续下降的趋势。1994 年，我国劳动报酬占 GDP 的比重为 51.20%，1998 年上升为 53.14%，随后，劳动报酬占 GDP 的比重持续下降，2000 年为 51.40%，2005 年为 41.40%，2006 年为 40.61%（见图 2-7）。美国、英国、日本、法国、德国、荷兰、加拿大、以色列等发达国家，劳动报酬占 GDP 比例都超过了 50%，且呈稳步上升趋势（见图 2-8）。2006 年我国劳动报酬占 GDP 比重为 40.61%，说明我国国民收入初次分配中劳动报酬所占比重偏低。

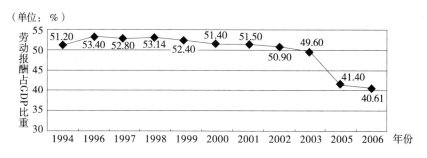

（单位：%）

图 2-7　我国劳动报酬占国民总产值比例变动情况

（资料来源：国家统计局相关年份《中国统计年鉴》，中国统计出版社）

劳动报酬中劳动者获得的各种形式的工资、奖金和津贴与劳动者的劳动支出直接相关，一般用工资报酬来表示。劳动者所享受的公费医疗和医药卫生费、上下班交通补贴、单位支付的社会保险费、住房公积金等，构

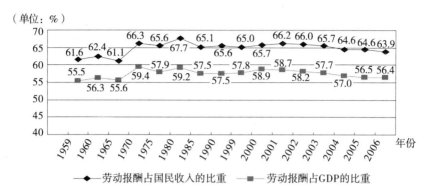

（单位：%）

图 2-8　美国劳动报酬比重变动情况

（资料来源：Economic Report of the President：2007，TABLE B—28. —National in-come by type of income, 1959—2007（美国总统经济报告 2007，表 B-28，按收入类型划分的国民收入））

成员工福利部分。劳动报酬由工资报酬和员工福利两部分组成。我国现行的统计年鉴中的工资总额是指各单位在一定时期内直接支付给本单位全部职工的劳动报酬总额。工资总额包括计时工资、计件工资、奖金、津贴和补贴、加班加点工资、特殊情况下支付的工资。由此可见，我国统计年鉴中工资总额的绝大部分是指工资报酬，还包括少量的员工福利部分。因此，用工资总额数据也可以说明劳动报酬的变化情况。我国职工工资总额占 GDP 的比重也不断下降，从 1980 年的 16.99% 持续下降到了 2005 年的10.76%，2006 年上升为 11.03%（见表 2-10）。

表 2-10　职工工资总额占 GDP 比重

年份	工资总额（亿元）	GDP（亿元）	工资总额占 GDP 比重
1978	568.9	3645.2	15.61
1980	772.4	4545.6	16.99
1985	1383.0	9040.7	15.30
1990	2951.1	18718.3	15.77

续表

年份	工资总额（亿元）	GDP（亿元）	工资总额占GDP比重
1995	8100.0	59810.5	13.54
2000	10656.2	98000.5	10.87
2001	11830.9	108068.2	10.95
2002	13161.1	119095.7	11.05
2003	14743.5	135174.0	10.91
2004	16900.2	159586.7	10.59
2005	19789.9	183956.1	10.76
2006	23265.9	210871.0	11.03

（资料来源：国家统计局：《中国统计年鉴2007》，中国统计出版社2008年版）

（二）收入分配差距过大

经过30年的改革开放，我国收入分配格局从改革初期的打破平均主义，拉开收入差距，普遍提高生活水平，逐步演变为收入差距不断扩大，现在居民间收入差距、城乡收入差距、地区收入差距、行业收入差距、财产收入差距过大成为经济社会面临的突出问题，引起了人们的高度关注。

1. 居民间收入差距

据国家统计局的资料，反映城镇和农村内部居民收入差距的基尼系数分别由1978年的0.16和0.21扩大为2006年的0.34和0.37（见表2-11）。城乡合计的基尼系数则要大得多，反映全国居民收入差距的基尼系数由1978年的0.341已经上升到1998年的0.456，2004年上升到0.465，表明我国已经从一个平均主义盛行的国家转变为一个收入差距过大的国家（见图2-9）。根据世界银行等机构基于中国国家统计局城乡住户调查数据的计算，中国的居民收入基尼系数在1980年为0.32，说明收入分配比较平均；而后因为农村改革导致的城乡差距缩小，到1984年下降到0.26的低点。但此后持续上升，到2001年已经达到0.45，超过了国际公认的收入分配不平等警戒线。有研究表明，近几年来基尼系数还在继续上升。

表 2-11 城乡分别统计的居民基尼系数

年份	城镇居民基尼系数	农村居民基尼系数
1978	0.16	0.21
1985	0.19	0.23
1990	0.23	0.31
1995	0.28	0.34
2000	0.32	0.35
2001	0.32	0.36
2002	0.32	0.37
2003	0.33	0.37
2004	0.33	0.37
2005	0.34	0.38
2006	0.34	0.37

（资料来源：国家统计局：《中国统计年鉴 2007》，中国统计出版社 2008 年版）

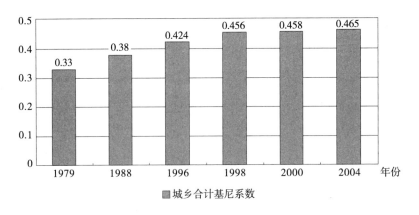

图 2-9 部分年份我国城乡合计的基尼系数

（资料来源：国家统计局、世界银行、中国社会科学院有关统计研究资料）

与世界上其他国家相比，我国的基尼系数也是较高的。根据世界银行
《世界发展报告 2006》提供的 127 个国家近年来收入分配不平等状况测
量指标，基尼系数低于中国的国家有 94 个，高于中国的国家只有 29

个①，其中 27 个是拉丁美洲和非洲国家，亚洲国家只有马来西亚和菲律宾两个（World Bank，2006）。中国按基尼系数由低到高的顺序，与几个拉美和非洲国家并列于第 95 位，列入少数收入分配不平等程度很高的国家之一。

如果用收入最高的 10% 居民的平均收入与收入最低的 10% 居民平均收入之间的倍数作为衡量收入差距的指标，国家统计局的城乡居民调查数据计算结果同样表明，改革开放的收益更多地集中在高收入家庭，高收入户和低收入户的收入差距在扩大。《中国统计年鉴 2007》提供的数据表明：1993 年，城镇居民家庭 10% 最高收入户人均全部年收入为 4905.77元，10% 最低收入户人均全部年收入为 1359.87 元，前者是后者的 3.61倍；2006 年，城镇居民家庭 10% 最高收入户人均全部年收入为 31967 元，10% 最低收入户人均全部年收入为 3569 元，前者是后者的 8.96 倍。城镇居民家庭 10% 最高收入户年收入占各类收入户全部年收入的 18.64%，10% 最低收入户年收入占各类收入户全部年收入的 5.12%。

2. 城乡收入差距

我国是典型的二元经济社会结构，城市的经济社会发展水平和速度都快于农村。计划经济下户籍制度的建立使原有的二元经济社会结构进一步强化。改革开放初期，农村家庭联产承包制的实施极大地调动了农民的生产积极性，提高了农业生产率，农民人均收入增长速度快于城镇，使1978—1985 年间城乡收入差距有所缩小。随后由于城市经济体制改革的全面推行，城镇经济发展快于农村，城乡收入差距又开始拉大。1985—1999 年，年均的人均可支配收入，城镇居民增长 6%，农民增长只有4.1%。1999 年之后，城乡收入差距进一步扩大。

从城乡居民家庭人均收入水平和增长速度来看，1978—2006 年，除

---

① 它们是阿根廷、玻利维亚、博茨瓦纳、巴西、中非共和国、智利、哥伦比亚、哥斯达黎加、多米尼加、厄瓜多尔、萨尔瓦多、冈比亚、危地马拉、海地、洪都拉斯、莱索托、马达加斯加、马拉维、马来西亚、墨西哥、纳米比亚、尼日尔、巴拿马、巴拉圭、秘鲁、菲律宾、南非、赞比亚、津巴布韦。

1985 年以外，城乡居民家庭人均可支配收入差距在 2 倍以上 3 倍以下（见表 2－12）。2002 年以后，城乡居民人均收入的差距继续扩大，城乡居民的人均收入差距持续在 3 倍以上，差距最大的年份是 2006 年，城镇居民人均收入相当于农村居民人均收入的 3.28 倍。而且，从总体上看，城镇居民收入的增长速度快于农村（见图 2－10）。

表 2－12　城乡居民家庭人均收入水平比较

年份	城镇居民家庭人均可支配收入（元）	农村居民家庭人均纯收入（元）	城乡居民人均收入之差	人均收入之比（城镇/农村）
1978	343.4	133.6	209.8	2.6
1980	477.6	191.3	286.3	2.5
1985	739.1	397.6	341.5	1.9
1990	1510.2	686.3	823.9	2.2
1995	4283.0	1577.7	2705.3	2.7
2000	6280.0	2253.4	4026.6	2.8
2001	6859.6	2366.4	4493.2	2.9
2002	7702.8	2475.6	5227.2	3.1
2003	8472.2	2622.2	5850.0	3.2
2004	9421.6	2936.4	6485.2	3.2
2005	10493.0	3254.9	7238.1	3.2
2006	11759.5	3587.0	8172.5	3.3

（资料来源：国家统计局：《中国统计年鉴 2007》，中国统计出版社 2008 年版）

　　对于城乡居民收入分配差距，国际上的一般情况是，当一个国家的经济发展水平处于人均 GDP 为 800—1000 美元阶段，城乡居民收入差距指数通常为 1.7。世界银行有关报告指出，世界上多数国家城乡收入的比率为 1.5，而我国除了 1982—1986 年城乡比率低于 2 以外，长期以来超过 2。国际劳工组织发表的 1995 年 36 个国家的资料表明，城乡居民收入比一般为 1.5:1，超过 2:1 的国家只有 3 个，中国为其中之一。

　　如果考虑到城乡居民在住房、医疗、教育、交通以及公共服务等方面

（单位：%）

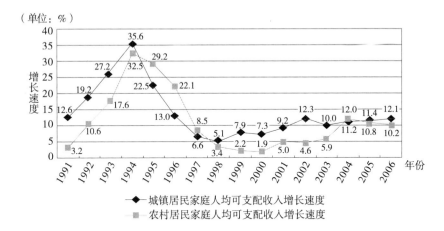

图 2－10 城乡居民家庭人均收入增长速度

的差异，城乡居民的真实收入差距将进一步扩大。2006 年我国的名义城乡收入差距为 3.28∶1，若把基本公共服务，包括义务教育、基本医疗等因素考虑在内，城乡实际收入差距已经达到 5—6∶1。①

3. 行业收入差距

无论是从全国范围来看，还是分地区、分经济类型来看，行业间的工资差距普遍存在先缩小后不断扩大的趋势。1978 年全国城镇在岗职工平均工资为 615 元，收入最高的行业是电力、煤气及水的生产和供应业，平均工资为 850 元，是收入最低的社会服务业的 2.17 倍。1990 年全国城镇在岗职工平均工资为 2140 元，收入最高的行业仍然是电力、煤气及水的生产和供应业，平均工资为 2656 元，是收入最低的农、林、牧、渔业的 1.727 倍，行业间收入差距有所缩小。此后，行业收入差距开始扩大，2000 年全国城镇在岗职工平均工资为 9371 元，收入最高的行业是科学研究和综合技术服务业，平均工资为 13620 元，是收入最低的农、林、牧、渔业的 2.63 倍。2006 年全国城镇在岗职工平均工资为 21001 元，19 个行业门类中，收

---

① 迟福林等：《2007 年中国改革评估报告》，中国经济出版社 2007 年版。

入的最高行业，其平均工资是最低收入行业的 4.75 倍（见表 2-13）。

表 2-13 主要年份行业平均工资差距比较

年份	平均工资最高的行业	数值（元）	平均工资最低的行业	数值（元）	最高/最低
1978	电力、煤气及水的生产和供应业	850	社会服务业	392	2.17
1985	地质勘查业、水利管理业	1406	社会服务业	777	1.81
1990	电力、煤气及水的生产和供应业	2656	农、林、牧、渔业	1541	1.72
1995	电力、煤气及水的生产和供应业	7843	农、林、牧、渔业	3522	2.23
2000	科学研究和综合技术服务业	13620	农、林、牧、渔业	5184	2.63
2001	科学研究和综合技术服务业	16437	农、林、牧、渔业	5741	2.86
2002	金融、保险业	19135	农、林、牧、渔业	6398	2.99
2003	信息传输、计算机服务和软件业	32244	农、林、牧、渔业	6969	4.63
2004	信息传输、计算机服务和软件业	34988	农、林、牧、渔业	7611	4.60
2005	信息传输、计算机服务和软件业	40558	农、林、牧、渔业	8309	4.88
2006	信息传输、计算机服务和软件业	44763	农、林、牧、渔业	9430	4.75

（资料来源：国家统计局：《中国统计年鉴 2007》，中国统计出版社 2008 年版）

从各行业平均工资排序位次变化看，从 2002 年开始，各行业工资水平的相对位次基本保持不变，高工资行业与低工资行业在排序位次上具有一定的稳定性。平均工资水平排在前列的行业中，大部分为垄断行业。垄断行业中的企业凭借对关键资源的独自拥有或者政府赋予的排他性地生产某种产品的权利，既享受投资、信贷、税收等方面的国家政策扶持，又垄断生产要素、经营范围或产品价格，这些垄断利润一部分或大部分都转化为该行业的在岗职工工资，导致垄断性行业与竞争性行业工资差距明显。如果考虑到工资外收入，行业间收入差距会更大。

在排序位次相对稳定的同时，由于各行业工资增长的幅度存在着差别，高工资行业与低工资行业之间的工资差距在不断扩大。比如，平均工资水平靠前的金融业，科学研究、技术服务和地质勘查业，2005 年行业工资与当年全国平均工资的比值分别是 1.75 和 1.49，而到了 2006 年，这一比值分别扩大为 1.87 和 1.52，这些高工资行业不仅平均工资水平高，而且工资增长速度同样比较快，高于全国平均工资的增长速度。与此相反，平均工资排位靠后的水利、环境和公共设施管理业，住宿和餐饮业，2005 年行业工资与当年全国平均工资的比值分别是 0.8 和 0.75，到了 2006 年，这一比值依次缩小为 0.77 和 0.72，这些行业不仅平均工资较低而且增长速度慢，低于全国平均工资的增长速度。从 2006 年工资增长率来看，最高的行业是行业平均工资水平较高的金融业，增长率达到 21.88％；而增长率最低的行业是水利、环境和公共设施管理业，只有 9.4％，与最高行业工资增长率相差一倍多（见表 2－14）。由于高收入行业平均工资较高且增长速度快，而低收入行业平均工资较低且增长速度慢，两者综合，导致行业间的工资差距不仅存在，而且有继续扩大的趋势。

4. 地区收入差距

我国地区间居民收入差距格局长期未得到明显改变，东部地区居民收入水平高于中西部，中西部地区居民收入水平稳定。从东、中、西部三大地带①之间的城镇居民收入差距变动轨迹来看，从 1978 年到 2000 年，东、中、西部地区城镇居民人均可支配收入绝对差距和相对差距都不断扩大。1978 年，东、中、西部地区城镇居民人均可支配收入分别为 214.3 元、184.6 元、165.7 元，东、中、西部地区城镇居民人均可支配收入之比为 1.37：1.18：1，标准差②仅为 23.52。随着改革开放的不断推进，经济体制改革释放出了巨大的能量，东部地区所具备的发展优势也日益显露。

---

① 东部地区包括北京、天津、河北、辽宁、上海、江苏、浙江、福建、山东、广东、广西、海南 12 个省、自治区、直辖市；中部地区包括山西、内蒙古、吉林、黑龙江、安徽、江西、河南、湖北、湖南 9 个省、自治区；西部地区包括重庆、四川、贵州、云南、西藏、陕西、甘肃、宁夏、青海、新疆 10 个省、自治区、直辖市。
② 标准差是显示各数据偏离平均数的距离，是反映一个数据集的离散程度，标准差越大，表明地区间收入分配差距越大。

表 2-14 不同行业平均工资增长情况

行业类别	2006 年	2005 年	增长率（%）
合计	21001	18364	14.36
农、林、牧、渔业	9430	8309	13.49
采矿业	24335	20626	17.98
制造业	17966	15757	14.02
电力、燃气及水的生产和供应业	28765	25073	14.73
建筑业	16406	14338	14.42
交通运输、仓储和邮政业	24623	21352	15.32
信息传输、计算机服务和软件业	44763	40558	10.37
批发和零售业	17736	15241	16.37
住宿和餐饮业	15206	13857	9.74
金融业	39280	32228	21.88
房地产业	22578	20581	9.70
租赁和商务服务业	23648	20992	12.65
科学研究、技术服务和地质勘查业	31909	27434	16.31
水利、环境和公共设施管理业	16140	14753	9.40
居民服务和其他服务业	18935	16642	13.78
教育	21134	18470	14.42
卫生、社会保障和社会福利业	23898	21048	13.54
文化、体育和娱乐业	26126	22885	14.16
公共管理和社会组织	22883	20505	11.60

（资料来源：国家统计局：《中国统计年鉴2007》，中国统计出版社2008年版）

到1990年，东部地区城镇居民人均可支配收入水平达到了1156元，中部地区也达到了797元，分别为西部地区的1.63倍、1.13倍，标准差增加到84.33。进入20世纪90年代以后，地区收入差距进一步拉大，尽管中西部地区城镇居民人均可支配收入的绝对额也出现了较快的增长，但与东部地区相比，相对差距仍在不断扩大。到2000年，东部地区城镇居民人均可支配收入已达到5277元，中部地区仅为3107元，西部地区也仅为

2707 元。

2000 年以后，由于西部地区开发、东北老工业基地振兴、中部地区崛起战略的实施，地区差距扩大的趋势开始得到了一定程度的控制。例如，2005 年与 2000 年相比，城镇人均可支配收入全国最高和最低的省份（包括直辖市和自治区）之间的人均收入比例已经从 2.48 倍下降到 2.33 倍。2006 年，东部地区城镇居民人均可支配收入为 14507 元，比 2005 年增加 1545 元，增长 11.9%；中部地区城镇居民人均可支配收入为 9854 元，比 2005 年增加 1077 元，增长 12.3%；西部地区城镇居民人均可支配收入为 9659 元，比 2005 年增加 929 元，增长 10.6%。西部地区开发、东北老工业基地振兴、中部地区崛起战略的实施，在缩小收入差距方面发挥了一定的作用，但效果还不太明显。2000 年，我国东、中、西部地区城镇居民人均可支配收入比为 1.95:1.14:1，2005 年变为 1.48:1.01:1，2006 年为 1.50:1.02:1（见表 2－15）。三大地带城镇居民收入差距基本稳定，东部地区居民收入远高于中部和西部地区，中部地区和西部地区收入水平相仿。

表 2－15 三大地带城镇居民人均可支配收入比较

地区 \ 年份	1978	1990	2000	2005	2006
东部地区	214.3	1156	5277	12961.5	14506.6
中部地区	184.6	797	3107	8776.6	9853.6
西部地区	165.7	707	2707	8728.7	9657.7
东、中、西部之比	1.29:1.11:1	1.64:1.12:1	1.95:1.14:1	1.48:1.01:1	1.5:1.02:1

（资料来源：国家统计局：《中国统计年鉴2007》，中国统计出版社2008年版）

从各地区居民收入差距状况来看，2006 年全国城镇居民人均可支配收入为 11756 元，其中，上海的城镇居民人均可支配收入首次突破 2 万元。从 2004 年起，上海、北京、浙江、广东、天津、江苏、福建、山东 8

个地区的城镇人均可支配收入均高于全国平均水平，其余 22 个地区均低于全国平均水平。2006 年，农村居民人均纯收入最高的是上海，为 9139元，最低的是贵州，为 1895 元，两者的绝对差距为 7244 元，上海是贵州的 4.82 倍。

5. 财产收入差距

改革开放以前，我国居民除了少量个人储蓄的利息收入以外，几乎没有什么财产收入。根据国家统计局的估计，1985 年城镇居民的人均财产性收入不足 4 元，占城镇居民可支配收入的份额仅为 0.5%。[①] 改革开放以后，居民的财产收入，特别是城镇居民的财产收入增长很快。作为收入分配积累的结果，居民的财产在城乡、地区和不同阶层之间的分布很不均衡，成为进一步拉大贫富差距的重要原因。

2006 年年末，全国城乡居民人民币储蓄存款余额突破 161587.3 亿元，增长 14.6%。占全国总人口 43.9% 的城镇居民，拥有 82.2% 的储蓄存款，而占总人口一半以上的农村居民只占有 17.8%。城乡居民储蓄存款余额之比不断提高，1978 年人民币城镇储蓄余额为 154.9 亿元，而农村居民人民币储蓄余额为 55.7 亿元，二者相差 1.78 倍，1990 年城乡储蓄余额之比为 1.87，2006 年扩大为 4.61。财产收入差距是造成城乡居民收入差距的重要原因，从财产性收入的增长速度上来看，这种差距有不断扩大的趋势。2006 年，城镇居民人均财产性收入增长 26.5%，农村居民人均财产性收入增长 12.9%，两者相差 13.6 个百分点，而同期城乡居民收入增速仅差 3 个百分点。在城镇居民内部，金融资产和房产分布的不平等也成为引人注目的新问题，城镇居民家庭人均可支配收入从高到低排队，将全部调查户等分为五组，国家统计局的城乡居民抽样调查数据显示，2006 年，高收入户的财产性收入比重为 3%，比低收入户高出 2.1 个百分点。有研究表明，城镇居民的财产分配的不平等程度要大于农村居民。2002 年城镇居民财产分配的基尼系数为 0.48，而农村居民的财产分配的基尼系数

① 国家统计局：《中国统计年鉴 1996》，中国统计出版社 1997 年版。

为 0.40，前者比后者高出 8 个百分点。①

从地区分布看，2006 年年末，东部地区本外币储蓄存款余额占全国比重最高，为 61.3%，中部占比次之，为 24.2%，西部占比 14.4%，东北部最低，为 9.4%。从人均储蓄额来看，2006 年，我国东部地区人均储蓄额最高达 17669.7 元，东北地区次之为 14035 元，最后是西部地区和中部地区分别为 8227 元和 8003 元。这也基本反映了我国地区之间发展水平的差距。

（三）收入分配秩序有待理顺

我国经济社会体制转轨时期，由于收入分配体制本身的不健全以及影响收入分配的其他制度尚未完善，造成初次分配规则不规范、不合理等问题，收入分配秩序有待理顺。

我国收入分配秩序不规范主要发生在初次分配领域。收入分配秩序不规范造成初次分配中存在大量的灰色收入②，并从不同途径影响国民收入的正常分配。有研究指出，2005 年，全国城镇居民收入中没有统计到的隐形收入总计 4.4 万亿元，相当于当年 GDP 的 24%，其中 10% 的城镇最高收入阶层收入占全部隐形收入的 3/4。③ 我国分配秩序混乱主要体现在以下四个方面，这四个方面也是灰色收入来源的主要渠道。

1. 国有资产流失和公共资金的漏失

改革开放 30 年间，我国在实现由高度集中的计划经济体制向社会主义市场经济体制转变过程中，由于缺乏相应的制度保证，造成部分国有资产流失，使社会利益受到损害。由于政府部门监管信息和手段不足，对一些国有企业工资总额、经营者收入水平和职务消费缺乏有效约束机制，工

---

① 李实、魏众、丁赛：《中国居民财产分布不均等及其原因的经验分析》，《经济研究》2005 年第 6 期。
② 灰色收入：从非正常渠道获得的收入，指的是非法收入、违规违纪收入、按照社会通行的道德伦理观念其合理性值得质疑的收入以及其他来源不明的收入。
③ 王小鲁：《国民收入分配与灰色收入》，《财经》2007 年 5 月 28 日总第 186 期。

资外收入渠道多，不易监控。公共资金的漏失主要表现在财政资金、社会保障基金以及公共投资管理不善造成的资金流失和滥用等方面。例如国家审计署 2005 年对 20 个省、自治区、直辖市地方预算的抽查结果，中央对地方转移支付的 56%（4330 亿元）没有编入地方预算，脱离了人大的监督，有的还脱离了政府的监督。

2. 寻租现象

寻租行为主要发生在两大领域：一是某些与政府密切联系的行业，以私人资本的方式通过寻租行为，侵蚀到中央和地方决策层和国家银行体系，例如房地产、证券、外贸等行业；二是行政审批和行政许可中的寻租。行政性分配资金和资源、行政监管和监督、税收、司法和执法，在任何国家都是必要的，但如果管理不善，都有可能导致寻租和腐败行为。2006 年中国企业家调查系统进行的全国 4000 家企业调查，在问卷中包括了"贵企业去年用于政府和监管部门人员的非正式支付"这样一个问题来了解索贿、行贿、受贿的情况。在全国 3451 份有效企业问卷中，回答"没有"的只有 19.8% 的企业。其余 80.2% 的企业分别回答"有一点"、"比较多"和"非常多"。其中直言不讳地回答"比较多"和"非常多"的企业占到总数的 18.1%。这说明寻租现象大量存在，破坏了收入分配的合理秩序。

3. 金融腐败

随着我国经济社会的发展，金融对于民众生活的影响日益深入，国内外金融市场联系和相互影响日益密切，金融实践越来越丰富而庞杂，可能导致腐败的漏洞也迅速增加。2006 年由中国企业家调查系统进行的一项覆盖全国四千多家各类型企业的最新调查发现，在回答"从银行贷款是否要付出规定利率之外的额外费用"这一问题时，93.6% 的企业领导人表示需要在某种程度上付出额外费用，其中表示额外费用"一般"、"较多"和"很多"的合计高达 70.7%，表示在这方面满意的企业领导人只有 6.4%。金融腐败现象普遍存在，给金融机构相关人员带来大量的灰色收入的同时，还隐藏着不良贷款损失的风险。

4. 垄断行业的不规范收入

部分垄断行业凭借其拥有的国有资产或公共资源，把相当一部分应当归社会共享的成果变成行业利益，从而享受到过高的收入和过高的福利。2005 年，我国职工人均年工资 18364 元。垄断性行业，包括电力、电信、石油、金融、保险、水电气供应、烟草，共有职工 833 万人，不到全国职工人数的 8%。按偏于保守的估计，以这些行业人均年收入是全国职工平均工资水平的 7 倍计算，他们的年收入总额为 1.07 万亿元，相当于当年全国职工工资总额的 55%。这些垄断行业职工的非正规工资收入和各种补贴工资收入很不规范。而且，为了维护原有职工的高收入，部分企业在不增加企业职工人数的情况下，大量使用劳务派遣工，同工不同酬的现象严重。

与灰色收入增长相关的是我国调控收入分配的基础建设落后问题。我国市场交易手段和监督管理不能适应收入分配监测需要，金融和财产实名制及其监测体制不健全，制约了调控政策的有效实施，收入分配秩序难以理顺。收入分配秩序不规范使灰色收入持续增长，造成国民收入分配越来越向高收入阶层倾斜。灰色收入的大量存在使国家相关统计数据失真，影响了我国收入分配宏观决策与管理的基础数据，使收入分配调控措施缺乏针对性，收入分配制度改革难以向纵深推进。

（四）再分配制度对收入差距的调节功能错位

在社会主义市场经济条件下，由于个人能力的差异、就业市场风险的不确定性、产业和技术结构调整造成的职业变动等因素，可能使一部分人处于不利地位。在这种情况下，需要国家对收入分配采取一定的调节手段，主要是财税制度和社会保障制度。我国在进行市场经济体制改革的同时，积极探索建立完善的收入再分配制度，收入再分配的制度框架已经建立，国家在再分配方面的政策框架逐步明晰，但是，由于现实收入分配在具体调控管理中的漏洞较多，维护社会公平的调控措施未能得到有效落实，收入再分配调节力度不足，甚至还出现了逆向调节的现象。

1. 财税制度调节不充分

我国财政制度正在向公共财政制度发展，把更多资金投向基本公共服务领域。然而，现阶段，财政在调节收入分配方面仍有许多不足，使得财政调节收入分配的力度不够，例如，"上学难、负担重"的问题之所以比较突出，一个重要原因是义务教育政府"负全责"的保障机制没有建立起来。各级政府的财政支出责任、中央和省级政府的财政转移支付制度、省级以下财政管理体制等公共财政体系建设的重要内容仍有待进一步规范。

税收政策在调节收入分配差距方面的功能还未得到更好发挥。首先，我国个人所得税占税收总收入比重过低，调节能力有限。据世界银行的统计，在工业化国家，个人所得税税额占税收总额的 28%，在发展中国家占 11%，而我国 2007 年个人所得税税额占税收总额的比重为 6.44%。目前我国个人所得税由于分项课征的模式，对同类相同应税所得不区分纳税主体的家庭负担状况，造成税负不公。分项采用不同的税率模式，使得收入来源不同而收入相同的人可能负担不同的税收。此外，我国处于经济转型时期，收入分配渠道透明度低，隐性、灰色收入大量存在，家庭收入、财产申报登记制度还没有起步，家庭信用体系尚未建立，经济生活中现金交易比重大，税务部门对居民收入、财产情况的信息有限，个人所得税偷逃现象时有发生。其次，财产税方面还存在较大的制度缺陷。在房产保有期间的税种只有房地产税和土地使用税，税负低，且免税范围大，私人拥有住房一般无须缴税，降低了财产税调节收入分配的范围。再次，以间接税为主体税种的税制结构使低收入者承担了更多的税负。低收入者以商品消费为主，承担的增值税税负较多；高收入者的劳务消费比重较大，承担的营业税税负多。但由于增值税在税收收入中所占比重大，且低收入者的边际消费倾向高，间接税有可能扩大贫富差距。最后，与调节收入分配有关的物业税、遗产税和赠予税迟迟未能出台，使得合理调节财产存量和实现起点公平缺乏基本的税收政策手段，税收制度对高收入的调节作用有限。

2. 社会保障制度调节功能不足

我国社会保障制度框架已基本建立，国家加大了对社会保障的支持和投入，正在形成覆盖广泛的社会保障制度，但是由于我国社会保障制度在发展初期是以户籍制度为依托、以正规就业的单位职工为主要覆盖对象起步的，社会保障制度是由国有企业改革的配套措施逐步发展为一项独立的社会制度。这些特点造成社会保障制度对城镇和已有保障者倾斜，没有保障的人群，特别是广大农村在这一过程中则受益较少。我国社会保障制度由于上述缺陷使其收入再分配功能未能充分发挥，面对日益扩大的收入分配差距，甚至还出现了收入的逆向调节作用。据国家统计局 1995 年对 2.5 万户的调查，城镇居民从国家和单位得到的各种保障和福利收入有逆向转移倾向，富裕户比贫困户多得 87%，其中养老保险待遇高低两组相差 4.2 倍，医疗保险相差 62%。再加上住房补助和其他福利，经过二次分配，我国居民收入差距，包括地区差距和国有经济内不合理的行业差距、部门差距反而进一步扩大了。近年来，社会保障的覆盖面不断扩大，但由于城乡制度分割以及不同群体间的制度分割难以在短时间内解决，逆向调节的问题依然存在。

四、收入分配体制改革未来展望

收入分配体制改革是所有改革领域中最敏感、最复杂、最艰难的一项改革，正确认识和处理收入分配问题，加快推进收入分配体制改革，关系到国民经济持续、健康发展和社会的繁荣稳定。党的十七大报告明确提出："深化收入分配制度改革，增加城乡居民收入"，"要坚持和完善按劳分配为主体、多种分配方式并存的分配制度，健全劳动、资本、技术、管理等生产要素按贡献参与分配的制度，初次分配和再分配都要处理好效率和公平的关系，再分配更加注重公平"。这些论述不仅对加强收入分配体制改革提出了新的要求和任务，还为我国收入分配体制改革指明了方向。

我国收入分配体制改革已经经历了从单一到全面的过程，改革面对的问题越来越多。现阶段，我国正处于社会转型时期和矛盾凸显期，也是进行深层次改革的最好时期。收入分配体制改革必须统筹协调，有所突破。单纯改革初次分配制度或再分配制度都不能有效缓解贫困、收入差距扩大等问题，单纯改革收入分配本身也不可能真正理顺收入分配格局。必须坚持初次分配和再分配领域的调节同时进行的原则，加大综合改革力度，建立起一个将收入分配政策、公共服务政策与经济增长和其他社会发展政策融为一体的政策体系，在发展中更好地解决收入分配问题。

（一）深化促进机会均等的市场化改革

实现社会公平分配是一项庞大的、综合性的系统工程，其中初次分配尤为重要，初次分配的结果奠定了收入分配的基础。初次分配领域是通过市场机制发挥作用的，政府对于由市场发挥作用的初次分配一般不以指令方式直接干预。因此，维护初次分配机会公平非常重要。党的十七大报告指出要打破经营垄断，创造机会公平，整顿分配秩序。这些论述都要求初次分配要继续坚持市场导向改革，通过完善公平的市场竞争机制，使市场能更健康地发挥配置资源的基础性作用。

1. 完善基本经济制度，健全现代市场体系

党的十七大报告指出，坚持和完善公有制为主体、多种所有制经济共同发展的基本经济制度，毫不动摇地巩固和发展公有制经济，毫不动摇地鼓励、支持、引导非公有制经济发展，坚持平等保护物权，形成各种所有制经济平等竞争、相互促进新格局。加快形成统一开放竞争有序的现代市场体系，发展各类生产要素市场，完善反映市场供求关系、资源稀缺程度、环境损害成本的生产要素和资源价格形成机制。

市场经济的实践已经证实，完善要素市场，通过自由交易的市场机制来确定各种要素的报酬是成本最低、效率最高的资源配置方式。在各类要素市场中，劳动力市场是与劳动者报酬紧密相关的，也是影响居民收入最

直接的市场，在收入分配体制改革中，劳动力市场的建设至关重要。劳动力是市场经济中重要的要素之一，促进劳动力的自由流动，为人们在参与收入的创造和分配的过程中有一个比较平等的机会。改革开放以来的事实已经证明，劳动力流动，特别是城乡之间劳动力的流动，已经在缩小收入差距上起了显著的作用。我国计划经济时期形成的劳动力流动的制度障碍已经解除了很多，但一些障碍仍然存在，如户籍制度、福利制度、身份制度、用工制度等方面的规定。这些制度障碍增加了市场的交易成本，降低了市场配置劳动力资源的效率。日趋拉大的城乡收入差距、地区收入差距、行业收入差距均与此有关。因此，要逐步放开劳动力流动的政策限制，拆除制度壁垒，促进劳动力的自由流动和合理配置，建立城乡统一的人力资源市场。消除劳动力流动的制度障碍不仅包括取消户籍管制、限制农民工进城等直接阻碍劳动力流动的政策，也包括应努力消除公共服务的歧视性，如城市的公共教育体系应当同时覆盖到农民工的学龄子女、城市的医疗卫生服务不应将农民工拒之门外、应当建立起有利于劳动力自由流动的住房租赁市场等。加快培育和发展更加开放性、更具流动性的人力资源市场是缩小收入分配差距的有效途径。

2. 打破行业垄断，加强对高收入行业收入分配的监督和管理

垄断行业对收入差距的负面影响不仅仅表现在垄断行业获得高额的垄断利润、高收入水平，更重要的是在于通过操纵垄断价格不正当地攫取消费者剩余、普遍损害社会公众利益。因此，要大力推动垄断行业的体制改革，规范垄断企业与政府权力的关联，打破垄断行业的进入壁垒等制度性障碍，放宽市场准入，引入竞争机制。垄断行业的收入分配改革方向是工资收入要同劳动力市场价位相一致，即以劳动力市场价位为参照系，理顺垄断企业内部的工资分配关系。对于国有垄断企业，特别是高收入企业，要建立健全国有资本经营预算制度，改进和完善工资与经济效益相联系的分配办法。加强工资管理，尤其是对企业工资外收入分配的监督检查，规范垄断行业企业的工资分配。

3. 创新按劳分配与按生产要素分配相结合的方式

党的十七大报告指出，要"逐步提高居民收入在国民收入分配中的比重，提高劳动报酬在初次分配中的比重"，"创造条件让更多群众拥有财产性收入"。这就需要收入分配体制改革在坚持按劳分配为主体，其他分配方式并存的基础上，不断创新按劳分配与按生产要素分配相结合的方式。通过完善符合现代企业特点的企业基本工资制度、发展资本市场等手段，提高居民劳动收入的基础上，增加其他正当合法的收入，比如通过储蓄、国债、基金、投资股市等方式来创造财富。

4. 加快城市化步伐

解决城乡之间收入分配不协调的问题，城市化的推进是至关重要的。我国经济社会的快速发展会加快城市化的进程。因此，我国社会经济体制改革要顺应城市化发展的趋势，打破传统的城乡分割的管理理念，着眼于城乡统筹发展，合理规划城市的发展规模、速度、环境、人口等问题，引导城乡人口有序流动；要加速城市化的制度创新，逐步消除农民进城的制度障碍，构建新型的现代城乡户籍管理制度，推进公平的基本公共服务体系建设；要加强农村土地转为城镇用地管理，完善征地补偿政策，提高补偿标准，并逐步接纳部分农业人口进入城市定居，规范分配行为，使相关收益成为农民迁移的原始积累或生活保障，切实保障农民的正当权益。

（二）完善政府对收入分配的宏观调控

1. 坚持加强宏观调控与分级管理相结合

国家要严格工资收入分配的宏观管理，完善监督约束机制，加快收入分配监测体系建设，规范工资收入分配秩序。建立全国统一的薪酬调查体系，加快收入分配监测体系建设，在整合现有资源、加强部门协作基础上，研究编制居民收入分配监测专项规划。落实资金投入，积极推动居民收入分配监测体系建设，有效整合个人收入、财产等信息，为加强收入分配调节提供决策依据。实现工资收入规范化、透明化，着手考虑与社会保障制度和信用制度相结合建立个人收入账户的问题。对个人的全部收入，包括工资、各种生产要素报酬、福利等统一进入个人账户。积极考虑个人信用制度和财产公示制度的建设问题，逐步推行功能完备、科学合理的个人编码制度。加快工资收入分配管理的科学化、制度化。要按照建设社会主义市场经济体制的要求，将现行高度集中的工资管理体制逐步调整为统分结合、调控有力的工资管理体制。

2. 积极推进集体谈判制度，建立企业职工工资正常增长和支付保障机制

在我国目前劳动力市场供求矛盾和全球资本流动的情况下，积极推进集体谈判制度尤为重要，只有劳动者与用人单位形成相互制衡的局面，改变普通劳动者的不利地位，才能形成保障和提高劳动报酬在初次分配中所得比重的正常机制。工会作为劳动者的代表，应相对独立于政府和企业雇主，在集体谈判中与资方处于平等地位，并享有平等权利。要进一步明确工会组织和雇主组织的地位，提高工会组织和雇主组织代表劳动力供求双方利益主体的独立性。现阶段，可建立收入分配劳资共决机制，赋予劳动者集体谈判的合法权利。没有工会组织的企业，既可以在政府组织下，由行业工会代表职工与资方谈判，也要允许职工合法的集体谈判形式，并促进企业工会组织的形成。

3. 深化机关事业单位工资管理体制改革

健全国家统一的职务与级别相结合的公务员工资制度。在认真清理整顿地区、部门自行建立的津贴补贴的基础上，逐步实行合理、规范、透明的地区附加津贴制度，对已经发放的政策外津贴补贴先做到公开、透明，再进行统一规范，取消不合理的部分，保留合理的部分，逐步纳入地区附加津贴制度的框架内。探索建立公务员与社会同类人员工资调查制度，逐步形成公务员工资增长的正常机制。加快推进机关后勤的社会化改革，探索建立与公务员特点相适应的保险福利制度。加快深化事业单位工资制度改革，逐步完善与事业单位类型相匹配的工资分配制度，规范事业单位工资收入分配的支付方式，加强对事业单位经营性收入的监管，合理调控各类事业单位工资收入分配的总体水平。

（三）增强收入再分配调节力度

收入再分配制度必须以社会公平为目标，完善收入再分配体系框架，尽快扭转收入再分配逆向调节作用，增强收入再分配调节收入差距的力度。着力提高低收入者收入，逐步提高扶贫标准和最低工资标准，保障城乡居民的基本生活水平，保护合法收入，调节过高收入。

1. 健全有利于调节收入差距的税制结构

要发挥税收在调节收入分配差距中的应有作用，就必须完善税收调节机制。首先，改革和规范个人所得税。个人所得税应更多地以体现公平、调节高收入为目标。要逐步加大对高收入者的调节力度，对高收入行业和个人进行划定，对其进行严密监控，对偷逃税者进行严惩。逐步创造条件，将个人所得税和现行分类税制模式改为综合税制模式或者综合与分类相结合的模式，进一步明确和完善有关费用扣除内容，各项所得应依其性质分别进行必要费用扣除。随着经济发展水平和居民收入水平的提高，逐步提高个人所得税免征额。其次，开征遗产税与赠予税。随着个人财产的增加，为了在财产转让环节对个人收入分配进行必要的调节，我国有必要开征遗产税和赠予税。再次，完善财产税与消费税。经过住房制度的改革，房产成为个人财产的主要部分，因而应建立以房产税为主，包括土地使用税和车船使用税在内的财产税体系。将部分高档消费品、高档消费行为纳入征税范围，体现高收入者多纳税的原则。最后，加强各个税收的征管，共同形成调节收入分配的合力，以更好地发挥税收调节收入分配的积极作用。

2. 改革完善公共财政制度，增加财政转移支付力度

建立公共服务型财政，调整政府固定资产投资方向，规划政府投资行为，加大向教育、公共卫生、公共教育和职业培训、公共救济体制、基础设施等领域的投资，以缓解社会矛盾，保持社会的稳定和安全，并为实现全国基本公共服务均等化提供有力保障。调整现行转移支付的结构，加大基本公共服务均等化转移支付的数量，缩小地区间基本公共服务水平差

距。中央和地方两级财政要积极探索收入分配的城乡转移支付机制，将城镇的过高收入转移给农村。通过转移支付方式，增加农村地区、落后地区的公共建设投入，缩小城乡之间、地区之间由于财政收入差异而造成的基本公共服务差异。

3. 完善社会保障调节收入分配的功能

建立覆盖城乡全体居民的社会保障体系，是缩小收入分配差距的重要保证。为此，要扩大社会保障覆盖面，逐步做到应保尽保。适应人口老龄化、城镇化、就业方式多样化，逐步建立社会保险、社会救助、社会福利、优抚安置等相互衔接的覆盖城乡居民的社会保障体系。完善企业职工基本养老保险制度，逐步做实个人账户，尽快实现养老保险省级统筹，为最终实现全国统筹做好准备。逐步建立农村社会保险制度。完善城镇基本医疗保险，建立以大病统筹为主的城镇居民医疗保险，发展社会医疗救助。加快推进新型农村合作医疗。加快建立适应农民工特点的社会保障制度。要做好特殊困难群体的社会救助工作，采取各种措施，认真解决城乡特殊困难家庭在住房、子女入学、医疗和取暖等方面遇到的问题。继续完善农村"五保户"生活保障制度。发展残疾人事业，保障残疾人合法权益。发展老龄事业，开展多种形式的老龄服务。发展慈善事业。提高社会保障支出在财政总支出中的比重，随着经济结构与财政支出结构的进一步优化，实现社会保障支出在财政总支出的比重逐年提高。

4. 进一步加大扶贫工作力度

按照 2020 年"绝对贫困现象基本消除"的奋斗目标和"加大对贫困地区发展的扶持力度，提高扶贫开发水平，逐步提高扶贫标准"的要求，以减少农村低收入以下和城镇最低生活保障线以下的贫困人口为重点，提高贫困人口素质，做好扶贫移民工作；坚持以工促农，统筹城乡发展，稳步推进扶贫开发进程；继续增加用于扶贫开发的财政投入，同时建立广泛吸收各类社会资金参与农村扶贫开发的机制，积极促进产业化扶贫。

第三章

社会保障制度改革

　　社会保障制度是工业化革命和社会进步的产物，也是现代国家重要的经济社会制度之一。我国的社会保障制度始建于新中国成立，大体符合当时计划经济体制下的经济社会需求。改革开放以来，随着经济体制改革的深化、城市化进程的加快和人口老龄化趋势的加速，以国家出资、现收现付、覆盖公有、单位管理为主要特征的社会保障制度弊端日益凸现，改革的必要性和迫切性日益突出。而当我们打开国门学习其他国家经验时，原苏东社会主义国家都抛弃了斯大林模式的社会保障体制，同时发达市场经济国家也面临着社会保障负担过重等问题，正相继推出各种改革措施。国外的社会保障制度也在变动之中，可以借鉴的经验不少，但没有任何一个国家的制度模式可以简单照抄照搬。我国的社会保障制度改革就是在这样的国际、国内大背景下"摸着石头过河"，经过初步探索（1978—1992年）、框架构筑（1993—2002年）和全面推进（2003年至今）三个发展阶段，保障理论逐渐明晰、权利义务逐步理顺、运行体系日臻成熟、覆盖范围日渐扩大、管理机制日益完善，初步构建了符合社会主义市场经济体制要求的多层次的社会保障体系。

　　同时应看到，我国社会保障制度仍存在城乡发展不平衡、覆盖范围窄、统筹层次低、制度不完善等诸多问题，群众和理论界对当前社会保障制度的不满和质疑很多。迫切需要以科学发展观为指导，深入总结多年来社会保障制度改革的经验和教训，将社会保障制度建设纳入规范化和法制化轨道，以基本公共服务均等化为基本保障的努力方向，坚持广覆盖、保基本、多层次和可持续的方针，兼顾当代人福利和后代人权益，加快建立和完善以社会保险、社会救助、社会福利为基础，以基本养老、基本医疗、最低生活保障制度为重点，以商业保险为补充的社会保障体系。这对促进经济社会全面协调可持续发展，全面建设小康社会和构建和谐社会具有重要意义。

一、社会保障制度改革的初步探索阶段

党的十一届三中全会标志着我国进入改革开放新阶段。改革从农村起步，首先影响到的是农村合作医疗，对于主要适用于城镇职工及其家属的社会保障制度冲击不大。1984 年党的十二届三中全会通过了《中共中央关于经济体制改革若干问题的决定》，以国有企业改革为中心的城市经济体制改革拉开序幕。国有企业改革必然冲击计划经济体制下形成的社会保险制度。这一阶段社会保障制度改革主要集中在与国有企业改革紧密相关的养老、失业、医疗领域。

（一）养老保险制度改革的初步探索

1951 年政务院颁布《中华人民共和国劳动保险条例》，在全国城镇职工中建立起养老保险制度。企业按工资总额的 3% 缴纳劳动保险基金，实行分级管理、全国统一调剂使用。企业所缴保险费的 70% 留下用于支付养老金，30% 转为国家总基金。1969 年开始停止筹集劳动保险基金，退休费用改由企业自行负担，养老保险实际上蜕变为企业自保。当企业是政府机构附属物时，国家对企业实行统包统配，这种企业自保方式还可以维系。当改革把企业推向市场，要求企业实行自主经营、自负盈亏时，企业自保的模式就彻底破产了。

20 世纪 80 年代初，"企业自保"的办法已经造成企业之间养老负担的畸轻畸重。纺织、粮食、制盐、搬运等行业中的老企业，退休费用相当于在职职工工资总额的 50% 以上，个别企业甚至超过工资总额；而在一些新兴行业和新建企业中，如电子、仪表、化工等企业，退休费用不到工资总额的 5%。随着老企业退休人员逐年增加，退休金支出增大，新老企业之间退休费用负担畸轻畸重的矛盾越来越突出，退休费用由企业支付的办法，已经无法保障退休人员的生活。特别是一些严重亏损的企业，因无力支付退休费用，不得不减发、停发养老金。还有一些企业，为了照顾在职职工的利益，降低甚至取消退休待遇，引起退休人员及其家属的强烈不满，四处上访，影响社会安定。针对以上情况，养老保险制度探索了以下改革措施。

1. 实行企业退休费用社会统筹

1983 年政府有关部门提出开展全民所有制企业退休费用社会统筹。1984 年国有企业职工退休费用社会统筹首先在广东省江门和东莞、四川省自贡、江苏省泰州和无锡以及辽宁省黑山等市（县）开始试点，初步取得了成功经验。1986 年 1 月国家体改委、劳动人事部联合印发了《转发无锡市实行离退休职工养老保险统筹制度的通知》，要求各地扩大试点。截至 1987 年 5 月，全国已有 600 个市县实行退休费用社会统筹，有关部门当时要求全国有条件的市县在两年内实行退休费用社会统筹。国有企业养老保险社会统筹是养老保险从"企业自保"走向社会化的重要一步，尽管当时是在市县范围内实行统筹，统筹层次低，共济程度差。

2. 建立劳动合同制职工的养老保险制度

1986 年国务院发布改革企业劳动制度的四项规定，决定国有企业新招工人一律实行劳动合同制，并规定了劳动合同制工人退休养老保险办法。企业按劳动合同制工人工资总额的 15% 左右、劳动合同制工人按不超过本人标准工资的 3% 缴纳退休统筹养老费。这项制度的实施，保障了合同制职工退休后的生活，解除了劳动合同制职工的后顾之忧。

3. 实行企业和职工个人缴费

针对传统养老保险完全由企业负担费用的弊端，1986 年国务院颁布了《国营企业实行劳动合同制暂行规定》，规定劳动合同制工人按不超过本人标准工资的3%缴纳养老保险基金，首次建立起个人缴费制度。1991年国务院颁发了《国务院关于企业职工养老保险制度改革的决定》，规定所有参加基本养老保险的职工，个人都要缴纳一定的养老保险费，改变了传统养老保险制度由国家和企业包揽费用的做法，实行了国家、企业、个人三方负担费用的政策。这扩大了养老基金的来源，增强了职工的个人保障意识，也符合市场经济国家的惯例。当时多数地方职工从本人工资的1%起步，根据经济发展的情况逐步提高。

从 1984 年开始，在江苏省泰州市、广东省东莞市、江门市和辽宁省黑山县等地开始推行退休费社会统筹的改革试点，恢复养老保险的统筹调剂功能。1986 年全国在县、市一级基本实现了养老保险费统筹管理，并开始推进省级统筹。1986 年国务院颁布了《国营企业实行劳动合同制暂行规定》，规定劳动合同制工人按不超过本人标准工资的3%缴纳养老保险基金，首次建立起个人缴费制度。1991 年 6 月国务院发布了《国务院关于企业职工养老保险制度改革的决定》，明确实行养老保险社会统筹，费用由国家、企业和职工个人三方负担，基金实行部分积累，并首次提出发展企业补充养老保险。

4. 探索建立企业补充养老保险制度

传统养老保险制度的弊端之一是保险层次单一，只有国家法定的养老金。为了发挥企业和职工在养老方面的积极性，一些地区在 20 世纪 80 年代初期开始探索建立企业补充养老保险。最初是一些地方为了解决街道小集体企业的职工养老问题，设计了基本养老保险加企业补充养老保险的办法。补充养老保险由企业根据自身经营情况确定是否举办。政府有关部门总结了这方面的经验，提出建立国家基本养老保险、企业补充保险和个人储蓄性养老保险的改革设想。当时探索企业补充养老保险还远未形成规范的办法，有的企业为在职职工举办补充保险，有的企业为退休职工举办补充保险。比如，1990 年福建省莆田地区劳动部门在全地区推行企业补充养老保险。1991 年福建、四川、广西等省区提出了企业补充养老保险办法在全地区试行，规定了企业建立补充养老保险的条件、补充养老保险的最高限额、资金来源等，具体办法由企业自行确定。但是关于补充保险的经办机构、基金的保值增值等问题，都还极为缺乏经验。但应肯定，这些探索对后来构建我国的三层次养老保险体系起了重要作用。

（二）医疗保险制度改革的初步探索

1951 年政务院颁布的《中华人民共和国劳动保险条例》规定，国营企业职工享受劳保医疗，县以上城镇集体所有制企业职工可参照执行。职工患病所需的基本医疗费用由企业负担，职工直系亲属患病所需的基本医疗费用由企业负担一半。劳保医疗经费由企业按工资总额的 5%—7% 提取，1969 年改由职工福利基金支付。劳保医疗经费在"统包统配"的计划经济体制下，由于亏损国有企业可以由其主管部门补贴，所以能够享有和赢利企业大致相同的医疗保障待遇。1952 年《政务院关于全国各级人民政府、党派、团体及所属事业单位的国家工作人员实行公费医疗预防的指示》，规定各级人民政府、党派、工青妇等团体以及事业单位的国家工作人员和革命残废军人实行公费医疗制度，公费医疗经费统筹统支，国家机关及全额预算拨款单位的公费医疗经费来源于各级财政拨款，其他单位从提取的医疗基金中开支。1955 年山西省高平县最早实行"医社结合"的合作医疗制度，到 1978 年全国大多数生产大队都建立起合作医疗，同年五届人大通过的《中华人民共和国宪法》将合作医疗列入。20 世纪 80年代中期，国有企业逐步走向自主经营、自负盈亏，虽按规定企业可以按工资总额的一定比例提取医疗和福利费，但经营效益差时，职工医疗费支付就发生困难。不少企业采取低额包干做法，如每月给职工 3 元或 5 元作为医疗包干费用，或者拖欠职工医疗费，职工的基本医疗得不到保障。尤其是困难企业，医疗费严重不足，职工以及离退休人员的医药费无法报销，一些地方还出现一个重病职工拖垮一个企业的现象。面对传统医疗保险制度难以适应企业改革需要的状况，这一阶段医疗保险制度改革主要在以下方面进行了初步探索。

1. 普遍实行职工就医适当负担部分医疗费用

1984 年卫生部、财政部发布的《卫生部、财政部关于进一步加强公费医疗管理的通知》指出："公费医疗制度的改革势在必行，在保证看好病、不浪费的前提下，各种改革办法都可以进行试验，在具体管理办法上，可以考虑与享受单位、医疗单位或个人适当挂钩。"一些省市在部分医疗单位试行了公费医疗经费与享受者个人适当挂钩的办法，此后不少企业也试行了劳保医疗费用与个人挂钩。一般做法是门诊医疗费采取定额包干使用或门诊、住院时个人自付一定比例的医药费。个人负担的比例各地规定不同，大多为医疗费用的 10%—20%，同时还规定了自付限额。1989 年后这一办法逐步在全国推广并加以完善。到 1993 年年末，全国公费医疗单位普遍实行了医疗费用和职工个人挂钩的办法，80% 以上的企业劳保医疗也实行了这一办法。

2. 改革公费医疗管理制度和经费管理办法

在公费医疗经费管理方面，各地探索了一些新的办法，由原来公费医疗管理部门统一管理经费发展到多种管理形式并存，试行了权力与利益相结合，经费分配、管理、使用相联系的费用控制机制。主要有三种形式：一是将医疗费用包给医院直接管理；二是由享受单位管理医疗经费；三是由享受单位、医院、公医办、市、县财政共同管理医疗费用，共同承担责任。多数省市采取了将公费医疗费用包给医院的管理办法。

3. 部分省市开展了离退休人员医疗费用社会统筹

1989 年以前，只有极少数市、县实行企业离退休人员医疗费用社会统筹。1989 年之后，随着国有企业改革的深入，统筹的覆盖面逐年增加。实行离退休职工医疗费用社会统筹的市县，1992 年为 88 个，1993 年扩大到 134 个。实行离退休人员医疗费用社会统筹体现了社会保险的互助互济性，加强了对离退休人员的医疗服务和管理，有利于社会的稳定。但当时统筹的层次低，基金的收缴率低，抵御风险的能力还不强。

4. 试行职工大病医疗费用社会统筹

1989 年国务院批转国家体改委的《1989 年经济体制改革要点》，决定在丹东、四平、黄石和株洲四个城市开始试行大病医疗费用的社会统筹，以后逐渐在部分地区推广。1992 年劳动部颁发了《劳动部关于试行职工大病医疗费用社会统筹的意见的通知》，要求各地结合实际情况试行。大病统筹是根据医学上划分大病的种类，结合当时企业经济承受能力，选择某些医疗费用开支较大的大病病种，由企业主管部门在一定范围内筹措"大病统筹医疗基金"，以对大额费用的疾病或住院医疗费用给予补助，大病统筹使"企业保险"向社会保险前进一步。但当时大病统筹主要在企业的劳保医疗中试行，机关事业单位大多没有开展，而且大病统筹的办法还不够科学合理，操作上也存在一定困难。在大病范围的界定上各地看法不同、标准不一。对大病医疗基金的拨付起点各地规定也不一样，有的地方起点定得太高，一些企业反映超过了自身的承受能力，增加了企业负担。

（三）探索建立失业保险制度

为了解决旧中国遗留的失业问题，1950 年劳动部发布了《关于救济失业工人的暂行办法》。社会主义工商业改造完成后，1957 年我国宣布消灭失业。此后 30 年，我国社会保障制度中没有失业保险这一概念。尽管 20 世纪 60 年代初和 70 年代末曾出现过严重的失业现象，但当时大家都认为那是自然灾害和"文革"失误造成的，不是制度性问题。如认为 20 世纪 60 年代初期的失业问题是由于 1958 年"大跃进"的盲目发展，从农村招收了 2000 多万劳动力造成的，70 年代末期的失业问题是 10 年"文化大革命"中几千万上山下乡知识青年集中返城造成的。直到 80 年代中期，一些同志仍然坚持传统的理论分析，认为失业是私有制和现代工业发展的产物，是资本主义生产方式存在的条件之一，社会主义条件下劳动者和生产资料直接结合，理论上不存在失业，即使由于工作失误造成部分劳动者与生产资料暂时分离的现象，为了与资本主义制度下的失业相区别，也应当称为待业。改革开放初期，关于社会主义社会初级阶段是否存在失业的理论争论尚未平息，国有企业改革的实践已经把失业问题尖锐地提上了议事日程。

1. 失业保险制度的建立

1986 年有两项重要的国有企业改革措施促使失业保险产生：一项是用工制度的改革，1986 年国务院颁布了《国营企业实行劳动合同制暂行规定》，要求企业对新招收的职工实行劳动合同制，以改变过去长期实行的终身就业体制，这必然产生合同期满后职工可能面临的失业问题；一项是 1986 年通过了《中华人民共和国企业破产法（试行）》，其中规定国家通过各种途径妥善安排破产企业职工重新就业，并保证他们重新就业前的基本生活需要，这必然产生破产企业职工可能面临的失业问题。由于当时对于社会主义社会是否存在失业，理论上仍有较大争论，所以 1986 年的暂行规定回避了失业的概念，而用待业一词来表述失业。尽管 1986 年颁布的《国营企业职工待业保险暂行规定》只适用于职工中很小的一部分，但它事实上开启了我国失业保险的先河，在我国社会保障体系建设中起了填补空白的作用。

2. 失业保险制度建设的探索

1986 年到 1993 年是我国失业保险制度建设的探索时期，国家有关部门相继发布了近 10 个失业保险相关规定。1989 年劳动部发布了《国营企业职工待业保险基金管理办法》。为了妥善安置治理整顿期间关停企业的职工生活，1990 年劳动部发布了《劳动部关于使用职工待业保险基金解决部分关停企业职工生活问题的通知》。1991 年劳动部和国务院生产办公室下发了《关于对关停企业被精简职工实行待业保险的通知》，要求对经省、直辖市、自治区人民政府或其授权的市人民政府，或国务院有关产业主管部门批准关停的，已缴纳失业保险基金的企业被精简的职工，比照《国营企业职工待业保险暂行规定》有关对濒临破产企业法定整顿期间被精简职工的规定，实行失业保险。上述关停企业在法定整顿期间，为组织职工开展生产自救和转业训练确需失业保险基金扶持的，可以给予扶持。1992 年劳动部在给国务院《关于待业保险工作情况的报告》中提出，"八五"期间失业保险工作的任务是：逐步扩大实施范围，确保失业职工的基本生活，促进失业职工再就业，支持企业深化改革。

这一阶段是我国失业保险制度初建和探索的重要时期。一是在各省市从无到有建立各级失业保险管理机构，大多数地区是在劳动就业服务机构内设立失业保险管理机构的，这就使我国的失业保险从建立之日起就比较好地和促进就业工作联系在一起。二是为失业保险机构选派管理人员，进行培训，初步建立起一支从事失业保险工作的队伍，同时建立健全各种规章制度，逐步使失业保险工作制度化、规范化。三是坚持"足额收缴、及时入库"，保证失业保险基金的发放和合理使用。四是加强了对失业人员的管理，对国有企业改革和社会稳定起到了一定作用。

回顾这一阶段的社会保障制度改革，从总体上看，是国有企业改革迫切要求养老保险制度、医疗保险制度进行改革，并推动建立失业保险制度。主要成绩是在与国有企业改革紧密相关的一些项目上突破了计划经济的束缚，如养老保险和医疗保险探索社会统筹，实际上承认了社会主义初级阶段存在失业，失业保险初步建立，在为国有企业改革排忧解难的同时，也揭开了社会保障制度改革的序幕。

这一阶段的主要问题是社会保障改革的理论准备严重不足。十二届三中全会通过的《中共中央关于经济体制改革的决定》把国有企业改革确立为经济体制改革的中心环节，这在当时历史条件下是完全正确的。但其后 20 多年，国有企业改革中心论一直左右我国的改革路径，对于应当面向全体国民的社会保障体系建设产生了一些负面影响，则值得认真反思。现在重温这一重要文献，人们仍然会有一种社会经济面临重大转折的历史紧迫感，可是很难从中找到有关社会保障制度改革的指导思想和大政方针。在 1985 年著名的"巴山轮"会议文件中，在 20 世纪 80 年代末社科院、国务院发展研究中心等 8 家单位提出的 8 种总体改革方案中，在总结改革开放 10 周年的理论文献综述中，都很难找到社会保障制度这一词汇，更不用说深入系统的论述了。由于缺乏理论准备，这一阶段的社会保障制度改革一直处于被动状态，有的项目走了较大的弯路。如 1984 年中央财经领导小组会议决定，全民所有制企业职工养老保险由劳动部管理，城镇集体所有制企业职工养老保险由中国人民保险公司管理。现在总结，不按基本保险和补充保险分类，而按所有制分类，把国家立法实施的部分基本养老保险划归商业性保险公司经办，显然是不妥的。实践证明，这样划分造成集体企业基本养老保险与国有企业职工的难以衔接，严重影响劳动力的合理流动，这一不合理的分工直到 20 世纪 90 年代中后期才最终得以解决。此外，农村的社会保障问题未被纳入视野，农村合作医疗在人民公社解体后基本瓦解，农村医疗卫生水平呈下降态势。农村合作医疗赖以生存的集体经济发生重大变化，原有比较健全的农村基层卫生体系趋于瓦解，但合作医疗模式没有及时调整，导致大部分地区的合作医疗系统因为失去集体经济的支持而迅速解体。根据 1985 年卫生部对全国 9 省 45 县的调查，农民参加合作医疗者仅占 9.6%。到 1989 年，农村实行合作医疗的行政村仅占全国行政村总数的 4.8%，仅存的合作医疗主要分布在上海、苏南等少数地区，曾被世界银行和世界卫生组织誉为"发展中国家解决卫生经费唯一范例"的中国农村合作医疗制度面临解体的危险。

二、社会保障体系的制度框架构建阶段

1993 年党的十四届三中全会通过的《中共中央关于建立社会主义市场经济体制若干问题的决定》将社会保障制度作为构筑我国社会主义市场经济的五大子体系之一，提出建立包括社会保险、社会救济、社会福利、优抚安置、社会互助和个人储蓄保障的多层次社会保障体系，社会保障制度改革进入体系框架构建阶段。按照党中央国务院的要求，这一阶段

改革的重点是养老、医疗、失业保险和城镇居民最低生活保障，社会保障管理体制改革也取得了显著进展。

（一）构建统账结合的养老保险制度

这一阶段企业职工养老保险制度改革主要是转变养老基金模式，从现收现付转变为社会统筹和个人账户相结合的部分基金积累制。

1. 探索统账结合的基本养老保险制度

1994 年国务院组织社会保障专题调研组，对我国养老保险基金模式从现收现付转向部分积累模式进行研究。经过反复论证，各有关方面基本统一了认识。1995 年 3 月国务院发布了《国务院关于深化企业职工养老保险制度改革的通知》，明确实行社会统筹与个人账户相结合的企业职工基本养老保险制度，改革目标是到 20 世纪末基本建立起适应社会主义市场经济体制要求、适用城镇各类企业职工和个体劳动者、资金来源多渠道、保障方式多层次、社会统筹与个人账户相结合、权利和义务相对应、管理服务社会化的养老保险体系。由于对社会统筹和个人账户相结合这一目标模式在认识上存在差异，《通知》提供了两种具体实施办法供各地选择。在贯彻实施过程中，暴露出一些问题，主要是各地在设计社会统筹与个人账户相结合的方案时，出现了多种个人账户比例。有的地方设计"统账结合"方案时，统筹基金的比例大一些，希望多体现社会保险的共济性原则；有的地方则强调个人账户的激励机制，个人账户占的比例大一些；有的地方采用了适中的个人账户比例。当时上海等 7 个省市实施了 16% 左右的大账户方案，北京等 5 省市实施了 5% 左右的小账户方案，湖北等 15 省实施了 11% 左右的中账户方案，还有一些不参加地方统筹的行业也实行了中账户方案。由于个人账户不同，致使职工流动受阻，一个典型的例子是武汉市采用了 16% 的个人账户，而湖北省却采用了 12% 的个人账户，结果在武汉市的市属企业和省属企业之间职工调动都发生了困难。

2. 统一企业职工基本养老保险制度

对于实施不同的"统账结合"养老保险方案所产生的问题，企业和职工反应强烈。1996 年国务院责成由劳动部和国家体改委牵头，组织有关部门组成联合调研组，赴各地了解企业职工基本养老保险改革的进展情况，听取了 14 个地区地方领导的意见，并召开了一系列座谈会和论证会。在总结各地实践经验的基础上，国务院于 1997 年发布了《国务院关于建立统一的企业职工基本养老保险制度的决定》，明确了中国企业职工养老保险的改革方向，是中国养老保险体制改革进程中的一个重要里程碑。核心内容是"三统一"，即统一规范企业和职工个人的缴费比例，企业缴费比例一般不超过工资总额的 20%，具体比例由各地政府根据实际情况加以确定，个人缴费比例 1997 年不低于本人工资的 4%，以后每两年提高 1 个百分点，最终达到 8%；统一个人账户规模，各地都应按企业职工本人工资的 11% 为职工建立个人账户，个人缴费全部记入个人账户，不足部分由企业缴费中划入，随着个人缴费比例逐步提高到 8%，企业划入部分相应降到3%；统一养老金计发办法，养老金支付分为基础养老金和个人账户养老金两部分，基础养老金的月标准为当地职工上年度月平均工资的 20%，个人账户养老金的月发放标准为个人账户累计储存额除以 120（见表 3 - 1）。

　　在统一制度过程中，一要处理好统一制度之前各地建立的个人账户储蓄额与统一制度后个人账户的衔接问题，为了保持政策的连续性和减少改革对职工利益的调整幅度，各地在实行统一制度之前已经为职工建立的个人账户储存额可以与统一制度后职工个人账户储蓄额合并计算；二要处理好职工调动时个人账户的转移问题，个人账户中所有储存额，包括企业缴费划入职工个人账户的部分，在职工调动工作时应全部随同转移；三要解决"中人"即新制度实施前参加工作的在职职工个人账户积累不足的问题，为了实现新老制度的平稳过渡，对"中人"要补发过渡性养老金，过渡性养老金一般以职工本人月平均缴费工资为基数计发，并与统一制度实施前的缴费年限和视同缴费年限相联系。视同缴费年限每满一年，发给本人指数化月平均缴费工资的 1%—1.4%，具体比例由各地根据实际情况测算确定。实现企业基本养老保险制度的统一，有利于尽快结束中国企业职工养老保险多年来存在的行政决策、组织管理、基金营运等方面的分

表 3 - 1 统一方案与其他三种方案的比较

类型	基金结构				计发办法
	个人账户			社会统筹	
	总比例	个人缴费	企业缴费	企业缴费	
方案一	16%,其中按个人工资计入 11%,按社会平均工资计入 5%	3%,逐步提高到 8%	8%,相应减少至 3%,另按社会平均工资计入 5%	当地政府确定缴费比率	个人账户储存额÷120
方案二	8%,按个人工资缴纳	3%,逐步提高到 8%	0%	同上	20%—25%社会平均工资＋缴费性养老金＋个人账户储存额÷120
方案三	10%—12%,按个人工资缴费	3%,逐步提高到 7%—9%	7%—9%,相应减少至 3%	同上	25%社会平均工资＋个人账户储存额÷120
统一方案	11%,按个人工资缴费	4%,逐步提高到 8%	8%,相应减少至 3%	同上	20%社会平均工资＋个人账户储存额÷120

(资料来源:部分城市基本养老保险方案,《国务院关于建立统一的企业职工基本养老保险制度的决定》)

散局面,为进一步深化改革进而建立多层次的养老保险体系打下了坚实的基础。

3. 调整和做实个人账户

针对个人账户与统筹基金混账管理,不少地方透支个人账户用来发放当期养老金,个人账户出现严重空账,养老基金部分积累模式有可能实际蜕变为现收现付模式的问题,2000 年,《国务院关于印发完善城镇社会保障体系试点方案的通知》决定,首先在辽宁省进行试点,将个人账户从 11% 调整为 8%,全部由职工缴费。由于历史等原因所产生的个人账户基金缺口,由中央财政和地方财政按 75:25 的比例给以补助(见表 3 - 2)。组建了全国社会保障基金理事会,受托投资运营中央财政补助的个人账户部分基金。同时

将补充养老保险正式更名为企业年金,在税收政策上明确缴费在工资总额
4%以内的部分可以在成本中列支,企业年金基金实行市场化管理和运营。

表3-2　辽宁城镇企业职工基本养老保险制度试点方案

项目	调整前方案	调整后方案	调整情况
养老金缴费	企业缴费一般不得超过工资总额的20%,具体比例由省级人民政府确定。个人缴费比例1997年不得低于本人缴费工资的4%,1998年起每两年提高1个百分点,最终达到8%。	企业缴费一般为工资总额的20%,高于20%的地区可暂维持不变。职工缴费比例为本人缴费工资的8%。	基本不变
养老金账户	分设社会统筹账户和个人账户,其中个人账户按11%建立,个人缴费全部记入个人账户,其余从企业缴费中划入。随着个人缴费比例的提高,企业划入的部分要逐步降至3%,企业缴费其余部分进入社会统筹账户。	企业缴费全部纳入社会统筹基金,并以省(自治区、直辖市)为单位进行调剂使用,个人缴费全部记入个人账户。	企业缴费不再部分划入个人账户,个人账户规模从11%降至8%。
养老金待遇	个人缴费年限累计满15年,退休后发给基本养老金,包括基础养老金和个人账户养老金,基础养老金月标准为上年度职工月平均工资的20%,个人账户养老金月标准为本人账户储存额除以120。个人缴费不满15年,不享受基础养老金,本人账户储存额一次性支付给本人。	个人缴费年限累计满15年,退休后发给基本养老金,包括基础养老金和个人账户养老金,基础养老金月标准为上年度职工月平均工资的20%,缴费每满1年增加一定比例的基础养老金,总体水平控制在30%左右;个人账户养老金月标准为本人账户储存额除以120,个人账户基金用完后,由社会统筹基金支付。个人缴费不满15年,不享受基础养老金,本人账户储存额一次性支付给本人。	基础养老金的发放比例做了调整,总体上有所提高;对个人账户养老金用完后如何继续支付个人账户养老金做了明确规定。
个人账户基金增值	每年参考银行同期存款利率计算利息。	按国家规定存入银行,全部用于购买国债,运营收益率要高于银行同期存款利率。	收益率有所提高

(资料来源:根据《国务院关于印发完善城镇社会保障体系试点方案的通知》等相关资料整理)

围绕企业职工基本养老保险基金模式的转变，在扩大养老保险覆盖面、提高基本养老保险统筹层次、实行基本养老保险属地化管理、推动退休职工社会化管理、试行企业年金制度等方面都取得了一定的进展，多层次、广覆盖的企业职工养老保险制度框架初步构建（见表 3 - 3、图 3 - 1）。

表 3 - 3　1993—2002 年全国基本养老保险的基本情况

年份	参保人数（万人）			基金收支（亿元）		
	职工	离退休人员	总数	基金收入	基金支出	累计结余
1993	9847.6	8008.2	1839.4	503.5	470.6	258.6
1994	10573.5	8494.1	2079.4	707.4	661.1	304.8
1995	10979.0	8737.8	2241.2	950.1	847.6	429.8
1996	11116.7	8758.4	2358.3	1171.8	1031.9	578.6
1997	11203.9	8670.9	2533.0	1337.9	1251.3	682.8
1998	11203.1	8475.8	2727.3	1459.0	1511.6	587.8
1999	12485.4	9501.8	2983.6	1965.1	1924.9	733.5
2000	13617.4	10447.5	3169.9	2278.5	2115.5	947.1
2001	14182.5	10801.9	3380.6	2489.0	2321.3	1054.1
2002	14736.6	11128.8	3607.8	3171.5	2842.9	1608.0

（资料来源：中华人民共和国统计局官方网站，http://www.stats.gov.cn/tjsj/ndsj）

这一阶段，虽然全国 20 多个省区市不同程度地开展了机关事业单位养老保险改革试点，基本养老保险费由单位和职工个人缴纳，实行与企业相衔接的基本养老金计发办法。2000 年的《国务院关于印发完善城镇社会保障体系试点方案的通知》提出改革机关事业单位职工养老保险办法，公务员的现行养老保险制度维持不变，事业单位根据其性质分别实行不同的养老保险制度，并对职工在机关事业单位和企业之间流动时的基本养老保险关系转移进行了原则性规定。企业化管理的事业单位纳入企业养老保险制度，但公务员的现行养老保险制度仍维持不变，参照公务员管理的事业单位和全额拨款事业单位职工养老保险制度上也没有实质性改变。

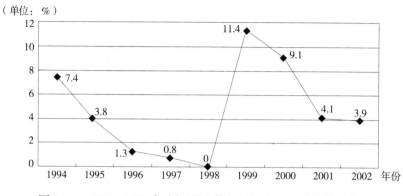

（单位：%）

图 3-1　1994—2002 年全国基本养老保险参保人数的增长率

（资料来源：同表 3-3）

农村的社会养老保险制度走了一段弯路。1992 年民政部印发《县级农村社会养老保险基本方案（试行）》，提出个人缴纳为主、集体补助为辅和国家政策扶持相结合的筹资原则，坚持社会养老保险和家庭养老保险相结合，在全国大部分县乡建立了统筹基金和个人账户。由于试行过程中在安全性和有效性等方面出现诸多问题，1999 年农村社会养老保险被清理整顿（见表 3-4）。

表 3-4　1994—2002 年农村社会养老保险制度的基本情况

年份	年末参保人数（万人）	当年保险资金收入（亿元）
1994	3461	16.7
1995	5143	36.7
1996	6594	40.8
1997	7452	42.2
1998	8025	31.4
1999	6460	24.1
2000	6172	19.2
2001	5995	22.9
2002	5461	32.4

（资料来源：1994—2002 年劳动统计年鉴）

（二） 构建统账结合的医疗保险制度

总结 20 世纪 80 年代中后期各地医疗保险制度改革的经验，1993 年党的十四届三中全会通过的《关于建立社会主义市场经济体制若干问题的决定》提出，城镇职工医疗保险金由单位和个人共同负担，实行社会统筹和个人账户相结合，医疗保障制度改革进入框架构建的新阶段。

1. 探索统账结合的医疗保险模式

统账结合的医疗保险制度是一种制度创新，当时世界上还没有先例。提出建立这一制度是考虑到中国的国情，希望能够把社会统筹的共济作用和个人账户的自我保障作用有机地结合起来，并探索出有效的医疗保险筹资方式、社会统筹基金与个人账户基金的合理比例、医疗费用支出过程中社会统筹医疗基金和个人账户基金的恰当支出范围。从 1993 年到 1998 年，中国的职工医疗保险制度改革一直处在通过试点探索"统账结合"制度的过程中。1994 年国家体改委等四部门印发《关于职工医疗制度改革试点意见》，决定在江苏省镇江市和江西省九江市进行试点，探索建立统账结合的医疗保险制度。1996 年在总结"两江试点"改革经验的基础上，国务院批准下发《关于职工医疗保障制度改革扩大试点的意见》，在全国范围选择 50 多个城市进行扩大试点。根据国务院有关文件确定的改革目标和基本原则，全国许多城市对"统账结合"方式进行了探索，出现了镇江等地的"三段通道"模式、海南等地的"板块结合"模式、青岛等地的"三金管理"模式等丰富的实践经验（见图 3-2、图 3-3）。此外，上海、北京等许多地方在"大病统筹"模式方面也有新的改进。

2. 统一城镇职工基本医疗保险制度

在对各地不同"统账结合"模式进行调查研究和反复讨论修改的基础上，1998 年国务院颁布《国务院关于建立城镇职工基本医疗保险制度的决定》，统一了城镇职工医疗保险的制度框架，职工医疗保险制度改革进入了全面推进的新阶段。医疗保险制度改革的主要任务是建立城镇职工基本医疗保险制度，同时明确指出这一制度要适应社会主义市场经济要

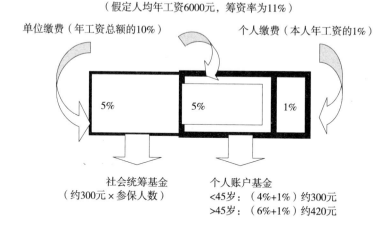

（假定人均年工资6000元，筹资率为11%）

单位缴费（年工资总额的10%）　　　　　　个人缴费（本人年工资的1%）

5%　　　　　5%　　　1%

社会统筹基金　　　　　个人账户基金
（约300元×参保人数）　　<45岁：（4%+1%）约300元
　　　　　　　　　　　　>45岁：（6%+1%）约420元

图3-2　"三段通道"模式下医疗保险基金的
筹集与个人账户的建立

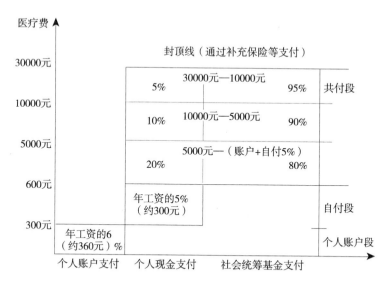

医疗费

30000元　　　　　　封顶线（通过补充保险等支付）

　　　　5%　　30000元—10000元　　95%　　共付段

10000元

　　　　10%　　10000元—5000元　　90%

5000元

　　　　　　5000元—（账户+自付5%）
　　　　20%　　　　　　　　　　80%

600元
　　　年工资的5%　　　　　　　　自付段
　　　（约300元）

300元
年工资的6　　　　　　　　　　个人账户段
（约360元）%

个人账户支付　个人现金支付　社会统筹基金支付

图3-3　"三段通道"模式下医疗保险基金的支付
（资料来源：根据镇江市、九江市医疗保险方案综合整理）

求，根据财政、企业和个人承受能力确定。国家保障的基本医疗水平不能
太高，不能超越社会生产力水平和地方财政、企业的实际承受能力。该决

定提出，城镇职工医疗保险制度的覆盖范围为城镇所有用人单位，包括企业（国有企业、集体企业、外商投资企业、私营企业等）、机关、事业单位、社会团体、民办非企业单位及其职工、乡镇企业及其职工、城镇个体经济组织业主及其从业人员是否参加基本医疗保险，由省、自治区、直辖市人民政府决定。所有用人单位及其职工都要按照属地管理原则参加所在统筹地区的基本医疗保险，执行统一的政策，实行基本医疗保险基金的统一筹集、使用和管理。同时决定特别提出，铁路、电力、远洋运输等跨地区、生产流动性大的企业及其职工，可以以相对集中的方式异地参加统筹地区的基本医疗保险。

基本医疗保险基金由用人单位和职工共同缴纳，用人单位缴费率控制在职工工资总额的 6% 左右，职工缴费率一般为本人工资的 2%。基本医疗保险基金实行社会统筹和个人账户相结合，职工个人缴纳的基本医疗保险费全部计入个人账户，用人单位缴纳的基本医疗保险费分为两部分，一部分用于建立统筹基金，一部分划入个人账户，划入个人账户的比例一般为用人单位缴费的 30% 左右。个人账户可以结转和继承，但不得提取现金或挪作他用，社会统筹医疗基金由社会医疗保险经办机构集中调剂使用。

统筹基金和个人账户分别对应各自的支付范围，分别核算，不能互相挤占，并对统筹基金设定起付标准和最高支付限额。起付标准原则上控制在当地职工年平均工资的 10% 左右，最高支付限额原则上控制在当地职工年平均工资的 4 倍左右。统筹基金起付标准以下的医疗费用，从个人账户中支付或由个人支付。起付标准以上，最高支付限额以下的医疗费用，主要从统筹基金中支付，个人也要负担一定的比例。统筹基金的具体起付标准和最高支付限额，以及在起付标准以上和最高支付限额以下医疗费用个人负担比例，都由地方根据以收定支、收支平衡的原则自行确定。

同时还提出建立多层次的医疗保障体系。国家公务员在参加基本医疗保险的基础上，享受医疗补助政策。一些特定行业职工在参加基本医疗保险的基础上，作为过渡措施，允许建立企业补充医疗保险。企业补充医疗保险费在工资总额 4% 以内部分从职工福利费中列支，福利费不足列支的部分经同级财政部门核准后可以列入成本。在决定中指出要发挥商业医疗保险的作用，为公务员建立医疗补助和在特殊行业建立过渡性的补充医疗保险，已经明确了建立多层次的医疗保障体系的方向。

3. 同步推进医药卫生体制改革

医疗保险基金的支出在很大程度上受制于医院财务制度和医生医疗行为，而由于种种原因形成的"以药养医"机制促使医院、医生追求医疗保险基金支出最大化。为此，2000 年国务院转发了国务院体改办等 8 部门《关于城镇医药卫生体制改革的指导意见》，决定与医疗保险制度改革相配套，同步推进城镇医药卫生体制改革。医药卫生体制改革重点抓四个环节：引入竞争机制，提高医疗服务质量；多种形式办医，满足不同层次需求；实行卫生工作全行业管理，进行医疗资源优化重组；推进药品生产流通体制改革，整顿药品流通秩序。针对长期形成的医疗机构"以药养医"问题，《国务院关于建立城镇职工基本医疗保险制度的决定》提出建立"医药分开核算、分别管理"的制度，以切断医生收入与医院售药收入之间的直接联系；要求建立医疗服务和药品流通的竞争机制，规范医药服务行为；降低药品收入占医疗机构总收入的比重，合理提高医疗技术劳务价格；加强医药服务人员的道德教育，提高其服务质量。该决定还提出基本医疗保险实行定点医疗机构和定点药店管理，在确定定点医疗机构和定点药店时应当引进竞争机制，职工可选择若干定点医疗机构就医、购药，也可以持处方在若干定点药店购药。

4. 研究制定建立新型农村合作医疗制度

1997 年，《中共中央、国务院关于卫生改革和发展的决定》中提出，要积极稳妥地发展和完善合作医疗制度，力争到 2000 年在农村多数地区建立起各种形式的合作医疗制度，并逐步提高社会化程度，有条件的地方可以逐步向社会医疗保险过渡。同年国务院批准了卫生部、国家计委、财政部、农业部、民政部的《关于发展和完善农村合作医疗若干意见》，在一定程度上促进了农村合作医疗的恢复发展，但仍举步维艰。1999 年国务院组织有关部门对农村卫生状况进行深入调研，2002 年 10 月党中央、国务院做出进一步加强农村卫生工作的决定，提出新型农村合作医疗实行个人缴费、集体扶持和政府资助相结合的筹资机制，筹资标准不能低于 30 元/人，其中中央财政补助 10 元、地方财政补助 10 元、农民自己出资 10 元，并开始在一些省市进行试点。

1996 年，农村实行合作医疗的行政村占全国行政村总数的 17.1%，覆盖率为 9.6%，但全国发展极不平衡，主要集中在上海、江苏、广东、浙江、山东等经济比较发达的沿海省市，由于缺乏财政支持，大部分地区的农村合作医疗处于难以持续的局面。根据卫生部第三次卫生服务调查，2002 年我国农村合作医疗制度的覆盖率为 9.5%，仍有 79.1% 的人口没有任何医疗保险（见表 3-5）。

表 3-5 我国农村合作医疗覆盖率的变动情况

时期	20 世纪 70 年代末	1989	1993	1998	2002
覆盖率	90%	4.8%	9.8%	6.6%	9.5%

（资料来源：根据卫生部三次国家卫生服务调查结果整理）

这一阶段的医疗保障制度改革取得较大进展（见表 3-6、图 3-4），所取得的成绩主要体现在五个方面：一是建立了多层次的医疗保障体系，既能保障城镇职工的基本医疗服务需求，又能满足城镇职工的高层次医疗保障需要；二是在制度上将公费医疗和劳保医疗统一调整为城镇职工基本医疗保险，企业职工和机关事业单位人员在基本医疗保险上实现一致，消除了原有的制度性差异，有助于提高医疗保障制度的公平性；三是在全国范围内统一了城镇职工基本医疗保险，在缴费率、账户设计和基金管理等方面做出了统一性规定，有助于提高职工基本医疗保险的一致性和协调性；四是建立统账结合的管理模式，这是一种制度创新，从而将社会统筹的共济作用和个人账户的自我保障作用有机地结合起来；五是重新认识到农村合作医疗制度的重要性，并开始推动农村合作医疗的恢复工作。

表 3 - 6　1994—2002 年全国城镇职工基本医疗保险的基本情况

年份	参保人数（万人）			基金收支（亿元）		
	职工	退休人员	总数	基金收入	基金支出	累计结余
1994	374.6	25.7	400.3	3.2	2.9	0.7
1995	702.6	43.3	745.9	9.7	7.3	3.1
1996	791.2	64.5	855.7	19.0	16.2	6.4
1997	1588.9	173.1	1762	52.3	40.5	16.6
1998	1508.7	369.0	1877.7	60.6	53.3	20.0
1999	1509.4	555.9	2065.3	89.9	69.1	57.6
2000	2862.8	924.2	3787	170.0	124.5	109.8
2001	5470.7	1815.2	7285.9	383.6	244.1	253.0
2002	6925.8	2475.4	9401.2	607.8	409.4	450.7

（资料来源：中华人民共和国统计局官方网站，http://www.stats.gov.cn/tjsj/ndsj）

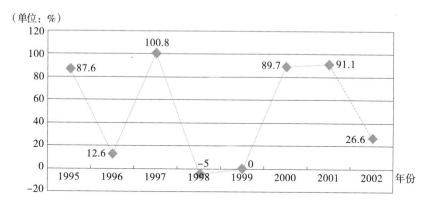

图 3 - 4　1995—2002 年全国城镇职工基本医疗保险参保人数的增长率

（资料来源：同表 3 - 6）

　　这一阶段的医疗保障制度改革仍存在诸多需要进一步解决的问题，主要表现在四个方面：一是医疗费用支出缺乏有效的约束机制，医疗费用增长速度仍较高，医疗资源浪费现象依然比较严重；二是城镇职工基本医疗保险在具体实施上尚未真正统一，中央国家机关、大多数地方政府机关以及很多事业单位仍继续实行公费医疗，不利于城镇职工之间的流动；三是医院管理体制和药品流通体制等配套改革不彻底，以药养医问题和药价虚高现象依然存在，导致基本医疗保险制度的具体实施效果与预期目标相距甚远；四是城乡居民之间的基本医疗保障差距不断扩大，制度性差异导致城镇居民人均卫生费用比农民人均卫生费用越来越高，在医疗卫生领域的公共财政投入上城镇地区也远远高于农村。

（三）完善失业保险制度

随着国有企业改革的深化，特别是全员劳动合同制的推行，1986 年颁布的待业保险暂行规定覆盖面显然过窄了。这一阶段，失业保险制度的覆盖面不断扩大，制度框架基本完善。

1. 失业保险覆盖所有国有企业职工

1993 年 4 月国务院颁布了《国有企业职工待业保险规定》，与 1986 年的暂行规定相比，在实施范围、基金筹集、基金使用和发放标准等方面都有很大发展，最重要的是基本上把覆盖面扩大到所有国有企业职工。1993 年的规定改变了 1986 年暂行规定中有关国营企业的提法，改用国有企业一词，这反映了企业改革深化、政企分离的发展趋势。但仍沿用待业一词，则反映出在 90 年代初期，即酝酿这一规定的时候，关于失业问题的理论争论仍在进行。失业保险费的缴纳基数由全部职工的标准工资改为工资总额，失业保险基金实行县市级统筹，建立省级调节金，失业救济金的发放标准由失业职工本人原工资标准的一定比例改为相当于当地民政部门规定的社会救济金的 120%—150%。一些地方在制定失业保险实施细则时，把实施范围扩大到城镇所有经济类型企业的职工。1998 年中共中央、国务院发布《关于切实做好国有企业下岗职工基本生活保障和再就业工作的通知》，将失业保险金的缴费比例由工资总额的 1% 提高到 3%，将企业单方负担改为企业和职工个人共同负担，新增部分主要用于保障国有企业下岗职工基本生活和缴纳社会保险费所需资金中的社会筹集部分。

2. 失业保险覆盖城镇所有企业事业单位职工

1999 年 1 月国务院颁布《失业保险条例》，首次在法规上明确将待业保险正名为失业保险，待业救济金正式改为失业保险金，进一步将保险对象扩大到城镇所有企业事业单位及其职工，并对失业保险金的领取条件、领取年限以及领取标准做出明确规定。条例规定，农民合同制工人连续工作满 1 年、单位缴纳了失业保险费、劳动合同期满未续订或提前解除劳动合同的，由社会保险经办机构根据其工作长短支付一次性生活补助。关于社会团体及其专职人员、民办非企业单位及其职工、城镇个体工商户及其雇工是否纳入失业保险覆盖范围，考虑到各地情况差别较大，条例规定由省、自治区、直辖市人民政府根据当地实际情况自行确定。

失业保险基金在直辖市和设区的市实行全市统筹，其他地区的统筹层次由省、自治区人民政府规定，但要建立省级失业保险调剂金。统筹地区的失业保险基金不敷使用时，由省、自治区政府根据实际情况统筹安排，先由失业保险调剂金补充，再由地方财政补贴。

失业保险金按照低于当地最低工资标准、高于城市居民最低生活保障标准的水平发放，具体标准由省区市制定。《失业保险条例》规定，失业人员失业前所在单位和本人按照规定累计缴费时间满 1 年不足 5 年的，领取期限最长为 12 个月；缴费累计满 5 年不足 10 年的，最长期限为 18 个月；缴费累计 10 年以上的，最长期限为 24 个月。失业人员领取失业保险金期限届满未能重新就业并距法定退休年龄不足 2 年的，可以继续领取为规定标准 80％的失业保险金，但不得低于当地城市居民最低生活保障标准，直到达到退休年龄后，停发失业保险金，转领养老保险金（见表 3－7、图 3－5）。

加强失业保险基金管理，由劳动、财政、银行三家相互监督制约。失业保险费由劳动保障行政部门设立的社会保险经办机构征收，存入财政部门在国有银行开设的社会保障基金财政专户，实行收支两条线管理，由财政部门依法进行监督。社会保险经办机构为失业人员开具领取失业保险金的单证，失业人员凭单证到指定银行领取失业保险金。

表 3-7   1994—2002 年全国失业保险的基本情况

年份	年末参保人数（万人）	发放失业保险金人数（万人）	发放比率（%）	基金收支（亿元）		
				基金收入	基金支出	累计结余
1994	7968.0	196.5	2.47	25.4	14.2	52.0
1995	8238.0	261.3	3.17	35.3	18.9	68.4
1996	8333.1	330.8	3.97	45.2	27.3	86.4
1997	7961.4	319.0	4.01	46.9	36.3	97.0
1998	7927.9	158.1	1.99	72.6	56.1	133.4
1999	9852.0	271.4	2.75	125.2	91.6	159.9
2000	10408.4	329.7	3.17	160.4	123.4	195.9
2001	10354.6	468.5	4.52	187.3	156.6	226.2
2002	10181.6	657.0	6.45	215.6	186.6	253.8

（资料来源：中华人民共和国统计局官方网站，http://www.stats.gov.cn/tjsj/ndsj）

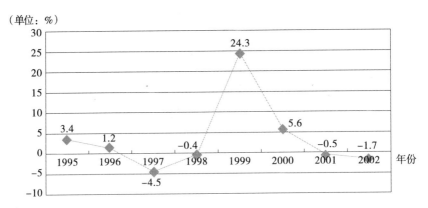

（单位：%）

图 3-5   1995—2002 年全国失业保险参保人数的增长率

（资料来源：同表 3-7）

3. 建立下岗职工基本生活保障制度

考虑到大量国有企业冗员一步推向社会可能造成较大震荡，1998 年 6 月中共中央、国务院发布了《关于做好国有企业下岗职工基本生活保障和再就业工作的通知》，要求凡是有下岗职工的国有企业都要建立再就业服务中心。中心的主要任务有三条：一是给下岗职工发基本生活费，缴纳养老、医疗、失业等社会保险费；二是组织下岗职工进行职业或转业培训；三是进行再就业指导，帮助下岗职工找到较为适合的工作。下岗职工在再就业中心一般为 3 年，3 年后未就业者与原企业解除劳动关系纳入社会失业保险。2000 年下岗职工人数高达 657 万，大于当年失业人数 595万。从 2001 年起，不再设立企业内部的再就业服务中心。辽宁省完善社会保障体系试点工作的重点之一，就是实行下岗职工基本生活保障与失业保险的并轨。这是我国经济转轨期间过渡性质的特殊失业保障制度。

（四）建立最低生活保障制度

社会救济制度是社会保障体系中的最后一道安全网。在计划经济体制下，中国实行高就业、低工资政策，一般情况下，只要有工作就能保证基本的生活。在这样的背景下，传统社会救济制度所覆盖的对象仅仅局限于无劳动能力、无工作、无赡养人的极少数人。随着我国经济体制改革的推进，"大锅饭"、"铁饭碗"的分配制度被打破。20 世纪 90 年代以后，一些企业严重亏损，下岗职工大量增加，失业率逐年增高，使得一部分职工生活困难，失业人员领取失业金期满后，生活仍无来源。面对这些新的贫困群体，传统的社会救济制度难以发挥作用。为此，在一些地方政府探索改革传统社会救济制度的基础上，国家逐步建立和完善了城市居民最低生活保障制度。

1. 各地探索改革传统城市社会救济制度

1993 年起，一些地方政府开始进行社会救济制度改革，主要内容是建立城市居民最低生活保障制度。上海率先试点，厦门、大连等沿海开放城市逐步建立了最低生活保障制度，随后沈阳、抚顺等内地工业城市也相继开始建立这一制度，到 1995 年全国有 20 多个大中城市建立了居民最低生活保障制度。由于当时还没有国家的统一规定，试点城市在探索最低生活保障制度的过程中做法不同，如多数城市以民政部门为主负责最低生活保障制度，有的城市规定以工会为主负责最低生活保障制度。各地的探索为国务院制定全国统一的城市居民最低生活保障制度积累了实践经验。

2. 全国建立城市居民最低生活保障制度

1996 年批准的《中华人民共和国国民经济和社会发展"九五"计划和 2010 年远景目标纲要》中提出，建立城市居民最低生活保障制度是国家社会经济发展的一项重要任务。在总结一些省市试点的基础上，1997 年国务院发布了《关于在全国建立城市居民最低生活保障制度的通知》，决定在全国建立城市居民最低生活保障制度。1999 年国务院颁布《城市居民最低生活保障条例》，对城市居民最低生活保障制度进行规范。规定城市居民最低生活保障遵循保障城市居民基本生活的原则，坚持国家保障与社会帮扶相结合、鼓励劳动自救的方针。规定城市居民最低生活保障所需资金由地方人民政府列入财政预算，纳入社会救济专项资金支出项目，专项管理，专款专用。明确民政部门是负责最低生活保障制度的行政部门，各地最低生活保障标准由当地民政部门会同财政、统计、物价等部门按照该城市居民基本生活所必需的衣、食、住费用，并适当考虑水电燃煤费用以及未成年人的义务教育费用来确定。

全国城市居民享受最低生活保障的人数从 1998 年的 266 万人增加到 2002 年的 2054 万人，其后多年大致稳定在 2200 多万人的水平上，说明这一制度框架已经确立，体系趋于完善。与其他社会保障项目相比，城市居民最低生活保障制度争论最少、推行最快、花钱不多、收效显著。

（五） 推进社会保障管理体制改革

1951 年的《中华人民共和国劳动保险条例》规定，中华全国总工会是全国企业劳动保险事业的最高领导机关，统筹管理全国劳动保险事业，劳动部为全国企业劳动保险业务的最高监督机关。1968 年各级工会组织陷入瘫痪，改由劳动部门统一管理企业劳动保险。1982 年组建劳动人事部，下设保险福利局，统一综合管理企业社会保险。1988 年成立劳动部和人事部，分别管理企业和机关事业单位的社会保险。民政部负责社会救济、社会福利、优抚安置和农村社会保障。随着 20 世纪 90 年代我国各项社会保障制度改革的深化，社会保障管理体制也相应做了较大的调整。

1. 相对集中社会保障管理机构

1991 年《国务院关于企业职工养老保险制度改革的决定》发布后，劳动部管理城镇企业社会保险，人事部管理机关事业单位社会保险，民政部管理社会救济、社会福利、优抚安置和农村社会保障，社会保障管理体制形成"三驾马车"的基本格局。此外，中国人民保险公司管理集体企业的养老保险，卫生部、财政部管理机关事业单位的公费医疗，中华全国总工会负责管理职工互助保障，铁道、邮电等 11 个行业分别负责管理本行业内实行养老保险行业统筹的有关事务，社会保障呈现多头管理、"多龙治水"的混乱局面。为解决这一问题，先是停止保险公司经办基本养老保险，统一交劳动部管理。1998 年政府机构改革，在劳动部的基础上组建劳动和社会保障部，将机关事业单位社会保险、农村社会保障、城镇职工医疗保险等原分散于其他部门管理的项目，集中统一于该部，社会救济、社会福利和优抚安置等保障仍由民政部负责管理。与此同时，停止实行养老保险行业统筹，各行业企业统一纳入所在地区实行属地化管理。

2. 相对分离社会保障管理职能

针对过去一个部门既负责政策制定、又负责基金收缴、还负责基金运营监管所产生的弊端，1994 年财政部和劳动部发布的《关于加强企业职工社会保险基金投资管理的暂行规定》明确指出，养老保险基金的结余额应用于购买特种定向债券，其他社会保险基金的结余额购买各类国债。1996 年国务院下发的《关于加强预算外资金管理的决定》明确要求，对各项社会保险基金按预算外资金管理办法管理，纳入社会保障基金财政专户，实行收支两条线管理。财政部主要负责社会保障方面财政支出的预算，对社会保障基金财政专户进行管理和监督。1999 年国务院颁布《社会保险费征缴暂行条例》，在征收机构、登记制度、缴费申报制度和处罚措施等方面规范了社会保险费的征收工作。社会保险基金收缴与监管职能分离，大大减少了一些地方社会保险经办机构违纪、违法使用社会保险基金的现象。

　　回顾这一阶段的社会保障制度改革，构建体系框架是突出成果。20世纪 90 年代中后期，探讨社会保障制度改革的文章、专著大量涌现，国外社会保障理论与政策被广泛介绍，有关国际组织参与的社会保障研讨会多次举办，在建立适应社会主义市场经济要求的社会保障体系框架方面，理论研究取得明显进展。实际工作中，建立社会保障制度曾连续几年列为国务院重点工作的第一、二位，城镇职工养老、医疗、失业保险和城镇居民最低生活保障制度的建立，生育保险、工伤保险制度进一步完善，标志着我国城镇社会保障体系的制度框架基本形成。

　　这一阶段存在的主要问题是，理论上明确了社会保障制度是社会主义市场经济的一个独立的子体系，实际工作中却延续以国有企业改革为中心环节的改革路径，仍然把它作为国有企业改革的配套措施。《新时期劳动和社会保障重要文献选编》中收录了 20 世纪 90 年代中期两位国务院主要领导人的讲话，题目分别为《建立社会保障体系是国有企业改革最重要的配套措施》、《要围绕企业改革，进行以养老和失业保险为主要内容的社会保障体制改革》。在打国企改革攻坚战的历史条件下这是正确的，但在社会保障领域长期坚持国有企业改革中心论难免产生以下弊端：第一，政府以及各方面的注意力主要集中在国有企业职工身上，对城镇其他人员顾及不够，造成城市中不同人群基本保障待遇不平等。例如在研究医疗保险制度改革时，企业职工家属的问题都放到下一步考虑，城镇居民的医疗保险更难提上议事日程了。第二，国有企业绝大多数设在城镇，农村的社会保障制度改革长时期难以进入视野。2002 年研究建立新型农村合作医疗制度时，连"农村社会保障"这一词汇都不能使用，似乎社会保障只能适用于城镇，一提农村社会保障就是给中央财政施加压力。这两个重大问题，侵害了公平性这一社会保障的最基本原则，也造成社会保障的覆盖面窄。低水平、广覆盖这一构筑我国社会保障体系框架的原则早就提出来了，但实际工作中由于政府的注意力长期集中在国有企业，广覆盖进展十分缓慢。

　　此外，在构筑体系框架的工作中，曾提出把"独立于企事业单位之外的社会保障体系"作为目标,这一提法多次被党中央、国务院重要文件使用。当时很多学者并不赞成这一提法。首先,社会保障体系包括基本保障、企业补充保障以及个人储蓄性保障等多个层次。企业补充保障层次就不可能独立于企业之外。其次,基本社会保障项目包括缴费、基金管理、基金发放、人员管理等诸多环节,也不可能"独立于企事业单位之外"。现在这一不准确的提法已经淡出理论研究与政策文件用语。

三、社会保障体系的全面建设新阶段

党的十六届三中全会之后,中央明确提出了以人为本,全面、协调、可持续的科学发展观。以国有企业改革为中心环节的提法逐步淡出,政府职能转变日渐成为改革的主线。在这一大背景下,社会保障体系建设突破了长期以来作为国有企业改革配套措施的局限,进入以政府基本公共服务均等化为主线的全面建设新阶段。统筹考虑城乡,着力扩大覆盖面,以社会保险、社会救助、社会福利为基础,以基本养老、基本医疗、最低生活保障制度为重点,以商业保险为补充,建立覆盖城乡居民的社会保障体系是这一阶段的主要任务。同时,社会保障制度建设迈入规范化和法制化的阶段。

(一)完善养老保险制度

1. 扩大企业职工基本养老保险覆盖范围

2005 年国务院发布的《国务院关于完善企业职工基本养老保险制度的决定》提出,将城镇企业职工基本养老保险的覆盖面进一步扩大到个体工商户和灵活就业人员。企业职工基本养老保险参保人数从 2002 年的14737 万人增加到 2007 年年底的 20107 万人,增长 36.4%,2007 年年底,按制度规定城镇参加企业基本养老保险覆盖率为 77%。据 2007 年 6 月的一项统计，企业参保职工中，农民工约占 12%，个体灵活就业人员约占 11%。截至 2007 年年底，全国基本养老保险基金总收入 7834 亿元，总支出 5965 亿元，累计结存 7391 亿元。2005 年至 2007 年连续三年提高了企业职工养老金水平，月人均增加 270 元左右，2007 年年底全国企业参保退休人员月人均基本养老金达到 925 元。

2. 进一步完善统账结合的基本养老保险模式

党的十六届三中全会通过的《中共中央关于完善社会主义市场经济体制若干问题的决定》提出"完善企业职工基本养老保险制度，坚持社会统筹和个人账户相结合，逐步做实个人账户"。总结辽宁省做实个人账户的经验，国务院于 2004 年又在黑龙江、吉林两省扩大试点。两省从 5% 起步，逐步做实个人账户，做实所需资金由中央财政补贴 3.75 个百分点，地方财政补贴 1.25 个百分点。个人账户养老金月标准为个人账户储存额除以计发月数，计发月数按职工退休时城镇人口平均预期寿命、本人退休年龄、利息等因素确定。2005 年国务院发布《国务院关于完善企业职工基本养老保险制度的决定》，提出扩大做实个人账户试点，将个人账户规模统一由本人缴费工资的 11% 调整为 8%，并相应调整基本养老金计发办法。建立基本养老金正常调整机制，并加快提高统筹层次，实现省级统筹。同年劳动和社会保障部、财政部联合发布《关于扩大做实企业职工基本养老保险个人账户试点有关问题的通知》，决定进一步扩大做实个人账户试点，做实个人账户的近期目标是 5%，鼓励有条件的地方做实到 8%。试点中坚持老中新分开、东中西分开、积极稳妥、逐步推开等原则，中央财政对中西部地区、老工业基地和新疆生产建设兵团给予补助。2007 年按照国务院部署，劳动和社会保障部、财政部下发了进一步扩大做实个人账户试点的文件，明确了江苏、浙江等省份可依靠自身能力开展做实个人账户试点。截至 2007 年年底，辽宁、吉林、黑龙江、天津、山西、上海、山东、河南、湖北、湖南、新疆等 11 个做实企业基本养老保险个人账户试点省份共积累基本养老保险个人账户基金 786 亿元。个人账户逐步做实，标志着"统账结合"的养老保险模式真正开始建立。

2007 年劳动和社会保障部、财政部联合发布《关于推进企业职工基本养老保险省级统筹有关问题的通知》，要求加快实现省级统筹步伐，各地在基本养老保险制度模式、缴费机制、待遇标准、基金管理和业务流程等方面在省级层面做到统一。截至 2007 年年底，全国共有北京、天津、吉林、黑龙江、上海、福建、重庆、云南、陕西、甘肃、青海、宁夏、新疆 13 个省区市实现了省级统筹，同时河南、湖南、江西、西藏 4 个省区和新疆生产建设兵团出台了省级统筹办法。

3. 发展企业年金

2004 年劳动和社会保障部先后发布《企业年金试行办法》和《企业年金基金管理试行办法》，对企业年金的建立条件、方案设计和基金管理等做出相关规定。企业建立企业年金的基本条件是依法参加基本养老保险并履行缴费义务、具有相应的经济负担能力和已建立集体协商机制。企业年金方案应当由企业与工会或职工代表通过集体协商确定，内容包括参加人员范围、资金筹集方式、职工个人账户管理方式、基金管理方式、计发办法、支付方式、支付条件、组织管理和监督方式和中止缴费的条件等。自此，企业年金步入快速发展轨道。2007 年劳动和社会保障部下发了做好原有企业年金移交工作的意见，截至 2007 年年底，地方社会保险经办机构管理的原有企业年金基本完成移交。全国有 3.2 万户企业建立了企业年金，缴费职工人数为 929 万人，年末企业年金基金累计结存 1519 亿元。企业年金的发展，为构筑多层次的养老保险体系奠定了基础。

4. 探索农村养老保险

2003 年的《中共中央关于完善社会主义市场经济体制若干问题的决定》指出，农村养老保障以家庭为主，同社区保障、国家救济相结合。2003 年劳动和社会保障部发布《关于认真做好当前农村养老保险工作的通知》，要求全国各地认真研究农保工作中的突出问题，将农保工作的重点放在有条件的地方、有条件的群体以及影响农民社会保障的突出问题上，以促进城乡养老保险协调发展。被征用土地的农民、进城务工经商农民、乡镇企业职工、小城镇农转非人员、农村计划生育对象以及有稳定收入的农民等是农保工作的重点，并针对不同群体的特点制定相应的参保办法。截至 2007 年年底，全国参加农村养老保险人数为 5171 万人，全年共有 392 万农民领取了养老金，共支付养老金 40 亿元，年末农村养老保险基金累计结存 412 亿元（见表 3-8）。

表 3-8 2003—2007 年农村社会养老保险制度的基本情况

年份	年末参保人数（万人）	当年保险资金收入（亿元）
2003	5428	259.3#
2004	5378	285
2005	5442	310
2006	5374	354
2007	5171	412

注：#2003 年开始为年末农村养老保险基金累计结存数额。

（资料来源：2003—2007 年劳动和社会保障事业发展统计公报）

经过不断调整与变革，中国已经基本形成由城镇企业职工养老保险制度、机关事业单位退休养老制度和农村社会养老保险制度组成的养老保险制度体系，其中城镇企业职工养老保险制度采用基本养老保险、补充养老保险和个人储蓄性养老保险相结合的三支柱模式。制度改革在应对城镇化、国际化和人口老龄化挑战方面取得了初步成效，同时也暴露出一些尚需进一步改革的地方。

第一，城乡之间在养老保险上存在制度性差异，构成城乡社会保障制度统筹发展的巨大障碍。城镇企业职工基本养老保险制度与农村社会养老保险制度在建构理念和制度模式上完全不同，前者强调风险共担和社会公平，充分体现社会保险原则；后者与农村地区的养老保障理念相对应，即以土地保障和家庭保障为主，突出个人的养老保障责任。在缴费机制上，前者由用人单位和个人共同缴费，后者主要由个人缴费；在账户管理模式上，前者实行社会统筹账户与个人账户相结合，后者完全采用个人账户；在待遇支付模式上，前者实行待遇确定型和缴费确定型相结合，后者采用缴费确定型；在制度参与意愿上，前者具有强制性，后者是自愿性的。制度性差异不仅拉开了城乡养老保障的待遇差距，也不利于城乡养老保险关系的转移接续，为城乡之间的劳动力流动增添阻力。

第二，制度分割造成企业和机关事业单位之间的养老保险待遇差距，引发社会不安定和社会冲突。企业实行社会保险制度，而机关事业单位实行福利性质的养老金制度；社会保险需要企业和个人共同缴费，机关事业单位及其工作人员无需缴费；前者分别建立社会统筹账户和个人账户，后者既不实行社会统筹也不建立个人账户；前者的养老金待遇与社会平均工资水平、个人退休前工资水平以及个人账户积累额相关，后者则与本人退休前的工资收入挂钩，从而导致企业职工与机关事业单位职工在制度起点上就不公平。在养老金待遇调整上，企业职工主要根据物价水平、社会平均工资等因素来综合调整，调整幅度较小；机关事业单位职工则与在职职工的工资收入水平实行联动，调整幅度较大，从而导致企业与机关事业单位在离退休人员养老金上的差距越来越大。在养老金替代率上，企业职工的目标替代率为58%左右，而机关事业单位的平均替代率超过80%。

第三，制度缺陷使得企业职工基本养老保险的扩面工作进展缓慢，不利于社会互助和社会公平的实现。由于参保门槛高、保险关系转续难等体制性因素，灵活就业人员、非正规部门就业人员还很难进入养老保险制度体系。城镇个体工商户和灵活就业人员参加基本养老保险的缴费基数为当地上年度在岗职工平均工资，缴费比例为20%，其中8%记入个人账户，退休后按企业职工基本养老金计发办法计发基本养老金。由于大多数灵活就业人员的收入水平大致相当于甚至低于在岗职工平均工资，养老保险缴费对其来说是一笔不小的经济负担，在当期经济压力较大的状况下，他们通常优先考虑日常生活费用、医疗费用和教育费用等支出项目，参加基本养老保险的主观积极性不高。

第四，巨额隐性债务没有得到妥善解决，危及中国养老保险制度的可持续发展。在由待遇确定型现收现付制向缴费确定型部分基金积累制转变中，中国基本养老保险制度改革没有对隐性债务给出合理安排，希冀通过提高缴费率来达到制度运行中的自行消化。然而在人口老龄化日益严重的时代背景下，养老保险缴费率居高不下，隐性债务不仅没有被消化，还以社会统筹账户透支个人账户、个人账户空账运行的尴尬局面凸显出来。个人账户的空账运行事实上降低了基本养老保险的替代率，同时也动摇了社会公众对基本养老保险的制度信心，不利于基本养老保险制度的持续健康发展。

第五，统筹层次过低妨碍了养老保险关系的转续，不利于建立统一的劳动力市场。基本养老保险的统筹层次与抗风险能力紧密相关，统筹层次越高，抗风险能力越强。统筹层次低使得养老保险的保障能力与统筹地区的经济发展水平相联系，经济发展水平高的地区能够提供较为优越的保险待遇，而且当这种保险待遇差距一旦形成后，经济发达地区就更不愿意与经济落后地区进行基金统筹，从而降低了养老保险在更广泛范围内的互济能力。基本养老保险的统筹层次还与流动性高度相关，统筹层次越高，流动性越强。当前基本养老保险的统筹层次仍处于地方层面，而地方政府出于多方面因素的考虑，在缴费标准、待遇标准、领取方式和管理手段等具体实施环节采取了不同的做法，从而使得跨统筹地区流动的劳动者无法对基本养老保险权益进行有效转移，甚至在同一统筹地区内跨单位流动的难度也比较大。在养老保险制度的实际运行中，由于统筹层次过低，不同统筹层次的基金无法调剂使用，从而造成基本养老保险基金赤字和结余并存的局面，一方面部分地区的基本养老保险基金出现大量盈余，另一方面部分地区的基本养老保险基金出现巨额赤字。

（二）建立覆盖城乡的医疗保险制度

1. 扩大城镇职工基本医疗保险覆盖范围

2003 年劳动和社会保障部发布《关于进一步做好扩大城镇职工基本医疗保险覆盖范围工作的通知》，要求在坚持权利和义务相对应原则的基础上，将城镇符合参保条件的用人单位和职工纳入基本医疗保险范围，大中城市参保率要达到 60% 以上，其中直辖市和省会城市要达到 70% 以上，其他城市也要在 2002 年参保人数的基础上有所突破，统筹地区的参保人数要达到 50% 以上。对只有部分缴费能力的单位，可按照先建立统筹基金、暂不建立个人账户的办法，纳入基本医疗保险范围。城镇职工基本医疗保险参保人数从 2002 年的 9401 万人增加到 2007 年的 17983 万人，增长 91.3%。截至 2007 年年底，全年城镇基本医疗保险基金总收入 2257 亿元，支出 1562 亿元，年末基金累计结存 2477 亿元。

2. 推动农民工参加医疗保险

2006 年劳动和社会保障部发布《关于开展农民工参加医疗保险专项扩面行动的通知》，要求以省会城市和大中城市为重点，以农民工比较集中的加工制造业、建筑业、采掘业和服务业等行业为重点，以与城镇用人单位建立劳动关系的农民工为重点，全面推进农民工参加医疗保险工作，争取 2008 年年底将与城镇用人单位建立劳动关系的农民工基本纳入医疗保险。按照"低费率、保大病、保当期、以用人单位缴费为主"的原则，制定和完善农民工参加医疗保险的办法，同时积极探索完善农民工参加医疗保险和新型农村合作医疗的衔接办法，探索农民工异地就医的医疗费用结算方式，确保参保农民工享受相应的医疗保险待遇。截至 2007 年年底，参加医疗保险的农民工人数为 3131 万人，比上年末增加 764 万人。

3. 开展城镇居民基本医疗保险试点

2007 年国务院发布《国务院关于开展城镇居民基本医疗保险试点的指导意见》，决定开展城镇居民基本医疗保险试点，争取 2009 年试点城市达到 80% 以上，2010 年在全国全面推开，逐步覆盖全体城镇非从业居民，探索和完善城镇居民基本医疗保险的政策体系，形成合理的筹资机制、健全的管理体制和规范的运行机制，逐步建立以大病统筹为主的城镇居民基本医疗保险制度。试点工作坚持低水平起步，合理确定筹资水平和保障标准，重点保障城镇非从业居民的大病医疗需求，坚持自愿原则，实行属地管理。城镇居民基本医疗保险以家庭缴费为主，政府给予适当补助，国家对个人缴费和单位补助资金给予税收鼓励。城镇居民基本医疗保险基金重点用于参保居民的住院和门诊大病医疗支出，有条件的地区可以逐步试行门诊医疗费用统筹。城镇居民基本医疗保险基金的使用要坚持以收定支、收支平衡、略有结余的原则，合理制定起付标准、支付比例和最高支付限额，完善支付办法，合理控制医疗费用。探索适合困难城镇非从业居民经济承受能力的医疗服务和费用支付办法，减轻他们的医疗费用负担。建立国务院城镇居民基本医疗保险部际联席会议制度，负责组织协调和宏观指导工作。截至 2007 年年底，全国城镇居民基本医疗保险参保人数已达4068 万人。

4. 大力发展新型农村合作医疗

2003 年国务院办公厅转发卫生部、财政部、农业部《关于建立新型农村合作医疗制度的意见》，提出到 2010 年在全国建立基本覆盖农村居民的新型农村合作医疗制度。新型农村合作医疗制度要遵循自愿参加、多方筹资、以收定支、保障适度、先行试点、逐步推广等原则，实行个人缴费、集体扶持和政府资助相结合的筹资机制。农村合作医疗基金是由农民自愿缴纳、集体扶持、政府资助的民办公助社会性资金，要按照以收定支、收支平衡和公开、公平、公正的原则进行管理，必须专款专用，专户储存，不得挤占挪用。农村合作医疗基金主要补助参加新型农村合作医疗农民的大额医疗费用或住院医疗费用，有条件的地方可实行大额医疗费用补助与小额医疗费用补助结合的办法，既提高抗风险能力又兼顾农民受益面。截至 2007 年年底，全国 2448 个县（市、区）已建立新型农村合作医疗制度，覆盖农村居民 7.3 亿人，参合率达到 85.7%，累计支出合作医疗基金 220 亿元，累计受益 2.6 亿人次。新农合的筹资标准从 2003 年试点时的 30 元提高到 50 元，一些地区提高到 70 元。2007 年财政补助资金114 亿元，同比增长 167%。农村因病致贫、因病返贫的状况有所缓解。

当前中国医疗保障制度体系主要由城镇职工医疗保险制度、城镇居民基本医疗保险制度和新型农村合作医疗制度构成，其中城镇职工医疗保险制度包括基本医疗保险制度、医疗补助制度和补充医疗保险制度。制度改革有助于提高社会成员对疾病风险的抵御能力，有助于提高社会成员的身体素质和健康水平，但仍存在一些亟须解决的问题。一是城乡之间在基本医疗保障上存在制度性差异，导致城乡居民医疗卫生水平的巨大差距。城镇职工基本医疗保险由用人单位和个人按比例共同缴费，具有强制性，实行社会统筹和个人账户相结合的管理模式；城镇居民基本医疗保险由个人缴费，财政给予相应补贴，属自愿行为；新型农村合作医疗制度由个人、集体和国家三方出资，属自愿行为。在待遇提供上，城镇职工基本医疗保险和城镇居民基本医疗保险设定了起付线和封顶线，按医疗费用所处的不同区间来分别给予经济补偿；新型农村合作医疗制度则以大病统筹为主，重点帮助农民提高抵御大病经济风险的能力。二是医疗费用支付机制不健全使得城镇职工基本医疗保险制度出现逆向调节现象，违背了社会共济和社会公平的制度初衷。城镇职工基本医疗保险设立起付线和封顶线，制度设计初衷是防止医疗资源的滥用和浪费。但现实情况是，高收入群体能够比较轻松地支付起付线，并享受统筹共付部分的费用补偿优惠；起付线对低收入群体来说却是一笔较高的经济支出，由于无力承担起付线标准以内的费用支出而放弃治疗，更谈不上享受统筹共付部分的费用补偿优惠，使得城镇居民在享受基本医疗保险待遇上出现实质性的差距。三是企业和机关事业单位之间在医疗保障待遇上存在较大的事实性差距，医疗资源滥用和浪费的现象仍然非常严重。在已经参加基本医疗保险的政府机关和事业单位中，很多单位仍通过医疗补贴、医疗费用部分报销等形式来给予经济补偿，这在本质上与以前的公费医疗并无二致。参加基本医疗保险的企业职工却只能按照基本医疗保险制度享受医疗保障待遇，没有其他任何形式的收入补偿，从而使得企业和机关事业单位之间出现较大的医疗保障待遇差距。

（三）建立覆盖城乡的最低生活保障制度

1. 建立农村最低生活保障制度

2002 年以来，一些省市已经探索建立了农村最低生活保障制度。总结这些省市的经验，2007 年国务院颁布《国务院关于在全国建立农村最低生活保障制度的通知》，决定在全国建立农村最低生活保障制度，将符合条件的农村贫困人口纳入保障范围，重点保障病残、年老体弱、丧失劳动能力等生活常年困难的农村居民。地方各级人民政府要将农村最低生活保障资金列入财政预算，中央财政对财政困难地区给予适当补助。农村最低生活保障标准由县级以上地方人民政府按照能够维持当地农村居民全年基本生活所必需的吃饭、穿衣、用水、用电等费用确定，并随当地生活必需品价格变化和人民生活水平提高适时进行调整。截至 2007 年年底，全国共有 3451.9 万人（1572.5 万户）享受了农村最低生活保障，平均保障标准为 70 元/人、月全年共发放城市最低生活保障资金 104.1 亿元，人均补差 37 元/月。

2. 提高城市最低生活保障标准

2002 年以来，享受城市最低生活保障的人数始终维持在 2200 多万人，基本做到应保尽保（见表 3-9）。随着社会经济的发展，各地不断提高保障标准。如北京市已经从 1996 年的 170 元、2002 年的 290 元提高到 2007 年的 330 元。城镇最低生活保障平均支出水平，从 2002 年的 52 元提高到 2006 年的 83.6 元，提高了 61%。截至 2007 年年底，全国共有 2270.9 万（1065.6 万户）城市居民享受了城市最低生活保障，平均保障标准为 182.4 元/人、月，全年共发放城市最低生活保障资金 274.8 亿元，人均补差 102 元/月（见表 3-10）。

表 3-9　2002—2007 年城市居民最低生活保障的基本情况

年份	保障户数（万户）	保障人数（万人）	人均支出
2002	809	2053.6	54
2003	—	2235	59
2004	952	2200.8	65
2005	997	2232.8	72
2006	1028	2240.9	82.9
2007	1065.6	2270.9	102

（资料来源：根据 2003—2007 年民政事业发展统计公报整理）

表 3 - 10　2007 年 12 月全国 36 个中心城市低保标准

（单位：元/人、月）

城市	低保标准	城市	低保标准	城市	低保标准
北京	330	福州	228—248	昆明	210
天津	330	南昌	210	拉萨	230
石家庄	220	济南	280	西安	200
太原	220	郑州	260	兰州	230
呼和浩特	230	武汉	248	西宁	178
沈阳	260	长沙	220	银川	200
长春	245	广州	330	乌鲁木齐	156
哈尔滨	245	南宁	220	大连	280
上海	350	海口	293	青岛	300
南京	300	重庆	210	宁波	300
杭州	300—340	成都	245	深圳	361
合肥	260	贵阳	215	厦门	260—315

（资料来源：中华人民共和国民政部最低生活保障司）

　　最低生活保障制度的建立，有助于保障城乡居民的基本生活，在一定程度上缩小了居民收入差距，促进了社会稳定和社会和谐。同时在机制设计和制度运行上，最低生活保障制度仍存在一些不完善的地方。一是保障标准偏低。虽然近年来我国城市低保的标准在不断提高，但与人均可支配收入相比，城市低保的实际保障水平仍明显偏低。2007 年全国平均保障标准约为人均可支配收入的 15.9%，低于 2006 年的 17.3%，表明城市低保标准的相对水平在下降，使得低保群体的生活质量相对降低。二是低保标准地区差距较大。由于各地的经济社会发展水平和财政实力不同，加上各地的物价水平和居民消费水平高低不等，低保标准地区差距的存在具有合理性，但这并非意味着地区差距没有限制，地区差距过大将会带来诸多负面影响。2008 年 1—2 月全国城市居民最低生活保障的人均补助标准平均为 123 元，北京为最高 287 元，海南为最低 80 元，两者相差 207 元，前者约为后者的 3.59 倍，而 2007 年北京城镇居民人均可支配收入约为海南的 1.88 倍。从 2007 年 12 月全国 36 个中心城市的低保标准比较来看，平均水平约为 256 元，深圳为最高 361 元，乌鲁木齐为最低 156 元，两者相差 205 元，前者约为后者的 2.31 倍。三是保障对象的甄选机制不健全。《城市居民最低生活保障条例》规定，城市居民低保对象的甄选实行申请审核机制，这一机制难以体现享受低保待遇以家庭人均收入为条件的制度要求，虽然在审核机制中建立了公开、公正、透明的公示制度，能够保证甄选出来的低保对象符合资格条件，但却难以实现符合条件的低收入群体都能享受到低保待遇。现实情况往往是，政府根据低保资金的规模来逆向选择低保对象，而不是根据符合条件的低收入群体的实际数量来提供低保待遇。

（四）扩大失业、工伤和生育保险覆盖面

1. 失业保险

2006 年劳动和社会保障部、财政部发布《关于适当扩大失业保险基金支出范围试点有关问题的通知》，决定自 2006 年 1 月起在北京、上海、江苏、浙江、福建、山东、广东 7 省市开展适当扩大失业保险基金支出范围试点，试点地区的失业保险基金可用于规定的职业培训补贴、职业介绍补贴、社会保险补贴、岗位补贴和小额担保贷款贴息支出。试点地区要按照保障失业人员基本生活与促进再就业统筹兼顾、失业保险基金收支平衡、权利与义务相统一、合理安排失业保险基金与促进就业财政资金的原则，在保障失业人员基本生活的前提下，根据本地区促进再就业工作的需要积极稳妥地开展试点工作。截至 2007 年年底，全国参加失业保险的人数从 2002 年的 10182 万人提高到 11645 万人，增加 14.6%。2007 年全国失业保险基金收入 468 亿元，基金支出 221 亿元，累计结存 962 亿元。

2. 工伤保险

2003 年国务院颁布《工伤保险条例》，规定各类企业和有雇工的个体工商户必须参加工伤保险，用人单位缴纳工伤保险费，职工个人不缴费，

同时对工伤认定、劳动能力鉴定和工伤保险待遇做了较为详细的规定。工伤保险基金在直辖市和设区的市实行全市统筹，其他地区的统筹层次由省、自治区人民政府确定。2005 年劳动和社会保障部等部门联合发布《关于事业单位、民间非营利组织工作人员工伤有关问题的通知》，要求事业单位、民间非营利组织工作人员因工作遭受事故伤害或者患职业病的，其工伤范围、工伤认定、劳动能力鉴定、待遇标准等按照《工伤保险条例》的有关规定执行。全国参加工伤保险人数从 2002 年的 4406 万人提高到 2007 年的 12155 万人，增长 176%，其中参保农民工 3966 万人。

3. 生育保险

2004 年劳动和社会保障部发布《关于进一步加强生育保险工作的指导意见》，要求各地逐步建立和完善与本地区经济发展相适应的生育保险制度，到 2010 年城镇职工生育保险覆盖面达到 90%。要求各地充分利用医疗保险的工作基础，以生育津贴社会化发放和生育医疗费用实行社会统筹为目标，加快推进生育保险制度建设。生育保险筹资水平按照以支定收、收支基本平衡的原则合理确定，并及时调整。全国参加生育保险人数从 2002 年的 3488 万人提高到 2007 年的 7755 万人，增长 122%。

失业保险、工伤保险和生育保险是中国社会保险制度体系的有机组成部分，制度变革有助于社会保险制度体系的发展与完善，在保障失业群体、工伤群体和妇女生育等方面分别发挥了不可替代的作用，同时三项保险制度也存在一些不容忽视的问题。

第一，失业保险的制度覆盖面较窄，对隐性就业缺乏有效的约束机制。当前制度安排将部分社会群体排除在失业保险的覆盖范围之外，同时很多用人单位出于降低劳动力成本的考虑，瞒缴、少缴甚至不缴失业保险费，这种现象在临时工、灵活就业人员和农民工等群体身上尤其普遍，严重侵犯了劳动者的合法权益。随着市场经济体制改革的不断深入，灵活就业的劳动者比例越来越高，大量农村剩余劳动力向城镇转移就业，失业保险的制度缺陷将更为突出。当前的失业保险待遇主要根据登记失业来发放，辅之以简单的审查制度。然而现实情况是，很多登记失业人员并非完全处于失业状况，通过灵活就业等形式进行隐性就业，从而导致一部分人一边享有就业收入一边领取失业保险金，部分地区的隐性就业比例甚至高达60%—70%。因缺乏相应的资格审核机构，现行失业保险制度对隐性就业没有较好的约束机制，造成失业保险基金的流失。

第二，工伤保险的改革进展相对缓慢，管理制度不够规范。当前职业安全和卫生状况在不断恶化，这与工伤保险改革的滞后密切相关，也是工伤保险管理制度不规范的必然结果。长期以来，中国的经济政策和社会政策以市场效率为中心，过分追求投资和 GDP 的增长，从而导致职业安全和卫生状况日益恶化，劳动者权利未能得到有效保护。同时随着对外开放和高科技产业的发展，越来越多的行业面临较大的职业危害，甚至存在诸多潜在的职业伤害因素，这使传统的职业安全与卫生管理体系、制度和方法遭遇巨大挑战。当前工伤保险制度的较大缺陷之一就是对农民工的保护力度不够，农民工是职业伤害的高危人群，但享受工伤保险的比例却非常低，而且在待遇标准方面也遭到歧视，成为扩大工伤保险覆盖面的重点对象。

第三，生育保险的覆盖面较窄，政策标准不规范，损害了生育期间女职工的合法权益。目前全国仍有一半左右的城市没有实行企业职工生育费用社会统筹，绝大多数地区的机关事业单位没有开展生育保险制度改革。在统筹支付项目上，很多地区只支付生育津贴和生育住院医疗费用，没有将产前检查、计划内流产等纳入统筹支付范围，而且生育津贴的计发办法也不一致。在生育保险待遇的实际支付中，由于没有对医院形成有效的约束机制，从而导致医疗费用超支和生育保险金浪费的现象比较严重，降低了生育保险基金的使用效率。

（五）深化社会保障管理体制改革

1. 加强对社会保障基金的征缴和运营监管

2003 年劳动和社会保障部发布《社会保险稽核办法》，对《社会保险费征缴暂行条例》进行补充完善。2004 年劳动和社会保障部、中国证监会先后联合发布《关于企业年金基金证券投资有关问题的通知》和《企业年金基金管理机构资格认定暂行办法》，前者对受托人、托管人、投资管理人在企业年金基金证券投资管理中的权利义务进行了明确界定，后者对法人受托机构、账户管理人、托管人和投资管理人等企业年金基金管理机构的资格条件给出了详细要求。2006 年劳动和社会保障部发布《关于印发加强社会保险经办能力建设意见的通知》，要求按照实现社会保险经办管理规范化、信息化、专业化的要求，逐步形成与社会主义市场经济体制相适应、运转协调、业务规范、操作便捷、信息畅通、服务优质的运行机制，与统筹层次相适应、事权划分清晰、机构设置科学、人员管理规范的管理体制。2007 年劳动和社会保障部下发了《社会保险经办机构内部控制暂行办法》，截至 2007 年年底，全国有 24 个省区市出台了内部控制实施办法或实施细则。从 2005—2007 年，劳动和社会保障部连续三年组织了对社会保险费征缴情况的专项稽核行动。截至 2007 年年底，全国累计实地稽核企业 123 万户，涉及参保职工 11020 万人，查出少报漏报人数861 万人，少缴漏缴社会保险费 54 亿元，已补缴 51 亿元。2007 年共清理收回企业欠缴养老保险费 242 亿元，核查五项社会保险待遇享受人数4760 万人，查出 6 万人冒领待遇 1.8 亿元，已全部追回。

2. 完善社会保险经办机构

全国各地普遍建立了专门的社会保险经办机构，与劳动保障行政部门实现了政事分开。制定了社会保险基金财务制度和会计制度，由经办机构统一对基金进行会计核算，同时建立了相对完善的内部控制制度。企业退休人员的基本养老金实行社会化发放，2003 年以来全国的社会化发放率一直保持在 99% 以上。推行企业退休人员的社会化管理服务，截至 2007 年年底，全国纳入社区管理的企业退休人员有 3136 万，社区管理率为 71.2%。随着社会保险事业的发展，社会保险经办队伍不断壮大。截至 2007 年年底，经办机构总数达到 7434 个，工作人员达到12.9 万人。

近年来社会保障管理体制建设成果显著，社会保险管理职能相对集中，监督机制相对完善，社会化管理程度不断提高，但这并不能掩盖一些需要进一步完善的环节。其中最为突出的就是，社会保险费征缴机制不完善，导致漏缴少缴现象依然严重。按现行法规政策规定，企业应为所有职工缴纳社会保险费，但实际上有的企业为达到少缴费的目的，将农民工、临时工和非正规就业人群排除在缴费人员之外，不为他们缴纳社会保险费。还有企业对正式员工采用瞒报缴费基数的做法来减少缴费，从长期来看这将导致职工的社会保险待遇偏低。为了保住工作，这些职工不得不忍受企业不为其缴费的行为，而不去争取自身合法的社会保障权益。由于社会保障立法滞后，法律实施效力低下，劳动保障行政部门和社保经办机构对拒绝参保、拒绝缴费或偷漏缴费的企业缺乏足够的法律制裁手段。

四、对当前我国社会保障体系的评估与建议

经过 1984 年到 1992 年的改革初步探索阶段、1993 年到 2002 年的制度框架构建阶段，当前我国社会保障制度正处在体系全面建设阶段，6 年来已经取得了突出进展。一是在制度设计层面上基本建立了覆盖城乡的社会保障体系。城市居民基本医疗保险制度和农村最低生活保障制度的建立填补了过去的制度空白，农民工工伤保险、医疗保险、养老保险制度的探索，也在逐步完善。二是在实际工作层面上扩大了社会保障覆盖面（见表 3 - 11）。近 6 年来，养老、医疗、失业、工伤、生育保险的参保人数大幅度提高，特别是农村新型合作医疗从 2003 年的少数地区试点已经迅速扩展到全国，覆盖了 7 亿农村人口。

随着社会保障覆盖面向国有企业职工以外的群体迅速扩展，社会保障基金收支规模和财政社会保障总支出规模也迅速扩大。2007 年，城镇五

表3-11　2003—2007 年社会保障覆盖面的基本情况

（单位：万人）

年份\\项目	2003	2004	2005	2006	2007
基本养老保险	15490	16353	17444	18766	20107
其中　在职	11638	12250	13082	14131	15156
其中　离退休	3852	4103	4362	4635	4951
基本医疗保险	10902	12404	13783	15732	22051
其中　企业职工	10902	12404	13783	15732	17983
其中　城镇居民					4068
失业保险	10373	10584	10648	11187	11645
工伤保险	4575	6845	8478	10268	12155
生育保险	3655	4384	5408	6459	7755
城镇最低生活保障	2235	2200	2233	2241	2271
农村最低生活保障	—	—	—	—	3452
农村新型合作医疗	—	—	—	41000	73000

（资料来源：《2007 年国民经济和社会发展统计公报》、《劳动和社会保障事业发展统计公报 2006》、民政部有关统计资料）

项社会保险基金总收入首次突破 1 万亿元，达到 10724 亿元（见表 3-12）。2006 年，全国财政社会保障总支出从 1998 年的 596 亿元增长到

表3-12　2003—2007 年社会保险基金收支及结余情况

年份	基本养老保险			城镇职工基本医疗保险			失业保险		
	收入	支出	结余	收入	支出	结余	收入	支出	结余
2003	3680.0	3122.1	2206.5	890.0	653.9	670.6	249.5	199.8	303.5
2004	4258.4	3502.1	2975.0	1140.5	862.2	957.9	291.0	211.0	386.0
2005	5093.3	4040.3	4041.0	1405.3	1078.7	1278.1	340.3	206.9	519.0
2006	6309.7	4896.7	5488.9	1747.1	1276.7	1752.4	402.5	198.0	724.8
2007	7834	5965	7391	2257	1562	2477	472	218	979

（资料来源：中华人民共和国统计局官方网站 http://www.stats.gov.cn/tjsj/ndsj，《2007 年国民经济和社会发展统计公报》）

4362 亿元，年均增长 28.3%，大大高于同期 GDP 的增长速度。此外，由财政拨款支持的全国社会保障基金理事会所支配的基金，截至 2007 年年底按市值计算可达到 5000 亿元。社会保障已经成为关系国计民生的一项重大经济社会制度，在我国剧烈经济转轨和高速经济发展过程中，发挥了安全网和稳定器的重要作用。

（一）完善社会保障体系需要研究的主要问题

从为全体国民提供基本社会保障，基本社会保障服务均等化的理念出发，我国社会保障体系建设仍然任重而道远，一些重大问题急需研究解决。

1. 如何看待城乡之间的社会保障差异

我国城乡二元经济长期存在，加之多年来社会保障制度建设侧重城市中的国有企业，致使目前城乡社会保障制度差异过大。例如，城镇企业职工基本养老保险制度与农村社会养老保险制度在建构理念和制度模式上完全不同，前者强调风险共担和社会公平，充分体现社会保险原则；后者与农村地区的养老保障理念相对应，即以土地保障和家庭保障为主，突出个人的养老保障责任。又如，城镇实行职工和居民基本医疗保险，农村实行新型合作医疗制度。城镇职工基本医疗保险由用人单位和个人以工资额为基数按比例共同缴费，实行社会统筹和个人账户相结合的管理模式；城镇居民基本医疗保险由个人缴费，财政给予相应补贴；新型农村合作医疗制度由个人、集体和国家三方出资。

面对城乡社会保障制度的过大差异，一些人提出尽早统一制度，实行大一统的城乡社会保障体系，以利于城乡劳动力合理流动，缩小城乡差别。笔者认为，建立覆盖全体国民的社会保障体系，并不意味着社会不同群体都必须享有整齐划一的制度，可以而且也应当针对城乡经济社会发展的具体情况分别制定相应的制度。国际经验说明，城乡社会保障的制度差异和水平差异，是随着工业化过程和城市化进程逐步消除的。我国目前还不具备统一城乡社会保障制度的条件，但应当把农村社会保障提到重要议事日程，与城镇社会保障统筹规划，并在基本社会保障服务方面向农村倾斜。一些经济比较发达的地区，可以率先探索城乡社会保障制度的衔接。

2. 如何看待城镇不同群体之间的社会保障差异

社会保障项目有的实行就业关联原则，如失业保险；有的实行普遍关联原则，如最低生活保障。因此，城镇就业人员和非就业人员之间在就业关联的社会保障项目上存在一定差异是正常的。目前社会反映强烈的问题，集中在同为就业关联项目，不同群体之间基本保障待遇水平差距过大。一是制度分割造成企业职工和机关事业单位职工之间基本养老保险待遇差距过大。从全国看，职工人均养老金水平，1990 年机关是 2006 元、企业是 1664 元，相差 1.2 倍；2005 年机关是 18410 元、企业是 8803 元，相差 2.1 倍。二是职工基本医疗保险待遇在机关和企业之间实际差距过大。1998 年《国务院关于建立城镇职工基本医疗保险制度的决定》明确提出统账结合的医疗保险制度应覆盖城镇所有用人单位，但中央国家机关至今未被覆盖。已经参加基本医疗保险的政府机关和事业单位，很多仍通过各种名目的医疗补贴给予经济补偿，实际与过去的公费医疗并无多大差别。

对于基本医疗保险虽然制度统一而执行不力的问题，各方面认识比较一致，就是要加大在社会保障领域的反特权力度。有些人看到我国医药卫生体制改革存在不少问题，主张恢复计划经济体制下的医疗保险制度，理由之一是东欧国家还保留了计划经济的医疗保险制度。而东欧学者自己在《转轨中的福利、选择和一致性》一书中却说，"关于'经典'社会主义医疗保险体制，应该强调该体制在任何东欧国家都没有原封不变地保留下来，但我们仍然可以在许多方面看到其残余"。他们还指出："对于'列入名单'的高层人士而言，有安静的条件、更好的特殊医院或特殊病房。在经典社会主义制度下，不可能期望医疗保健服务可以避免腐败和特权。"要实现我国基本医疗服务均等化，回到计划经济年代不是南辕北辙吗？

对基本养老保险因制度不同造成的待遇水平差距过大的问题，各方面认识还不一致。一些人坚持公务员应实行独立的养老保险制度，如果机关与企业之间养老待遇差别过大，可如近年来政府所做的那样，通过相应提高企业职工养老金来弥补。笔者认为，与其扬汤止沸，不如釜底抽薪，美国、日本是以私营企业为主体的市场经济国家，分别在 1984 和 1986 年统一了企业和公务员的基本养老保险制度，我国社会主义市场经济是以公有制为主体的，国有企业人员，特别是企业领导人和政府公务员经常相互调动，企业老职工也是当时国家分配去的，更应当建立统一的城镇职工基本养老保险制度，从根本上解决两种不同制度下养老金水平相互攀比的问题。

3. 如何看待社会统筹与个人账户相结合的基本养老、基本医疗保险模式

在由代际转移的现收现付制向统账结合的部分积累制转型中，我国基本养老保险制度改革没有对隐性债务给出合理安排，曾设计通过提高企业缴费率来达到制度运行中的自行消化。然而在人口老龄化日益严重的背景下，养老保险缴费率居高不下，企业难承重负，隐性债务没有被消化，以社会统筹账户透支个人账户、个人账户空账运行的尴尬局面凸显出来。近年来做实个人账户取得了实质性进展，但全国空账规模累计已达近万亿。按劳动和社会保障部、国家体改委等部门以及世界银行等组织的课题组分别测算，企业职工基本养老保险的隐性债务大致为 3 万亿元。如何逐步填补隐性债务从而根本解决个人账户空账问题仍需进一步研究。对于医疗保险这类即时支出的保障项目，建立个人账户积累基金的必要性也存在较大争议。

针对"统账结合"模式当前存在的问题，一些人提出把基本养老保险个人账户做空，实行名义个人账户。笔者认为虽然国外也有实行名义账户的先例，但更有做实账户的经验，我国已经确定了统账结合的模式，且在今后约 30 年的模式转型过程中逐步填补 3 万多亿元隐性债务，对财政压力并不太大，应当坚持逐步做实个人账户的现行政策，并加大做实的力

度。至于职工基本医疗保险个人账户，作为需要即时支出的项目，与养老保险积累到退休年龄才能提取，两者性质并不相同，且大大增加了管理成本，其必要性确实值得研究。许多地方为了减少管理成本，已经把它交给职工个人自由支配了。绝大多数国外研究机构和学者主张取消医疗保险个人账户。国内许多人也认为可以考虑将个人账户转到补充医疗保险，并适当调整个人账户比例，以有利于提高基本医疗保险共济水平，减少基金管理成本。

4. 如何看待基本社会保障统筹层次

我国的社会保障制度改革是从打破"企业自保"起步的，当时实行县级统筹就是很大进步了。但现在仍维持低水平的统筹层次则妨碍了社会保障关系的转移接续，不利于建立统一的劳动力市场。统筹层次低使得基本保障能力与统筹地区的经济发展水平相联系，经济发展水平高的地区能够提供较为优越的保障待遇，这种待遇差距形成后，发达地区就更不愿意与落后地区实行基金统筹，从而降低了基本保障的互济能力。例如在养老保险制度的实际运行中，由于统筹层次过低，不同统筹层次的基金无法调剂使用，造成基本养老保险基金赤字和结余并存的局面。一部分地区基本养老保险基金出现大量盈余，另一部分地区基本养老保险基金出现巨额赤字。大量农民工退保，也和基本养老保险统筹层次过低、异地接续困难直接相关。

是否可以一步到位实行基本社会保障项目的全国统筹？笔者认为实际做到很难。一是有的项目不必实行全国统筹，如失业保险，其领取期限最多2年，不存在异地接续问题。二是不宜笼统提基本保障项目全国统筹。如职工基本养老、基本医疗保险项目实行统账结合，其中个人账户基金归个人所有，不存在统筹问题，但基础养老金和医疗保险社会统筹基金急需提高统筹层次。三是社会保障制度受到财政体制制约，在财政分灶吃饭，中央与省、省与地市县的财权、事权还有待理顺的情况下，过早实行全国统筹，可能损害地方政府管理社会保障事务的积极性。

（二）完善社会保障体系的几点建议

1. 加快推动社会保障法制建设

经过 30 年来的不断调整与变革，我国社会保障制度在构建理念、体系建设和制度框架等方面已经基本成型。加快推动法制建设，应当成为当前和今后一段时期内完善社会保障体系的着力点。

社会保障制度关系国家长治久安，世界上大多数国家都以立法形式进行制度安排。我国应抓紧出台社会保障相关立法，使社会保障体系建设步入法制化轨道。由全国人民代表大会或者其常委会对社会保障进行立法，可以提高社会保障制度的法律层次，增强社会保障制度的权威性；可以规避行政立法的部门利益导向，保证社会保障立法的公正性，提高公众对社会保障制度的信心；提高立法层次还有助于实现社会保险关系在全国范围内的转移接续。

社会保险是社会保障体系中的核心组成部分，尽管各种社会保险制度已实施多年，却没有一部专门的综合性法律加以规范。社会保险制度中以养老保险和医疗保险的重要性更为突出，但二者目前均以国务院"决定"和"通知"的形式来规范。失业保险和工伤保险的法律层次相对高一些，通过"条例"的形式来体现。目前历经 13 年反复酝酿的《中华人民共和国社会保险法》处于审议阶段，备受社会广泛关注。应加快《中华人民共和国社会保险法》的出台，以此推动社会保障的立法步伐。

2. 大力促进城乡社会保障制度统筹发展

城乡社会保障制度统筹发展的重点是坚持城乡并重、相互协调的发展思路，尽快建立和完善农村社会保障制度。当前要从制度建设上实现农民的基本社会保障，在此基础上考虑城乡居民之间的社会保障待遇差别以及城乡人口流动过程中的待遇衔接问题。

一是要整体规划，重点推进农村的社会保障制度建设。将城乡社会保障制度作为一个有机整体，进行科学合理地规划设计，包括项目结构、保障水平、筹资模式、管理制度和监管机制等，以有助于城乡社会保障制度的有效衔接。考虑到当前城乡经济社会发展的不平衡，农村社会保障制度应向制度相对先进、运行相对成熟的城镇社会保障制度靠拢，如养老保险、最低生活保障等，尽量避免二者在基本构成要素方面的偏差，为将来城乡社会保障制度的统一做好准备。

二是要以农民工和失地农民为重点，实现城乡社会保障制度的合理衔接。农民工和失地农民是介于传统意义上城乡居民之间的两个特殊群体，妥善解决他们的社会保障问题，将为实现城乡社会保障制度的有效衔接提供宝贵经验。尽量创造条件让农民工和失地农民参加城镇社会保障制度，在保障标准、筹资模式和待遇发放等方面给予一定的灵活性安排。灵活性安排只能作为过渡性安排，待时机成熟后应完全纳入城镇社会保障体系，在此基础上引导农村社会保障制度向城镇社会保障制度接轨。

三是强化政府在城乡社会保障制度统筹发展中的主导地位。政府在推动社会保障立法过程中，要对城乡社会保障制度的统筹发展予以重视；在制定社会保障事业发展规划过程中要将城乡社会保障统筹发展作为其中的重要战略目标，并调动相关社会资源保证这一目标的顺利实现；还要加强对社会保障事业发展的监督，及时发现并解决城乡社会保障统筹发展过程中出现的各种问题。

3. 完善基本社会保障的公共财政投入机制

基本社会保障是国家立法强制实施的，公共财政必须保证合理的投入。

一是要合理界定各级财政在社会保障方面的事权和财权，明确各级政府的社会保障责任。通过规范转移支付制度，强化中央政府在社会保障事务中的主导权，中央政府主要负责全国性社会保障事业发展规划的制定，统筹各地社会保障的协调发展，通过财政转移支付帮助贫困地区，监督各地社会保障事业的财政投入和运行管理。地方政府主要负责本地社会保障事业的执行与实施，保证社会保障发展的财政投入，负责社会保障的日常事务。

二是要提高各级政府公共财政用于社会保障支出的比重，推动经济建设型财政向公共服务型财政的转变。各级财政应不断调整支出结构，加大对社会保障的支持力度，逐步形成与经济发展水平相适应的社会保障待遇调整机制，在保证全体社会成员基本社会保障的同时，努力使人们合理分享经济社会的发展成果。根据我国的经济发展水平和公共财政实力，逐步提高社会保障支出在财政支出中的比重，以增强政府的公共管理职能。

三是建立和健全社会保障预算，增强社会保障财政支出的权威性和稳定性。各级政府应分别建立社会保障预算，逐步将社会保障支出作为中央财政和地方各级财政的主要支出项目确定下来。将缴费（税）、财政拨款、社会捐赠、国有资产转让和发行彩票等途径形成的社会保障资金纳入社会保障预算，使社会保障收支活动受到严格的预算监督。各级政府不得挪用、侵占社会保障的公共财政投入资金，不得随意改变社会保障资金的法定用途。

4. 改进社会保障积累性基金的投资管理

一是对社会保障基金投资实行竞标管理。当前由社会保险经办机构负责社会保险基金的投资管理，只能投资于国债和银行存款，社会保险经办机构缺乏市场投资经验的消极影响已经开始显现出来，单一投资管理机构缺乏有效监管的制度弊端也很明显。应参照全国社会保障基金理事会的投资做法，邀请优秀的专业基金投资管理公司参与进来，社会保险经办机构可以作为招标人的身份与其开展合作。

二是逐步拓宽社会保障基金的投资领域。养老基金投资一般分为金融投资和实业投资两个方向，金融投资工具包括银行存款、国债、企业债券、股票、证券投资基金、贷款合同以及衍生金融工具等，实业投资领域包括房地产和基础设施等，不同投资工具具有不同的优势与劣势。一般来说，银行存款的安全性和流动性较好，但赢利性较差，只能作为短期投资工具以满足流动性需要。国债的安全性最高，赢利性偏低，是较理想的规避风险工具。企业债券的赢利性较好，但面临的坏账风险也较大。股票及其衍生金融工具的收益率显著高于其他投资工具，但其风险也相当高，是社会保障基金实现增值目标的主要投资渠道。实业投资的优势是能够在一定程度防范通货膨胀风险，劣势是投资期长而且流动性差。在我国资本市场尚不完善的情况下，政府可以探索社会保障基金介入交通、电力、石油等高利润行业，或者一些大型基础设施建设项目等领域，将原由政府基本建设性支出承担的一些投资项目转由社会保障基金投资，这样既有利于政府财政支出结构的调整，又能保证基础设施建设的资金需要。可以通过一定的制度安排让财政承诺社会保障基金投资于基础设施建设的最低收益。

第四章

教育体制改革

30 年前，由于"文化大革命"的破坏，我国教育几近瘫痪，教育管理体制极度混乱。面对千疮百孔的残局，邓小平同志高瞻远瞩，明确提出把科学和教育作为发展经济、建设现代化强国的先导。在邓小平同志亲自领导下，教育部门从恢复高考制度着手进行整顿，使我国重新迎来了尊重知识、尊重人才的春天。30 年来，我国共有近 6000 万高中毕业生参加高考，1000 多万人被高校录取，其中培养出 3 万多名博士研究生和 30 多万名硕士研究生。30 年过去了，邓小平当年做出恢复高考的决策具有深远的意义。教育不仅能够改变一个人的命运，还能改变一个国家的命运。教育是一个民族兴旺发达的根基所在。

一、基础教育体制改革

（一）基础教育的改革发展历程

30 年来，基础教育体制改革大致经历了拨乱反正（1978—1983 年），义务教育达标（1983—2003 年）和改革深化（2003 年至今）三个阶段。

1. 恢复教育秩序阶段（1978—1983年）

基础教育在"文化大革命"这场殃及全国的政治运动中遭到严重破坏，学校停课闹"革命"，许多学校被迫撤销、搬迁和中断招生，教师队伍受到很大冲击，学校正常的教育、教学秩序无法运行，基础教育基本上处于瘫痪状态，一代青少年失去了接受科学文化知识熏陶的机会。部分中小学校即使存在，也由于教育教学偏离教育目标，教学设施设备得不到维护和增加，办学条件和环境恶化，教学质量低下。针对基础教育百废待兴的局面，当时主要采取了以下措施：

第一，恢复基础教育正常运行系统。"文化大革命"结束以后，基础教育系统迫切需要改变混乱的状况。1978年，党的十一届三中全会提出"调整、改革、整顿、提高"发展国民经济的八字方针，基础教育系统开始拨乱反正，恢复学校正常教学秩序，对教师中冤、假、错案进行平反，调整中小学校布局，使日常教学工作步入正轨。

第二，重树尊重知识的思想意识。在党的十一届三中全会精神指导下，经过几年的艰苦努力，我国经济和社会主义现代化建设出现了欣欣向荣的景象，但初露生机的基础教育无法适应改革开放以后经济发展的需要，国民的文化素质急需提高。1982年第五届全国人民代表大会第五次会议通过了修订的《中华人民共和国宪法》，规定："中华人民共和国公民有受教育的权利和义务"；"国家举办各种学校，普及初等义务教育"。这是新中国成立33年以来我国第一次以国家根本大法的形式对普及义务教育做出了明确的规定，目的是使全国人民认识到发展教育事业是关系到国家兴旺、民族素质提高的大事，人人都享有基本教育的权利是我国的一项根本制度。

这一阶段的主要特点是：基础教育系统的恢复、整顿不是独立的单部门的变革，而是国家整体变革的一部分。党的十一届三中全会以后，各行各业都在"调整、改革、整顿、提高"发展国民经济的八字方针指导下回归正常秩序。由于各方面条件不成熟，义务教育普及和提高还处于萌芽阶段，义务教育只在宪法中提到，具体操作程序还没制定。

2. 义务教育的实践和达标阶段（1983—2003 年）

经过全面的拨乱反正，党的各项事业逐步走上正轨，教育战线重新焕发了新的生机。在党的十一届三中全会确立的改革开放的战略方针指导下，农村改革初见成效，城市改革也拉开了序幕，全社会对教育提出了迫切的新要求。国家需要提高国民的文化道德素质，培养大量合格的劳动者和技术人员，以加快经济建设的步伐。1982 年党的十二大提出了两个文明一起抓、建设社会主义四个现代化的宏伟目标。当时的现实情况是，教育的供需矛盾非常突出，教育严重滞后于实践的发展，基础教育尤其薄弱，制约着经济发展和全面改革步伐。

这一阶段为加强基础教育而采取的主要措施是：

第一，提出了义务教育从普及小学教育开始。在党的十二大会议上，确定了教育是社会主义现代化建设的战略重点之一。1983 年，中共中央、国务院发出《中共中央、国务院关于加强和改革农村学校教育若干问题的通知》，提出在农村经济迅速发展的新形势下普及初等教育的任务和应当采取的方针和措施。同年，教育部发出《关于普及初等教育基本要求的暂行规定》，提出了普及初等教育的基本要求，指出普及初等教育应从我国实际情况出发，坚持统一性与多样性相结合的原则。1985 年中共中央颁布了《中共中央关于教育体制改革的决定》，明确指出"义务教育，是依法律规定的，适龄儿童和青少年都必须接受的，国家、社会、家庭必须予以保证的国民教育"；"把发展基础教育的责任交给地方，有步骤地实行九年义务教育"。《中共中央关于教育体制改革的决定》提出的目标是 20 世纪 80 年代在全国基本实现普及小学教育，要求各省、自治区、直辖市根据本地区的经济文化基础和其他条件各自分步实施。经济基础好、教育较发达地区在 1985 年前普及小学教育，其他地区在 1990 年前普及小学教育，对极少数山高林密、人口稀少的地区，其普及期限可以延长。在地方的职责划分上，原则上由各省、自治区、直辖市决定。在具体执行中，各地基本采用"县办高中，乡办初中，村办小学"的做法，把农村义务教育的责任落实到了乡、镇政府头上。

第二，颁布《中华人民共和国义务教育法》（以下简称《义务教育法》）。1986年第六届全国人民代表大会第四次会议通过了《义务教育法》。《义务教育法》的颁布对我国教育领域特别是基础教育领域具有重要意义。它彻底改变过去教育管理混乱、权责不分、目标不明确的状况，并以法的形式对义务教育加以规范和强制。《义务教育法》比较全面地规定了国家实施义务教育的方针、管理体制和国家、社会、学校、家庭在义务教育实施中的责任。《义务教育法》是新中国成立以来由国家最高立法机关制定颁布的第一部义务教育的专门法律。为了更好地落实义务教育法，国家教育委员会、国家计划委员会、财政部、劳动人事部联合颁布了《关于实施〈义务教育法〉若干问题的意见》。国务院办公厅于同年9月转发此文件，明确提出了分地区、有步骤地实施义务教育的具体规划。1991年，国家教育委员会发布《教育督导暂行规定》。1992年，经国务院批准，国家教育委员会发布了《中华人民共和国义务教育法实施细则》等一系列行政法规和规章。地方各级人大和政府结合地方的实际，制定了相关的义务教育的地方法规和规章，由此形成了比较完善的我国义务教育法律、法规体系。

《义务教育法》的颁布使我国走上了依法治校的轨道。学校内部管理体制不断完善，教育、教学改革不断深化；政府逐步提高教育经费和义务教育经费所占比例，鼓励多渠道、多形式集资办学，以立法形式筹措和使用义务教育经费，从根本上解决教育投入不足的问题；建立了"地方负责，分级管理"的体制，发挥地方政府和人民群众办学的积极性。具体来说，在办学体制上，《义务教育法》改变了政府包揽办学的格局，逐步建立以政府办学为主体、社会各界共同办学的体制。对于基础教育，以地方政府办学为主，同时鼓励企事业单位和其他社会力量按国家的法律和政策多层次、多形式办学。在管理体制上，党中央、国务院对于中等以下的教育，强调要继续完善分级办学、分级管理模式。地方政府在中央大政方针的指导下，对学校实行统筹和管理。为促进教育同经济、科技的密切结合，中央要求县、乡两级政府把教育纳入当地经济、社会发展的整体规划中，同时还要求积极推进农村教育、城市教育和企业教育的综合改革。中央特别强调要努力探索城市教育管理的新体制。

《义务教育法》颁布后，各省、自治区、直辖市相继制定实施义务教育法的地方法规。随着改革开放的逐步深入，我国的教育投资体制发生了重大变化，义务教育经费由先前的单一来源转变为多元化，即除以政府投入为主并增加政府教育投入外，还辅之以征收用于教育的税费、收取非义务教育阶段学生学杂费、社会捐资集资和设立教育基金等多种渠道筹措教育经费的体制。在教育经费管理体制上，实行教育经费预算单列，做到事权与财权的统一。

《义务教育法》主要加强了四个方面的力度：依法治教，推动政府行为到位；增加教育投入，缓解经费紧张矛盾；加强师资队伍建设，提高教育质量；深化基础教育改革，落实素质教育目标。

《义务教育法》的突出亮点：一是明确义务教育的义务性。《义务教育法》规定免收学费，但鉴于当时我国国情，我国人口众多、教育规模庞大、经济基础薄弱，再加上"文革"人为因素影响，国家财力有限，在当时义务教育阶段学生家长要合理分担少量费用，补充学校公用经费的不足。二是将素质教育上升为法律规定。《义务教育法》提出，实施素质教育是新形势下教育创新的重要内容，是教育思想和人才培养模式的重大进步，是我国教育改革的方向。三是完善义务教育经费的保障机制。《义务教育法》完善了义务教育经费保障机制，提出义务教育经费筹措办法，强调实行国务院和地方各级人民政府根据责任共同负担，省、自治区、直辖市人民政府负责统筹落实，各级人民政府根据国务院规定分项目、按比例分担投入。四是明确义务教育的法律责任。强调规范办学行为，实施责任追究制。五是强化政府督导机构的督导职能。在《关于实施〈义务教育法〉若干问题的意见》中明确提出"国家和地方逐步建立基础教育督学机构，负责对全国或本地区范围的义务教育实施全面的视察、督促和指导，并协同当地人民政府处理有关实施义务教育的各项问题"。

第三，颁布《中华人民共和国教师法》（以下简称《教师法》），稳定教师队伍，保障教师权益，提高教师素质。为了维护教师的合法权益，保障教师待遇和社会地位的不断提高，同时加强教师队伍的规范化管理，确保教师队伍整体素质不断优化和提高，第八届全国人大常委会第四次会议于 1993 年 10 月 31 日通过《教师法》，并于 1994 年 1 月 1 日起开始施行。《教师法》第一次全面地对教师的权利和义务、资格和任用、培养和培训、考核、待遇、奖励等方面做出法律规定。《教师法》要求"各级人民政府应当采取措施，加强教师的思想政治教育和业务培训，改善教师的工作条件和生活条件，保障教师的合法权益，提高教师的社会地位"；"全社会都应当尊重教师"，从法律上保障了教师的合法权益。1995 年 12 月，国务院颁布了《教师资格条例》，对教师资格条件、资格考试、资格认定等做出了具体规定。同年，国家教委根据教师法的授权，颁布了《教师资格认定的过渡办法》。2000 年 9 月，教育部颁布了《〈教师资格条例〉实施办法》。

按照法律，教师的平均工资水平应当不低于或者高于国家公务员的平均工资水平，并逐步提高，建立正常晋级增薪制度。地方人民政府对违反本法规定，拖欠教师工资或者侵犯教师其他合法权益的，应当责令其限期改正。违反国家财政制度、财务制度，挪用国家财政用于教育的经费，严重妨碍教育教学工作，拖欠教师工资，损害教师合法权益的，由上级机关责令限期归还被挪用的经费，并对直接责任人员给予行政处分；情节严重，构成犯罪的，依法追究刑事责任。

此外，国家有关部门先后制定了《关于〈教师法〉若干问题的实施意见》、《教师和教育工作者奖励规定》、《高等学校教师培训规程》、《中小学教师继续教育规定》等《教师法》配套法规和其他相关政策，在教师资格认定、遴选任用、职务聘任、培养培训、流动调配、考核奖惩、工资待遇、申诉与仲裁等主要环节上实现政府依法治教、学校依法管理、教师依法执教。教师管理的法律法规体系框架初步形成，教师队伍建设逐步走上了法制化轨道。

第四，颁布《中华人民共和国教育法》（以下简称《教育法》），并完善教育相关法律体系。改革开放以来，随着党和国家工作重心的转移和经济建设的发展，把教育摆在优先发展的战略地位。教育立法也成为一个重大问题，教育基本法的制定则成为关系我国经济发展、教育改革、完善教育法制、依法治教的头等大事。党的十一届三中全会以来，随着社会主义民主与法制建设的加强，教育立法工作逐步得到了加强和重视，国家先后颁布了若干教育法律和教育行政法规。这些法律法规的制定与实施，使我国教育工作初步实现了有法可依。但是，这些法律法规都只是调整和规范某一方面的教育关系或某一项教育工作的，如《教师法》是规范教师管理的，而教育领域中许多需要法律调整的、带有根本性质的关系还没有相应的法律来调整，已有的法规还存在不协调、不统一、不科学等现象。教育立法还相对滞后，为了加快教育法制建设，早日建成符合我国国情的教育法律体系，促进以法治教，迫切需要制定一部《教育法》。

《教育法》是教育的根本大法，是由全国人民代表大会审议通过的，是位于国家根本大法《中华人民共和国宪法》之下的国家基本法律之一，与《中华人民共和国刑法》、《中华人民共和国民法》等国家基本法律处于同等的法律地位。《教育法》的颁布，为健全内容和谐一致、形式完整统一的教育法体系奠定了坚实的基础。在整个教育法律体系中，《教育法》处于"母法"和"根本大法"的地位，具有最高的法律权威。其他单行的教育法规只是调整和规范某一方面的教育关系或某一项教育工作，都是"子法"。制定一部教育基本法作为教育法规的"母法"，将带动已经出台和即将出台的"子法"，尽快构建完整的教育法框架，为我国教育改革与发展奠定坚实的法律基础。

1995 年 3 月，第八届全国人民代表大会第三次会议通过了《教育法》，并由中华人民共和国主席令第 45 号公布，自 1995 年 9 月 1 日起施行。至此，国家改变过去教育无法可依的状况。教育成为除经济领域外立法最多的领域，已颁布实施的与基础教育相关的法律有：《义务教育法》（1986年）、《教师法》（1993 年）、《教育法》（1995 年）等教育法律，以及其他教育行政法规和教育行政规章，教育法律法规体系的基本框架已经建立起来。

第五，义务教育评估验收。在各地贯彻落实《义务教育法》的过程中，国家教委于1993年建立了评估验收制度，以检查各地义务教育的实施情况。依据国家教委设定的评估指标，当时全国已有27个省、自治区、直辖市对554个普及九年制义务教育（以下简称"普九"）、扫除青壮年文盲（以下简称"扫盲"）的县、市、区进行了评估验收，并于1995年1月26日，在全国教育工作电话会议上公布了首批554个"普九"、"扫盲"县、市、区。到1995年年底，我国基本实现"普九"和"扫盲"的县、市、区累计已达1025个，覆盖人口占全国人口总数的36.2%。2000年年底，我国宣布如期实现了基本普及九年制义务教育和基本扫除青壮年文盲（以下简称"两基"）的目标，"普九"地区人口覆盖率已达到85%以上，青壮年文盲降到5%以下。

这一阶段的中心任务是落实《义务教育法》，对适龄儿童、少年实施义务教育，其特点：一是依法督教、依法治教代替行政管理，推动政府行为归位，避免了政策的随意性。二是体制改革的方向明确。义务教育突出了公平、公正的思想，强调合理配置教育资源，保证地区间、城乡间、学校间和群体间的均衡发展。三是义务教育的强制性实施。从举办方的政府到承办方的学校，从施教方的教师到受教方的学生，从法定监护人的家长到临时监护人的学校、教师，分别明确了各方的法律责任。四是义务教育的实施促进了教育立法，以依法治教为主线的教育体制改革不断深化。

3. 基础教育改革深化阶段（2003年至今）

到2003年年底，实现"两基"验收的县、市、区总数达到2659个（含其他县级行政区划单位181个）；12个省、自治区、直辖市已按要求实现"两基"。全国实现"两基"的地区人口覆盖率达到91.8%。但义务教育仍面临一些突出问题与困难。从1986年颁布义务教育法到2003年，我国经济社会发生了巨大的变化，《义务教育法》原来的一些规定，已不适应形势发展的需要，主要表现在：

（1）义务教育的目标已实现，但进一步普及、巩固和提高质量仍任务艰巨。2003年381个县没有实现"普九"，农村地区、西部地区突击"普九"，质量水平低，容易反复。

　　(2) 义务教育经费投入明显不足，义务教育经费负担不合理。农村中小学公用经费普遍不足，2003 年国家审计署统计报告显示，在所调查的 50 个县中，2001 年年底，义务教育的负债为 23.84 亿元，到 2003 年 6 月底，上升至 38.98 亿元。有的县 80% 以上的中小学都有负债。实施"以县为主"的管理体制后，仍然存在拖欠教师津贴、补贴现象，一费制后，农村学校出现严重经费困难。从实际情况分析，义务教育经费来源具有不合理性。1994—2001 年期间，我国义务教育经费的 78% 由乡镇负担，9% 左右由县财政负担，省财政负担 11%，中央财政负担不足 2%，而乡镇基本上属于"吃饭"财政，这样，实际的后果是把农村义务教育的一些负担转嫁到农民身上。这是当时农村义务教育的一个突出问题。

　　(3) 社会经济改革发展出现一些新矛盾、新问题。2000 年以来，每年我国农村劳动力流动约有 1.5 亿人，这些人员的子女，大约有 600 万人被带到了城市，还有 2200 万人留在了家乡，总数约占整个义务教育阶段学生的 17%，学校或家长教育与监管不力。新形势下失学辍学问题仍然存在，农村有 3.50%，西部有 4.64%，个别县有 10% 甚至 30%。城市"择校热"与"乱收费"仍然比较严重。

　　(4) 义务教育发展不均衡。重点班校制度导致义务教育不公平。城市早已实现"普九"，甚至普及高中教育，西部部分地区仍没有实现"普九"等，特别是城乡教育水平差距过大在一定程度上影响整体国民素质的提高。

　　为了解决当时义务教育发展中存在的问题，缓解新矛盾，使义务教育更好地为经济建设服务，采取了以下深化改革的主要措施：

　　第一，将教育公平提到重要议事日程。农村义务教育实施初期的困难，主要在于管理体制上，国家在管理职责明确过程中未对中央、省、市和县级政府的具体投入责任进行划分，农村义务教育经费困难的问题再度凸显出来。2003 年，国务院做出了进一步加强农村教育工作的决定，召开了新中国成立以来第一次全国农村教育工作会议，明确了农村教育在教育工作中重中之重的战略地位，做出了"新增教育经费主要用于农村"

的重大决策，决心用更大的精力和更多的财力，重点加强农村义务教育，深化农村教育改革，发展农村教育事业。

2005 年，教育部提出了《关于进一步推进义务教育均衡发展的若干意见》，随后国务院又发出了《国务院关于深化农村义务教育经费保障机制改革的通知》，要求充分认识推进义务教育均衡发展在构建和谐社会中的重要作用，有效遏制城乡之间、地区之间和校际之间教育差距增大的势头。要以区域推进为重点，优先解决好县域内义务教育均衡化问题，并明确提出了推进义务教育均衡发展的措施："明确各级责任、中央地方共担、加大财政投入、提高保障水平、分步组织实施"，逐步将农村义务教育全面纳入公共财政保障范围，建立中央和地方分项目、按比例分担的农村义务教育经费保障机制。

为了加快西部地区、贫困地区、边疆地区、民族地区义务教育的发展，2003 年国务院决定实施西部地区"两基"攻坚计划。到 2007 年，全国 410 个"两基"攻坚县中已经有 317 个县实现了目标，西部地区"两基"人口覆盖率由 2003 年的 77% 提高到 96%。民族自治地区 699 个县中，已经有 614 个县实现了"两基"，占民族自治地区总县数的 87.8%。"两基"攻坚计划的实施，有力地促进了西部地区农村义务教育的发展，使农村学校的办学条件大大改善，教学质量得到提高。其中"农村寄宿制学校建设工程"，中央财政累计投入了 100 亿元资金，使 7000 多所学校受益，可满足 200 多万新增寄宿生的学习、生活条件要求，使边远山区和边疆地区的孩子再也不用为上学每天翻山越岭、长途跋涉。

第二，修订《义务教育法》。2006 年 6 月 29 日，第十届全国人民代表大会常务委员会第二十二次会议通过了修订的《中华人民共和国义务教育法》，并于 2006 年 9 月 1 日实施。新《义务教育法》无论在形式还是内容上都做了重大调整，突出了义务教育的权利性、平等性、公益性、免费性、强制性和基础性的特征，为我国义务教育的完善奠定了坚实的法律基础。

在减轻农村家庭的教育负担上，国家逐步实施了免除义务教育阶段学杂费，对贫困家庭学生免费提供教科书并补助寄宿生生活费政策。这项深得民心的"两免一补"政策，2005 年首先在 592 个国家重点贫困县实施，2006 年在西部农村和部分中部农村地区实施，2007 年春季开学时在全国农村全面实施，惠及 1.5 亿农村义务教育阶段的中小学学生。农民的教育负担得到切实减轻，平均每年每个小学生家庭减负 140 元，初中生家庭减负 180 元。此外，免除城市义务教育阶段学杂费已经纳入规划正在逐步推进。

在中央政府全部免除了西部地区农村义务教育阶段中小学生学杂费的同时，中央财政对西部地区农村义务教育阶段中小学校又安排了公用经费补助资金，提高公用经费保障水平，启动了全国农村义务教育阶段中小学校校舍维修改造资金保障新机制。建立农村义务教育经费保障新机制，是我国教育发展史上又一个重要里程碑，对于促进教育公平、提高全民族素质将会产生重要而深远的影响。

这些重大改革措施，使我国农村义务教育进入到前所未有的快速发展时期。到 2006 年，全国实现"两基"县数从 2001 年的 2573 个提高到 2973 个，"两基"人口覆盖率进一步提高到 98%。扫盲工作进一步推进，2001 年到 2006 年，全国共扫除青壮年文盲 1136.3 万人，青壮年文盲率进一步下降到 3.58%。同时，幼儿教育、特殊教育得到进一步发展，高中阶段教育规模进一步扩大。

目前，我国基础教育仍处在深化改革阶段，其主要特点：一是义务教育的义务性开始得到真正体现。学生免费义务教育是义务教育的重要特征。多年来我国义务教育实际上是收费教育，即政府少投入、学生家长交费，经费保障由中央、地方分项目按比例分担。2005 年党的十六届五中全会讨论通过了《中共中央关于制定国民经济和社会发展第十一个五年规划的建议》，提出"加快发展农村文化教育事业、重点普及和巩固农村九年义务教育，对农村学生免收杂费，对贫困家庭学生提供免费课本和寄宿生活费补助"。二是义务教育具有强烈时代性。《义务教育法》的实施使我国从一个人口大国变成一个人力资源大国，并正朝着人力资源强国迈进。在构建和谐社会、全面建设小康社会的时代背景下，以科学发展观为指导的新《义务教育法》颁布，体现出鲜明的时代特色，用符合社会进步的要求指导义务教育,体现均衡发展的思想和素质教育的使命。三是义务教育的可操作性大大增强。《义务教育法》填补了过去教育法律的一些盲区,使之能够成为其他教育法律修订的借鉴。针对当时义务教育实施过程中存在的突出问题和人民群众关注的热点、难点问题,不回避矛盾,正视现实,体现出了较强的现实针对性。

(二) 基础教育改革的成就

30 年的艰苦努力取得的成绩有目共睹,"两基"目标基本实现,义务教育政策得到较充分落实,保证教育质量的软、硬环境明显改善,部分基础较好的地区普及了高中教育,为我国进一步提高国民素质树立了榜样。

1. "两基"目标得以实现并巩固

改革开放 30 年,我国的基础教育规模不断扩大,成就显著。截止到 2006 年年底,实现"两基"验收的县、市、区累计达到 2973 个(含其他县级行政区划单位 205 个),占全国总县数的 96%,"两基"人口覆盖率达到 98%。

由于我国计划生育政策得到有效落实,并取得显著成效,在某种程度上缓解了我国教育资源相对紧张的局面,减轻了实现"两基"目标的压力。1978—2006 年,我国初等教育的在校生、毕业生和招生人数都在下降,下降比例分别为 24.9%、33.5% 和 24.2%。初中阶段教育规模略有提升,2006 年初中教育的在校生、毕业生和招生人数比 1978 年分别增长 20.3%、7.3% 和 14%(见表 4-1)。

表 4-1 1978 年与 2006 年基础教育规模

人数 年份 基础教育	在校生数(万人)		毕业生数(万人)		招生数(万人)	
	1978 年	2006 年	1978 年	2006 年	1978 年	2006 年
初等教育	14624	10711.53	3315	1928.48	2288	1729.36
初中阶段教育	4995	5957.95	2006	2071.58	1693	1929.56

(资料来源:中华人民共和国教育部网站 http://www.moe.edu.cn/)

改革开放后，除实现"普九"目标以外，初中升高中升学率和高中升大学升学率明显提高（见表 4-2），为广大青年提供了进一步深造的机会，为国家输送了一批高层次人才。

表 4-2 改革开放后各阶段升学率

年份	学龄儿童净入学率	小学升初中	初中升高级中学	高中升高等学校
1978	95.5	87.7	40.9	—
1980	93.9	75.9	45.9	—
1985	96.0	68.4	41.7	—
1990	97.8	74.6	40.6	27.3
1995	98.5	90.8	50.3	49.9
2000	99.1	94.9	51.2	73.2
2005	99.2	98.4	69.7	76.3
2006	99.3	100.0	75.7	75.1

（资料来源：中华人民共和国国家统计局网站 http://www.stats.gov.cn/）

2. 基础教育教师素质明显提高

改革 30 年来，小学教职工和专任教师略有减少，专任教师合格率得到提高，教师不足现象明显改善。1978 年小学教职工为 562 万人，其中专任教师 522.6 万人，在有统计的 1995 年，小学教师的学历合格率达到 88.9%。2006 年全国小学教职工 612 万人，其中专任教师 558.76 万人，小学专任教师学历合格率 98.87%，2006 年全国小学生师比 19.17：1，比 1978 年的 27.98：1 明显降低（见图 4-1）。

1978 年全国初中专任教师 244.1 万人，2006 年为 347.5 万人，是 1978 年的 1.42 倍，反映了义务教育法的贯彻落实，小学升学率提高，初中教师需求增加。2006 年初中专任教师学历合格率 96.34%，1997 年初中教师的学历合格率达到 80.30%（1997 年以前数据缺），初中教师专业水平明显提高。2006 年全国初中生师比 17.15：1，比 1978 年的 20.46：1 有所降低。

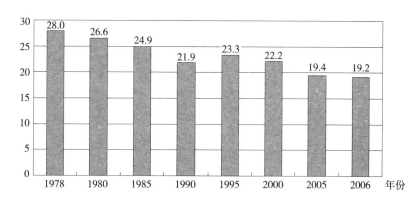

图4-1　各年小学生师比（小学生/教师）

（资料来源：国家统计局：2004和2007年的《中国统计年鉴》，中国统计出版社）

3. 办学条件明显改善

全国普通中小学校办学条件进一步改善。截至2006年年底，全国普通中小学校舍建筑面积133109.5万平方米，小学体育运动场（馆）面积达标校数的比例为53.49%、体育器械配备达标校数的比例为47.44%、音乐器械配备达标校数的比例为42.43%、美术器械配备达标校数的比例为40.74%、数学自然实验仪器达标校数的比例为52.75%。普通初中体育运动场（馆）面积达标校数的比例为67.76%、体育器械配备达标校数的比例为64.74%、音乐器械配备达标校数的比例为56.99%、美术器械配备达标校数的比例为55.59%、理科实验仪器达标校数的比例为72.23%。这些指标均比30年前明显提高，办学条件明显改善，保证了义务教育办学质量。

在西部、山区和少数民族地区，利用现代化手段，加速了"普九"步伐。如"农村中小学现代远程教育工程"，中央和地方政府累计投入110多亿元资金，建设了覆盖全国农村的远程教育网络，使所有中西部农村中小学学生可以共享优质教育资源。

4. 高中阶段教育规模稳步扩大

全国高中阶段教育发展较快。2006年高中阶段教育（包括普通高中、职业高中、普通中等专业学校、技工学校、成人高中、成人中等专业学校）共有学校 31685 所，招生 1619.03 万人，在校学生 4341.86 万人。其中全国普通高中 16153 所，招生 871.21 万人，在校生 2514.50 万人，毕业生 727.07 万人。2006 年高中阶段的在校生、毕业生和招生数分别为 1978 年的 2.8 倍、1.76 倍和 2.37 倍（见表 4－3）。高中阶段毛入学率达到 59.8%。

表 4－3　1978 年与 2006 年高中教育规模

（单位：万人）

年　　份	1978	2006
在校生数	1553	4341.86
毕业生数	693	1219
招生数	683	1619.03

（资料来源：中华人民共和国教育部网站 http://www.moe.edu.cn/）

2006 年普通高中专任教师 138.72 万人，专任教师学历合格率 86.46%。2006 年普通高中生师比为 18.13:1，比 1978 年的 20.96:1 有所降低。普通高中体育运动场（馆）面积达标校数的比例为 77.43%、体育器材配备达标校数的比例为 77.64%、音乐器材配备达标校数的比例为 71.39%、美术器材配备达标校数的比例为 71.83%、理科实验仪器达标校数的比例为 81.96%、建立校园网的学校占普通高中学校总数的比例为 63.86%。各项办学条件均明显改善。

（三）基础教育改革展望

改革开放 30 年，我国基础教育取得了非凡成就。纵观过去的发展历程，我国基础教育还须在德行教育、素质培养、全面均衡发展等方面进一步理顺思路、制定策略、加大力度。

1. 大力实施中小学素质教育

在实现"两基"目标之后，我国教育事业发展的"重中之重"是大力实施中小学素质教育，把精力和资源转移到以全面提高学生基本素质为目标的基础教育体系设计上，在教学内容、教学方法、教学设施、教育评价指标体系等方面都应紧跟时代的要求。例如：贯彻和完善教材多样化的方针，整体规划与课程体系相配套的教材建设；逐步建立学生全面发展的多元化评价指标体系，并发挥正确的导向作用；让学生学会做人、学会求知、学会创新、学会合作；鼓励一批有条件的中小学及早实行计算机联网，实施中小学信息化建设等。

走向素质教育是经济发展、富国强民的需要，是精神文明建设繁荣昌盛的需要，是社会稳定、长治久安的需要，也是在激烈的世界竞争中，永远立于先进民族之林的需要。解决我国目前当务之急的问题还是要靠提高13多亿人口的素质。一方面，我们否定"应试教育"。因为"应试教育"是天才教育体系中的一种模式，"应试教育"的机制是一种选拔机制，是仅仅为部分升学有望的学生服务的，侧重智育，而轻德、体、美的培养。应试教育即使在智育方面，也不是全面的，应试教育只重视考试课程，只重视知识传授，忽视能力培养。另一方面，我们要防止另一个极端，义务教育不用升学考试，可能会放松对学生文化知识学习的监管，疏于管理，结果学生不仅素质没提高，反而养成不好的习惯和观念。

良好的思想道德素质、健康的身体素质和心理素质、合理的知识结构、创新意识、竞争意识、健康的人际交往能力、合作能力、自学能力以及良好的适应能力等，都是适应21世纪时代发展所必备的基本素质。教育是一个系统的工程，不仅要加强对学生的文化知识教育，而且应对学生成长的方方面面进行引导，应试教育正是割裂了这一整体过程，片面强调应试教育范畴的科学文化知识，忽视了对学生各方面素质的综合培养。考试本应是检验的一种手段，在应试教育中却成了目的。

"素质教育"坚持面向全体学生，为学生的全面发展创造条件，将德育、智育、体育、美育及劳动技术教育和社会实践融入教育的各个环节，强调培养学生的创新精神和实践能力，提倡尊重学生身心发展的特点和教育规律，使学生生动活泼、积极主动地发展。从应试教育向素质教育转变，对教师素质提出了更高的要求，因此需要加强教师培训，提高教师素质。保护和培养学生的创造能力与创新精神，关注每个学生整体素质的提高是素质教育最重要的目标。实施素质教育是今后中小学教育改革的主题，也是我国教育改革与发展的主题。

2. 继续深化基础教育的管理体制和办学体制改革

目前我国教育存在着严重的不公平问题，即教育资源在区域之间、城乡之间、阶层之间分布不均匀，个人获得教育的机会存在严重不均等。随着学校收费自主权的扩大，政府官员、管理部门、学校、教职工等受利益驱使，有意无意地扩大"寻租"的空间。"教育腐败"现象有蔓延之势。教育资源分配差距日趋扩大，资本的寻利性导致教育资源的配置以追求利润为动力，加剧了教育资源分布的不均衡性。而教育的这种不均衡发展已经成了制约教育全面发展的重要根源，甚至已成为社会矛盾的焦点。另外，教育结构单一、学制僵化、各类教育之间的不衔接、教育内容脱离实际、缺乏实用价值、教学难度过高等等，也是造成教育机会、尤其是学业成功的教育机会不均等的重要原因。

增进教育公平的主要途径是将教育公平问题作为与效率同样重要的价值目标。一是通过发展教育扩大教育机会，缩小教育质量的差距。各级政府必须保证教育经费持续增长，通过制度创新、政策调整、开放教育，吸引和促进社会资源向教育的流动。二是促进教育资源配置的合理化、均衡化。在发展中缩小差距，增加公平，要将逐步缩小地区差距、城乡差距作为决策的重要目标之一。三是建立优惠政策和相应机制，加大对西部地区和弱势群体的教育支持。首先在边远和少数民族地区普及义务教育，提高少数民族自治县的初中教育普及率。同时，应当重视和切实解决流动人口、贫困阶层子女的教育机会和教育公平问题。

3. 大力加强德育工作

德者，事业之基。年轻一代的思想取向、道德水平，永远都是影响未来社会的关键因素。当代中小学生的学习能力更强、个性更加鲜明，是充满活力和生机的一代。但在思想政治和道德品质方面也存在一些令人担忧的问题，如一些中小学生自私自利超越界限，友爱淡薄，不善合作等。

健康的心理素质，文明的行为习惯，良好的道德品质，科学的世界观、人生观、价值观，崇高的理想，正确的政治方向是成才的关键，但它必须通过长期的、系统的教育和实践才能形成。在基础教育阶段有针对性地加强对学生正确处理人际关系能力的培养，有利于他们学会尊重、关心、同情和帮助他人，学会与人交流与合作。21世纪是高度国际化和信息化的时代，个人参与国际交往的机会也会越来越多，有必要在进行爱国主义教育的同时，加强公民教育和国际主义教育。在新时期的德育教育中，必须使学生充分理解和认识人与自然环境的相互依赖关系，加强热爱大自然、保护环境意识培养，并形成良好的行为习惯。建立加强学校德育工作的机制，加强德育法规制度建设，加强青少年教育基地建设，建立健全学校、家庭、社会的育人网络，重视师德建设，开展德育科研，努力提高中小学德育的实效。

4. 关注初等教育的均衡发展

随着九年制义务教育在我国绝大部分地区普及，未来基础教育的发展方向可以向纵横两个方向发展，纵向发展是继续提高义务教育年限，横向发展是提升教育质量。纵向发展决策既要考虑国家经济基础实力，也要考虑我国国民经济对人才的需求。从目前我国的实际国情看，横向发展的紧迫性大，即正确处理受教育的年限与教育的质量的关系问题，包括与之相关的经费保障和经费需求的关系问题，坚持办学方针和规范办学的关系问题。

二、职业教育体制改革

（一）职业教育的改革发展历程

党的十一届三中全会后，我国的职业教育步入了一个新的发展时期，职业教育的规模、层次、管理体制都发生了明显变化。总结 30 年发展历程，我国职业教育体制改革可以分为职业教育恢复与探索发展（1978—1990 年）、确立职业教育重要地位（1990—1999 年）和职业教育大发展（1999 年至今）三个阶段。

1. 职业教育的恢复与探索发展阶段

"文化大革命"期间，绝大多数技术学校、职业中学（农业中学）都停办了。"文革"结束后，教育部和国家劳动总局联合发文，鼓励各行业创办职业技校，并将部分普通高中改办为职业学校，一些学校恢复了职教学习。1982 年，邓小平同志在论述 20 年内我国发展战略的重点时强调："我们国家国力的强弱，经济发展后劲的大小，越来越取决于劳动者的素质，取决于知识分子的数量和质量"，要求"以人才培养为突破口，大力发展包括职业教育在内的各级各类教育"。

改革开放以后，由于经济建设对人才的渴求和人们压抑已久的创造性与工作热情得到激发，接受职业教育成为人们满足教育需求和参与经济建设的重要途径和手段，加上乡镇企业异军突起，为中等职业教育发展提供了良好的社会环境和人才需求基础。

这一阶段在职业教育体制改革方面采取的主要措施有：

第一，恢复和改革原有初、中等职业教育。1979 年五届全国人大二次会议的政府工作报告指出："中等教育要有计划地多举办各种门类的中等职业教育，这是建设社会主义的多方面的迫切需要，同时也有利于解决大量中学毕业生就业问题。"从此，职业教育摆脱了"文化大革命"期间所受的干扰与冲击，逐步走上了良性发展的轨道。

1980 年，国家有关部门提出要改革中等教育结构，发展职业技术教育，使高中阶段的教育更加适应社会主义现代化建设的需要。实施初等职业教育由初级职业中学完成，这类学校大部分存在于我国经济欠发达的农村地区，培养对象主要是小学毕业生和相当于小学文化程度的青少年，学制三至四年，培养具有某种初步的职业基础知识和一定职业技能的工人、农民和其他从业人员，它是适应农村经济发展的需求而设立的，属于我国九年制义务教育的一部分。

1985 年《中共中央关于教育体制改革的决定》明确提出了："调整中等教育结构，大力发展职业技术教育"、"逐步建立起一个由初级到高级、行业配套、结构合理而又能与普通教育相互沟通的职业技术教育体系。"同时，国家改革了有关的劳动人事制度，实行"先培训、后就业"的原则。1986 年，全国高中阶段各类职业学校的在校生已占整个高中阶段在校生总数的 33%。同年，国家教委、国家计委、国家经贸委、国家劳动人事部联合在北京召开了全国职业教育工作会议，这是我国改革开放以后第一次专门召开的职业教育方面的会议，是我国当代职业教育发展进程中的里程碑。会议通过的决议认为，职业教育需要解决的问题是：第一，职业教育的规模、层次和结构不能适应城市经济和社会发展的需要，还没有形成所有经济部门、尤其是工业企业都能依靠职业教育来提高从业人员素质的格局；第二，农村的职业教育还很薄弱，发展很不平衡，许多地方的农村基本上还是单一的普通教育；第三，中等专业学校和技工学校发展缓慢，潜力未充分发挥出来，招生规模同"七五"期间的需求差距很大；第四，教育质量和办学效益不高，相当多的学校师资力量薄弱，经费严重不足，缺少基本的教学设施和实习条件，社会迫切需要的某些专业仍然短缺或十分薄弱。会议确定了"七五"期间全国职业教育的发展目标是：在 1990 年前后使全国大多数地区高中阶段职业技术学校的招生数达到与普通高中的招生数大体相当；五年内培养出 800 万名初级、中级技术人员和管理人员，初步改变人才结构上初级、中级比例过低的不合理状况；要培养上千万新的技术工人，努力提高中级、高级技工的比例，使多数回乡的初中、高中毕业生受到不同程度的职业技术培训；办成一批起示范作用的学校和培训中心；积极推行"先培训，后就业"、"经过考核，择优录用"原则等内容。

第二，试办高等职业教育，探索高等职业教育规律。20 世纪 80 年代，一批新型地方性大学——职业大学在我国东南沿海及一些经济较发达地区率先出现，这是我国最早具有高等职业技术教育性质的学校。到

1985 年止，经国家教委批准，各地共兴办了 120 多所职业大学。它们与其他大学的区别是学生自费、走读、不包分配。这些学校通过校际协作共同对高等职业教育方案、发展模式进行大胆探索，取得了一定的成绩。但是，由于高等职业教育环境尚未形成，经验不足，认识不够，国家政策不配套等原因，这类高等职业教育办学特色不明显，职业大学办成了"压缩式"的传统大学。

高等职业教育主要招收普通高中毕业生及中等职业学校毕业生，学制一般三年。高等职业学校逐渐加大了招收职业学校毕业生的比例，同时，逐步实现了中等、高等职业教育的对接。这类教育主要目标是培养经济建设所需的中、高级专业技术和管理人才，强调应用型、工艺型技能培养。实施高等职业教育的学校共有五类：第一类是高等职业技术学院和高等技术专科学校；第二类是具有职业性、地方性、实用性的短期职业大学；第三类是普通中等专业学校举办五年制的高等职业教育班；第四类是在部分普通高等学校和成人高等学校中举办的高等职业教育；第五类是对普通专科学校进行改革转制的学校，侧重为生产第一线培养实用型人才，即培养高等职业技术人才。

按照《中共中央关于教育体制改革的决定》提出的"逐步建立起一个从初级到高级、行业配套、结构合理又能与普通教育相互沟通的职业技术教育体系"精神，国家教委决定在上海电机制造技术专科学校、西安航空技术高等专科学校和北京防灾技术高等专科学校这三所中专学校基础上试办 5 年制技术专科教育。经过不断实践，统筹安排 5 年制高等职业技术教育教学计划，实现了中等职业教育与高等职业教育的有机衔接，由于学生年龄小、可塑性强的特点，再加上较充分的教学时间，这三所学校学生职业意识和职业能力得到较好的培养，学校提高了教学质量和办学效益。5 年制高等职业教育适应了经济建设和生产第一线岗位对高等技术应用性人才的需要，适应了职业教育多样化发展的需要，受到了用人单位和社会的认可与欢迎，职业教育探索取得可喜成绩。

对高中起点的职业教育的探索稍微滞后。1991 年，经国家教委和总后勤部共同批准，中国人民解放军军需工业学校改建为邢台高等职业技术学校，率先在全国探索高中起点的高等职业技术教育模式。国家教育管理部门对试办学校的基本要求是"双起点"、"双证书"，即学校招收普通高中起点和相当于高中阶段的职业学校起点的毕业生，学生学成毕业时既获得大专学历证书又取得职业资格证书。经过几年的实践探索，邢台高等职业技术学校形成了特色鲜明的"双起点、双业制、双证书、订单式"高等职业教育办学道路，被国家教委称为"邢台模式"。

到 1990 年年底，各类职业技术学校已发展到 16000 多所，在校生超过 600 万人，同时全国建有就业训练中心 2100 余所，每年培训待业人员 90 多万人。高中阶段各类职业技术学校和普通高中的招生数之比已接近 1:1，中等教育结构单一的状况有了较大改变。

这一阶段职业教育改革的主要特点：一是初步理顺管理体制、确立职业教育发展空间。职业教育要为各行各业培养适用人才，而我国的特点之一是人口多，职业教育底子薄。因此，办好职业教育就不是教育系统一家的事，需要企事业等用人单位的支持和参与，职业教育制度的改革也必然涉及劳动人事制度的改革。政府出台了"先培训后就业"以及"职业资格证书"的相关政策，在一定程度上缓解了办学资金设备不足、师资教材缺乏及毕业生就业不公的状况，更重要的是这些政策密切了职教与经济建设、社会发展之间的关系，使职教进一步增强了办学活力，明确了服务方向。经过一段时间的实践和探索，各地兴起了校企联办职业教育新风，大力提倡企事业单位办学、社会力量办学，逐步形成了全社会办职业教育的大职业教育环境，开始建立多元办学体制。二是初步探索并形成了多层次的职业教育结构体系。中等职业技术教育是当时我国教育事业尤其是中等教育事业的重要组成部分。与此同时，高等职业教育与初等职业教育也有相应的发展，初步形成了以中等职业技术教育为主体，初、中、高不同层次，与多种形式的职业培训相结合的职业技术教育体系。

2. 确立职业教育在国家社会发展中的重要地位阶段

经过近 10 年的恢复和改革发展，我国职业教育取得显著进步，但在发展中还存在一些问题，主要有：我国的职业技术教育无论规模、定位和质量都还不能适应经济建设和社会发展的需要，在整个教育事业中仍然是很薄弱的环节；社会上乃至一些部门和地方的领导中还存在着鄙薄职业技术教育的现象；职业技术教育的有关法规和配套政策不健全，管理体制尚待进一步理顺，资金投入不足，办学条件差，支持职业技术教育发展的服务体系很薄弱；职业教育内部的改革和建设亟须加强，高水平的示范性骨干学校数量还太少，职业技术教育的专业设置和专业结构与社会需求结合得不够紧密。主要原因有两方面：一是进入 20 世纪 90 年代，我国开始建构社会主义市场经济，社会结构开始发生深刻变化，对人力资源素质的要求比改革开放之初高。急需一些适用于不同产业的具有相应科技知识，同时拥有实际操作能力的专门人才，改变我国人力资源结构单一、两极分化的现状。与此同时，人民群众的生活水平已由温饱向小康提升，在解决了衣、食、住、行等方面的基本需求后，接受更高层次教育的需求也就越来越强。二是社会经济制度中存在一些不合理的现象。首先，我国城乡二元经济结构造成城乡差异、贫富差距等过于悬殊，而计划经济体制和历史遗留下来的诸如户籍制度、就业制度、医疗保险制度、养老制度以及职业保留制度等问题，进一步加大了城乡差距，造成农村青少年的教育动机主要是通过接受高等教育"跳农门"，改变农业人口的身份和地位。与农村相对应，城市青少年或者接受高质量的普通高等教育，或者依靠统包统分制度，依靠"单位"就业，同样阻碍了对职业教育的需求。其次是教育类型的不平等。职业教育对象是社会底层群体，对应的就业岗位是生产建设第一线、地位相对不高的岗位；职业教育收费却比同级普通教育高；需要高成本的职业教育得到的投入经费却比同级普通教育低。为了解决这些问题，为发展我国职业教育铺平道路，国家相关管理部门采取了如下措施：

第一，结合我国国情需要，制定职业教育发展战略，确立职业教育的法律地位。1991 年，国务院做出《国务院关于大力发展职业技术教育的决定》。它根据我国经济、社会发展的需要，国家明确了职业教育进一步发展的目标和任务，指出"高度重视职业技术教育的战略地位和作用"，并规定了20世纪90年代我国职业教育发展的几项任务：其一，重视并积极发展对在职人员进行职业技术培训的成人教育；其二，广泛开展短期职业技术培训；其三，在普通教育中积极开展职业指导，因地制宜地在适当阶段引进职业教育因素，在不同阶段对学生实行分流教育；其四，努力办好现有各类职业技术学校。同时，还就职业教育发展的政策支持、职业教育的改革和基本建设、职业教育工作的领导和管理提出了明确的意见。

1993年，中共中央、国务院印发了《中国教育改革和发展纲要》，指出："职业技术教育是现代教育的重要组成部分，是工业化和生产社会化、现代化的重要支柱。各级政府要高度重视，统筹规划，认真贯彻积极发展的方针，充分调动各部门、企事业单位和社会各界的积极性，形成全社会兴办多形式、多层次职业技术教育的局面。"这是我国第一部教育发展规划，也是我国第一个职业教育发展规划。同年，劳动部颁发了《职业技能鉴定规定》，职业教育的内容有了系统的、科学的计量指标。

1994年，全国教育工作会议首次提出了通过"三改一补"发展高等职业教育的方针。这一举措整合了现有高等教育资源，标志着我国高等职业教育发展过程中的重大政策转变，是我们对高职教育更加深入认识的体现。

1996年5月，经全国人大讨论通过了《中华人民共和国职业教育法》，它是我国职业教育法制化的开端，为职业教育的发展提供了法律保障，使职业教育步入了规范化发展的快车道。随后，职业教育体系逐步完善，发展规模不断扩大，办学体制日益多元化，形成了职业教育发展的良好局面。与此同时，劳动部发布了《关于进行劳动预备制度试点工作的通知》，该文件规定：为缓解就业压力，调节劳动力供给，提高青年劳动者全面素质和就业能力，从1997年起，在全国范围内有计划、有步骤地实施劳动预备制度试点，对新生劳动力就业前追加1—3年职业培训和相关教育，使其掌握一定的职业技能后再进入就业岗位。

第二，规范高等职业教育发展模式，加大发展高等职业教育力度。

1997 年，为了明确高等职业学校的发展方向和规范校名，国家教委明确提出新建高等职业学校一律定名为"职业技术学院"或"职业学院"，同时鼓励通过改革、改组、改制发展高职教育的其他学校照此更名。同年 3 月，国家教委首批批准的深圳职业技术学院和邢台职业技术学院挂牌。

1998 年，教育部提出"多渠道、多规格、多模式发展高职教育"的要求，并拨出了 11 万个招生指标，在 20 个省市用于试点发展高职教育。这一时期的职业教育探索初步形成了以职业能力教育为中心的人才培养模式，初步开创了有中国特色的高等职业教育之路。1999 年 1 月，为了逐步把高等职业教育的招生计划、入学考试和文凭发放等方面的责权放给省级人民政府和学校，便于省级人民政府在国家宏观指导下，对本地区高等职业教育的现有资源进行统筹，教育部提出：毕业生不包分配，不再使用"普通高等学校毕业生就业派遣报到证"，国家不再统一印制毕业证书内芯，高等职业教育以学生缴费为主的政策。此项改革的目的是改变传统的专科人才培养模式，加快专科教育向高等职业教育转变的步伐，促进我国高等职业教育快速发展。

1999 年，《中共中央、国务院关于深化教育改革全面推进素质教育的决定》强调指出："构建与社会主义市场经济体制和教育内在规律相适应、不同类型教育相互沟通相互衔接的教育体制"，"大力发展高等职业教育"、"积极发展包括普通教育和职业教育在内的高中阶段教育"。

经过各方面的共同努力，在完善和调整中等职业教育体系结构的同时，高等职业技术教育得到了长足的发展。截至 1999 年年底，我国高职高专学校共 1345 所，占整个高等教育学校总数的 69.26%。2000 年全国共有高职高专毕业生 99.84 万人，占整个高等教育学校的 50%。

这一发展阶段的主要特点：一是高等职业教育规范化，包括高等职业教育机构名称、人才培养模式、招生、入学考试和文凭发放等都做出了相应规定。二是职业教育由内在需求不足向内在需求旺盛转变。经济建设的强劲驱动是这一时期职业教育发展的重要前提。20 世纪 90 年代初，由于观念和手段的制约，职业教育内容在一定程度上滞后于经济发展，基本处于外在推动阶段。不少地方性的职业教育政策是为完成上级下达的"普职比"而出台的"应急之策"，具有明显的"短效性"特征。随着我国经济的不断发展，我们对经济结构优化的认识在不断强化，就业压力、资源短缺、社会公平等问题引发了我们对职业教育的重新思考。

3. 高等职业教育大发展阶段

从 1978 年到 2000 年，我国经济建设取得了巨大的成就，国民经济保持快速增长，经济实力、综合国力和国际竞争力不断上升，"小康"社会目标基本实现，人民群众的生活水平有了较大程度的提高。在经济建设取得成就的同时，我国也存在一些不可忽视的社会问题，如阶层贫富差距越来越大，弱势群体队伍不断扩大，经济和社会发展地区不平衡加剧，国有企业改革遗留下来的就业问题、农村剩余劳动力转移问题等日益突出，严重的技能型人才短缺成为制约经济发展的"瓶颈"。由于人才和技术的制约，我国经济发展以资源的高消耗为代价，成本较大，收益低，还造成了严重的环境污染。

为解决经济发展过程中面临的新矛盾、新问题，党中央、国务院提出了科学发展观与构建和谐社会的目标，我国开始步入了全局性、可持续发展与和谐社会构建阶段，并把追求社会公平、让每个人都享受到经济和社会发展的成果放到了重要位置，"以人为本"与"可持续发展"成为我国进入 21 世纪以后的重要战略手段和目标。

从外国的实践来看，随着经济社会结构的变化和从业流动人口的不断增加，很多国家也面临着就业的巨大压力，他们的做法是对人才的教育进行重新规划，职业教育作为规划的重点，凸显它的重要地位。我国目前正处于工业化中期，一方面，愈来愈严峻的就业压力和劳动力市场上技能人才的匮缺，从 2000 年到 2006 年，我国普通高校毕业生的人数从 107 万人迅猛攀升至 413 万人，2007 年全国普通高校毕业生达到 495 万人，而同期毕业生的就业率却持续下滑，从 2001 年、2002 年的 80% 下降到 2006 年的 72.6%。影响普通大学毕业生就业困难的一个重要因素是缺乏职业技能，不能适应劳动力市场的需要。我国技能型人才特别是高技能型人才大量缺乏，当前职业教育还远远未能满足现实需求；另一方面，我国的体制转轨和产业转型亟须劳动者素质的提升和新兴技能的培育，特别是能力本位学习、新兴产业的技能培训和行动导向学习的提升，职业教育是承担该重任的无法替代的角色之一。

城乡差距、贫富不均、就业岗位不足等问题，也制约了职业教育的发展。劳动力市场不够发达，工资制度改革不配套，导致用人单位的用人非理性，出现了人才的高消费，为普通教育增添了助力，职业教育发展显得依然艰难。面对严峻的就业形势，国家提出了"就业导向"的职业教育观，在目前社会大背景下接受更高的教育是人们尤其是农村和城市底层青少年改变身份的唯一途径，职业教育是面向平民的教育类型，而限制职业学校学生对口升入高水平大学却无异于剥夺了他们向上流动改变地位和身份的机遇。这些因素造成职业教育道路不畅，出路狭窄，影响了人们接受职业教育的积极性。尽管国家十分重视职业教育，但由于社会结构的不平衡和社会分层的现实，职业教育与普通教育等值的夙愿仍然难以实现，出现职业教育法律和政策的"空架"现象。

为进一步发展高等职业教育，国家采取了以下主要措施：

第一，制定高等职业教育发展方针。2000 年 1 月，为大力推进高职高专教育人才培养模式的改革，加强高等职业学校基本建设和教学管理，教育部下发了《教育部关于加强高职高专教育人才培养工作的意见》文件，提出了我国高职高专教育的办学指导思想、人才培养工作重点和工作思路，它成为此后我国高职高专教育人才培养工作的指导性文件。2002年 7 月，国务院召开了全国职业教育工作会议，并发布了《国务院关于大力推进职业教育改革与发展的决定》。这次职业教育会议与其后颁发的配套文件，构成了新世纪初我国高等职业教育发展的基本政策思路和总体改革方向。之后，教育部指导各高等职业院校从人才培养模式到教学内容体系改革、专业试点、实训基地、产学研结合等方面进行了探索和实践。劳动和社会保障部、教育部和人事部制定了《关于进一步推动职业学校实施职业资格证书制度的意见》，教育部、国家经贸委及劳动和社会保障部制定了《关于进一步发挥行业、企业在职业教育和培训中作用的意见》。这些政策为我国高等职业教育在新时期的主要任务定下了基调，对未来的发展确定了方向。

2003 年，劳动和社会保障部颁发了《关于贯彻落实中共中央国务院关于进一步加强人才工作决定做好高技能人才培养和人才保障工作的意见》，强调要加快建立起以职业能力为导向，以工作业绩为重点，注重职业道德和职业知识水平的技能人才评价新体系。劳动和社会保障部同年决定在全面实施国家高技能人才培训工程的基础上，从 2004 年到 2006 年的 3 年内，在全国开展"三年五十万新技师培养计划"。这项计划设计是从 2004 年到 2006 年的 3 年内，在制造业、服务业及有关行业技能含量较高的职业中，实施 50 万新技师（包括技师、高级技师和其他高等级职业资格人才）培养计划。其中，2004 年培养 10 万名新技师，2005 年培养 15 万名新技师，2006 年培养 25 万名新技师。

2004 年 2 月，教育部部长周济在第三次全国高职高专教育产学研结合经验交流会上，概括了高等职业教育界形成的共识：以服务为宗旨，以就业为导向，走产学研相结合的道路。对职业院校的发展和完善，国家教育管理部门主要采取两个措施：国家示范性高等职业院校建设和高职高专院校人才培养工作水平评估。

第二，建设高等职业教育示范基地，带动高等职业教育发展。2000 年 9 月和 2001 年 6 月，教育部先后启动了国家首批 15 所和第二批 16 所示范性职业技术学院建设项目，推动了高等职业教育的建设和发展。2004 年，由教育部、国家发展和改革委员会、财政部等七部委联合发布了《关于进一步加强职业教育工作的若干意见》，指出："职业教育仍然是我国教育的薄弱环节"，提出要"深化办学体制改革，促进多元办学格局的形成；加快职业教育实训基地建设，切实提高学生职业技能；深化职业院校人事制度改革，加强'双师型'教师队伍建设"等意见。

2005 年 10 月，国务院提出国家在"十一五"期间建设 100 所示范性高等职业院校的计划。2006 年 11 月，教育部、财政部为贯彻落实该文件

的精神，开始共同组织实施国家示范性高等职业院校建设计划，重点支持
100 所国家示范性高等职业院校，加快高等职业教育改革与发展。2006 年
12 月和 2007 年 8 月，教育部、财政部先后评选出了首批 28 所和第二批
42 所"国家示范性高等职业院校建设计划"立项建设院校。这些学校的
示范性建设带动和影响了全国高等职业院校的改革与发展，高等职业教育
迎来了一个前所未有的发展机遇。

为了在全国树立一批高职高专教育的先进典型，运用典型的样板作
用，进一步推动高职高专教育的发展。2001 年 6 月，教育部首次对沈阳
电力高等专科学校的"教学工作优秀学校"进行了试点评估。同时，教
育部决定，从 2003 年开始，在高等学校中建立 5 年一轮的高校教学工作
评估制度，2004 年至 2008 年为高职高专院校人才培养工作水平评估的第
一个周期。从 2003 年下半年开始进行的高职高专人才培养工作水平评估，
极大地促进了高等职业院校的发展。评估中涌现出一批优秀的学校，为适
时地推广它们的经验，提升它们的办学水平，以在全国范围内起示范作
用，2005 年 6 月，教育部高等教育司对深圳职业技术学院和邢台职业技
术学院两所院校进行了全国示范性高职高专院校遴选工作试点。这次遴选
对这两所学校的建设过程、建设结果和办学水平进行了阶段性评估，为建
立一套完整的、科学的《全国示范性高职高专院校评估方案》奠定了基
础，为进一步在全国范围内开展示范性评估和建设准备了条件。

从 1999 年到 2006 年，我国高等职业教育的规模得到迅速扩大，高等
职业教育已经占据我国高等教育的半壁江山。到 2006 年年底，独立设置
的高等职业学校数量为 1147 所，高等职业院校招生人数为 293 万人，超
过了普通本科招生人数，在校生人数为 796 万人，接近普通本科在校生
人数。

在办学原则上，我国高职教育采取多种形式、多种机制、多种模式
相结合的政策。这一举措整合了我国现有的高等教育资源，有利于高职
教育快速发展。举办高等职业教育的形式有：短期职业大学、职业技术
学院、普通高等专科学校，独立设置的成人高校、本科院校内设立的高

等职业教育机构（二级学院）、具有高等学历教育资格的民办高校等六类院校。

这一阶段主要特点：一是采用灵活多样的高等职业教育运行体制，充分利用社会资源。在高等职业教育的办学模式、管理方式、投资渠道、办学功能领域里，初步构建了开放、灵活及多元化的职业教育体系，取得了可喜成绩。二是推动传统教育向终身教育转变。高等职业教育适应经济建设和社会发展的实际需要取得了显著成绩，不仅有力地推动了传统学校教育向终身教育转变，而且促进了终身学习思想的传播和学习社会化的形成。

（二）我国职业教育发展状况

我国职业教育虽然起步较晚，但经过职业教育体制改革，发展较快，主要表现为职业教育体系不断完善，层次不断提高，作用显著加强，缓和了教育的供求矛盾。

1. 职业教育体系逐步完善

已形成高等职业教育、中等职业教育和初等职业教育三级职业教育体系。从经济社会发展上来看，发展高职教育对于走新型工业化道路，推进产业结构调整和经济增长方式转变，加快发展制造业和现代服务业，建设社会主义新农村，促进就业再就业，为构建社会主义和谐社会做出了应有贡献。

中等职业教育招生规模迅速扩大，高等职业教育蓬勃发展。2005年、2006年，我国中等职业教育连续两年每年扩大招生100万人。2006年，中等职业教育招生748万人，在校生规模达到1810万人，招生数和在校生数均创历史最高纪录。同时，高等职业教育成为我国高等教育的重要组成部分，招生人数占普通高校招生总数超过一半。其他形式的职业教育、职业培训蓬勃发展，规模不断扩大（见表4-4、表4-5、表4-6）。

表4-4 2006年各类职业院校学生数

（单位：万人）

职业院校类型	毕业生数	招生数	在校生数
初等职业教育	9.19	5.94	20.57
中等职业教育	—	747.82	1809.89
高等职业教育	88.09	177.09	438.41

（资料来源：中华人民共和国教育部网站 http://www.moe.edu.cn/）

表4-5 各级各类职业学校数

（单位：所）

年份 学校类型	1978	1985	2000	2003	2004	2005	2006
高等职业教育	—	—	—	711	872	921	981
中等职业教育	—	—	—	14787	14454	14466	14693
成人中专	—	—	4634	2823	2742	2582	2350
职业高中	—	—	7655	5824	5781	5822	5765
技工学校	2013	3548	3792	3075	2884	2855	2880
初等职业教育	—	—	1194	1019	697	601	335

（资料来源：中华人民共和国教育部网站 http://www.moe.edu.cn/）

表4-6 各类职业院校及其专任教师所占比例

年份 项目	1978	2000	2003	2004	2005	2006
（一）普通高等学校（万人）	20.63	46.28	72.47	85.84	96.58	107.60
其中：职业技术学院（万人）	—	—	14.95	19.34	22.10	26.66
职业技术学院专任教师普通高等学校所占比例（%）	—	—	20.6	22.5	22.9	24.8
（二）高中阶段教育（万人）	—	—	176.26	190.54	205.64	219.14
其中：中等职业教育（万人）	—	—	68.60	70.85	74.98	79.91
中等职业技术学校专任教师在高中阶段教育所占比例（%）	—	—	38.9	37.2	36.5	36.5
（三）初中阶段教育（万人）	—	—	—	350.55	349.72	347.94
其中：职业初中（万人）	—	3.83	3.08	2.37	2.02	1.15
职业初中专任教师在初中阶段教育所占比例（%）	—	—	—	0.68	0.58	0.33

（资料来源：中华人民共和国教育部网站 http://www.moe.edu.cn/）

2. 中等职业教育稳步发展

中等职业教育学科门类齐全，进一步贴近市场。面向经济建设主战场，面向生产服务第一线，深入推进教育教学改革，中等职业教育的培养模式更加灵活多样，职业特点更加突出，办学特色更加鲜明，充满发展活力，中等职业学校规模不断扩大（见表4-7）。2003年、2004年，国家先后安排专项资金，支持建设了200多所骨干中等职业学校和50个职业教育实训基地。各级各类中等职业学校中，涌现出一批办学特色鲜明的先进典型，创造了很多新的经验和好的做法，毕业生越来越受到各行各业的欢迎。我国中等职业学校毕业生就业率达到95%以上。

表4-7 2006年中等职业学校（机构）学生分科情况

（单位：万人）

项　　目	招生数	在校学生数	毕业生数
总计	613	1489	392.6
农林类	24.6	57.3	18.3
资源与环境类	5.3	11.3	2.7
能源类	4.3	11.7	2.8
土木水利工程类	15.1	37	9.3
加工制造类	145.6	324.9	67.1
交通运输类	19.8	47.2	10.6
信息技术类	148.9	359.2	101.8
医药卫生类	49.2	132.9	35.1
商贸与旅游类	50.4	128.2	36.5
财经类	35.1	91.2	26.3
文化艺术与体育类	31.3	82.1	23.1
社会公共事务类	16.7	41.2	13.9
师范类	24.2	67.9	22.2
其他	42.6	97	22.7

（资料来源：国家统计局：《2007年中国统计年鉴》，中国统计出版社2008年版）

3. 高等职业教育办学主体多元化

打破了单一的政府办学格局，初步形成了以政府为主导，行业、企业和各种社会力量多方参与，公办与民办共同发展的多元化办学格局。目前，高等职业院校在数量、在校生人数、毕业生人数等方面在普通高校中所占比例上升，本科院校在普通高校中所占比例则下降（见表 4-8）。

近年来为了适应经济结构不断优化的需要，高层次职业教育比例不断提高，低层次职业教育比例逐步减少。

表 4-8　高职、本科学生数所占比例比较

（单位:%）

	毕业生数	招生数	在校学生数
2005 年本科占普通高校比例	70.2	53.4	62.9
2006 年本科占普通高校比例	64.7	50	59.5
2005 年高职占普通高校比例	19.7	29.9	23.2
2006 年高职占普通高校比例	24.36	33.3	26

（资料来源：中华人民共和国教育部网站 http://www.moe.edu.cn/）

4. 高等职业教育管理体制不断完善

高等职业教育基础能力建设取得了重要的阶段性成果。经过积极探索，目前形成了"国务院领导下，分级管理、地方为主、政府统筹、社会参与"的管理体制。行业和企业举办职业教育得到了进一步落实，公办与民办高等职业教育共同发展的办学格局初步形成，全社会关心和支持高等职业教育发展的局面有了良好的开端。高等职业教育管理体制的目标是促进我国高职教育更好地适应经济建设和社会发展需要，加快面向基层，定位生产、建设、服务和管理第一线的高技能专门人才的培养速度，扩大省级政府对发展高等教育的决策权和统筹权，使得地方政府更积极探索发展地方高等职业教育的途径。2005 年、2006 年，中央财政又继续投入数十亿元，重点支持了包括 28 所示范性高等职业技术学院建设在内的学校建设。"十一五"期间，国家将累计投入 100 亿元，加强职业院校基

础能力建设。

5. 职业培训成绩斐然

2005 年、2006 年，中央财政投入数十亿元，重点支持了包括 763 个职业教育实训基地和 446 个县级职教中心的学校建设。教育部坚持以服务为宗旨、以贡献求发展，通过组织落实职业教育"四大工程"，年培训城乡劳动者 1.5 亿人次，使职业教育事业的发展惠及千家万户，为提高城乡劳动者就业能力做出了贡献（见表 4-9）。一是围绕"国家技能型人才培

表 4-9　2006 年职业技术培训机构基本情况

项　　目	学校数（所）	注册学生数（人）	结业学生数（人）	教职工数（人）
总计	177686	50786504	57336156	507008
职工技术培训学校（机构）	3177	1921148	2251861	42573
其中：教育部门和集体办	999	814443	1081323	19251
其他部门办	1010	785461	843502	10824
民办	1168	321244	327036	12498
农村成人文化技术培训学校（机构）	150955	38423598	45205798	232579
其中：教育部门和集体办	147492	37455404	44277451	224880
其他部门办	2439	847293	827263	4098
民办	1024	120901	101084	3601
其他培训机构（含社会培训机构）	23554	10441758	9878497	231856
其中：教育部门和集体办	794	883785	826118	12295
其他部门办	1482	1231765	1179261	18925
民办	21278	8326208	7873118	200636

（资料来源：国家统计局：《2007 年中国统计年鉴》，中国统计出版社 2008 年版）

养培训工程"，组织实施了"职业院校制造业和现代服务业技能型紧缺人才培养培训工程"。采取学校教育培养、企业岗位培训和个人自学提高相结合等办法，先后组织了 1000 多所职业院校和 2000 多个企业开展了多种形式的合作，覆盖学生和学员超过 300 多万人，大力加强数控技术、汽车维修、计算机应用、电子电器以及建筑、煤炭和物流等行业的技能型人才培养，带动和推进了整个技能人才队伍建设。二是围绕"国家农村

劳动力转移培训工程"，继续实施国务院六部门"阳光工程"和"教育部农村劳动力转移培训计划"，大力开展农村劳动力转移培训和进城农民工培训。三是围绕"农村实用人才培训工程"，继续实施"教育部农村实用技术培训计划"和"农村党员干部培训工程"，面向留在农村的劳动力积极开展农村实用技术培训。全国教育系统农村劳动力转移培训和农民工培训超过 3500 万人次，农村实用技术培训超过 6000 万人次。四是围绕"成人继续教育和再就业培训工程"，充分发挥职业学校和成人学校的作用，不断扩大培训规模和提高培训质量。面向初高中毕业生、城镇失业人员、农村转移劳动力和社区居民，积极发展成人教育、继续教育和社区教育，大力开展企业职工教育培训，全国企业职工年培训规模达到 9100 万人次。

6. 我国职业教育当前存在的主要问题

（1）职业教育培养目标不能与产业结构调整目标相适应。随着经济和科技的发展，产业会逐步由劳动密集型向技术密集型、知识信息密集型转化，需要大量的技术型、管理型和技能型劳动者，而职业教育的主要任务就是培养生产、管理、服务等领域第一线的技术应用型专门人才，以满足现代生产部门对这类人才的需求。然而目前很多职业院校，未能很好地把握职业教育与普通教育区别，没有把培养目标真正定位在"技术应用型专门人才"上。

（2）有限的职业教育资源不能充分发挥作用。一方面，职业学校设备闲置严重，缺乏科学的管理，造成教育资源浪费；另一方面，职业教育本身在专业设置、培训周期、培训效果等方面还不尽如人意。学校培养人才的规格质量与社会对人才的要求存在差距，造成人才向社会输出时学非所用的比率很高。

（3）职业教育投入不足。虽然职业教育经费总投入的数额在逐年增加，在全国教育经费总投入中所占的比例却在持续下降。目前，我国农村职业教育普遍存在着经费投入不足，职业中学除按普通中学的拨款标准外，很少有其他补贴。经费紧张导致一些必备的教学仪器设备无力购买，基地无法开发，实验活动无法进行。经费得不到保障，不仅制约了适应市场、灵活开放的专业体系的建立，也制约了职业教育自我调节机制的构建和完善。

（4）职业教育办学模式趋同，没有形成合理的阶梯规模结构，不能满足产业结构调整对各类职业教育人才的需求。很多学校在专业设置和教育培训上口径不统一，造成输出的人才定位不明确。另外，我国目前还没有完全把农村职业教育纳入整个教育大系统中来，在农村，职业教育处于边缘化，除了有为数不多的职业中学以外，职业技术学校、职业培训中心很少。

（5）职业教育的核心功能没有实现。职业教育的核心功能应该为解决技能型人才严重短缺、实现教育公平、缩小城乡差异、促进就业、加快农村剩余劳动力转移服务。从保护大众受教育权的角度出发，在坚持就业导向的基础上，职业教育应发挥教育的"立交桥"作用。目前存在的问题是，尽管初、中级技术技能型人才是社会经济发展的迫切需求，但接受职业教育却难以进入上层社会，职业高中、普通高中分流实际上成为进入不同劳动力市场的分界线，对大多数人来说，成为难以逆转的社会分层起点。在这种情况下，接受职业教育往往不是大众的自觉选择。

（三）我国职业教育体制改革发展的趋势

目前，我们正进入职业教育的快速发展阶段，但受历史、社会、经济、文化和政治等因素制约，选择普通教育还是职业教育作为不同时期的发展重点仍是一个艰难的选择，职业教育的功能还没有充分发挥出来，而且从职业院校自身的发展来看，职业教育也存在诸多问题。我们需要进一步认识职业教育特点，积极面对职业教育未来发展的挑战。

1. 人才培养模式不仅要重视职业技能训练，更要重视综合技能的训练

企业不满足现行高等职业教育培养单一技能人才的现状，社会经济发展和市场竞争要求高等职业院校培养的人才不仅需要具备高超的技艺，还

要具备创业、职业提升、创新、协调合作、和谐社会关系等方面的素质。高等职业院校的人才培养模式,一方面要满足社会经济和科学技术发展对各种人才的需要;另一方面要为人才的全面发展奠定基础,使技能型人才德、能(技能)、体全面发展。

2. 职业教育应当成为终身教育和大众教育的重要组成部分

目前,终身学习已经成为不可逆转的现实,而我国的终身教育体系还很不完善,因此终身学习将为职业教育的发展提供良好的机遇。构建终身教育体系,建设学习型社会已经成为国家的重大发展战略,是我国社会发展的目标之一。据对居民平均受教育年限的统计,1998 年美国为 12.7 年、日本为 12.3 年、英国为 11.9 年、德国为 13.5 年,而 2000 年我国 25 岁至 64 岁劳动者的平均受教育年限是 7.97 年,明显低于发达国家。由于技术创新要求人才具有更扎实的基础知识,这必然要求我国劳动者提高接受职业教育的基础水平,为弥补平均受教育年限的不足,终身教育成为必需。再考虑到技术更新周期缩短,职业教育将成为大众型的教育类型,将有更多的人、更广阔教育背景的人通过接受职业教育来提高自己的技术水平和生活质量,教育对象会更加多元化。同时,职业教育将从传统的职前准备扩展到岗前、岗中和岗后甚至人生的各个阶段。

3. 技术进步驱动职业教育发展

一方面,技术进步为职业教育指明方向;另一方面,技术进步为职业教育丰富内容。在知识经济和信息经济时代,技术发挥着越来越重要的作用,技术水平和技术创新能力成为决定一个国家综合国力、国际竞争力和国际影响力的核心元素,成为一个国家国际地位的标志,技术立国、技术兴国成为社会发展的显著特点之一。可以预测,技术地位的提升使得从事技术工作的劳动者的地位大大提高,技术教育将与知识教育形成两条不同的平等的晋升路线。职业教育与普通教育一起,作为提高全社会技术创新能力相互辉映的两翼,成为与普通教育并驾齐驱的独立的教育类型。由于技术的特征是创新与竞争,职业教育的目标定位不再是主要培养能够运用技术的操作员,而是培养既懂得运用技术,也懂得技术原理,能够进行技术创新的创造者。

4. 内涵发展是高等职业教育未来一段时间重点发展的方向

近年来，我国高等职业教育规模获得了迅速扩大，服务经济社会的能力有了较大提高，对完善我国高等教育结构、实现高等教育大众化发挥了积极作用。但是，目前我国高等职业教育未能得到足够重视，高职院校办学条件相对较差，实验实训设施缺位，"双师型"专业教师数量不足，人才流动的社会机制未能形成，高等职业教育的质量保障体系不够完善，办学机制改革有待突破，这些因素都严重制约了高职教育的健康发展。在这种情况下，未来一段时间加强基础能力建设，提高高等职业院校教育质量是高等职业教育的突破点。

5. 以市场需求为导向应成为高等职业教育办学的指导思想

随着人们对高等教育需求的不断增长和高等教育大众化的发展，我国高等职业教育的规模得到了空前扩大，但是，规模的扩张并不意味着能够真正满足经济社会发展的需要。相反，目前高等职业院校培养的人才并不能适应岗位的需求。一方面，企业需要懂得高新技术原理、会操作、能够快速适应岗位需求并有发展后劲的高技能人才。另一方面，由于仍然沿用以学科为本位的人才培养模式，没有准确的职业岗位定位，许多高等职业院校即使以能力培养为目标，其培养的人才仍旧与市场需求不能准确匹配。因此，高等职业院校必须以企业需求为导向，加强与企业的合作，不断创新人才培养模式，充分满足企业的需要，才能获得真正快速发展。

6. 高等职业教育向更高的层次探索势在必行

过去，我们对高等职业教育在层次和类型的问题上争论很久。随着我国高等职业教育的快速发展，高等职业教育属于高等教育的一种新类型，已经在教育界达成共识。因此，我国的高等职业教育在经过一段时间的内涵发展之后，必然向本科层次，甚至更高层次探索。这不仅是高等职业教育界的愿望，也是社会发展的需要和高等职业教育发展的内在需求。

三、高等教育体制改革

（一）高等教育的改革发展历程

党的十一届三中全会以后，随着我国经济体制、科技体制改革的日益深化，我国高等教育体制改革也取得了历史性的进展。迄今为止，我国高等教育大致经历了拨乱反正、初步探索（1978—1984 年），全面展开、深化提高（1985—1992 年）和整合优化、大发展（1993 年至今）三个阶段：

1. 高等教育体制改革的"酝酿、启动"阶段（1978—1984 年）

"文化大革命"期间，高教事业受到极度摧残，招生停止，师资队伍建设中断，教师业务荒疏、素质下降、数量锐减，学科带头人和骨干教师严重不足。1977 年全国普通高等学校只剩下 404 所。党的十一届三中全会之后，经过指导思想的拨乱反正，我国社会主义建设事业进入了一个崭新的发展时期。各行各业对人才的急切需求呼唤高等教育的崛起。

这一阶段，国家主要采取如下措施恢复与发展我国高等教育：

第一，以恢复高考为切入点进行高等教育领域的拨乱反正。1977 年 5 月，邓小平发表了一篇著名讲话——《尊重知识　尊重人才》，随后，他又在当年的全国科学教育工作会议上说："高考一定要恢复！"两个月后，新中国关闭了 10 年的高考大门终于打开了，570 万人从四面八方涌向考场。

对于整个国家来说，那次高考的意义非同寻常。恢复高考，是结束"文化大革命"之后我国政府做出的一项重大的教育政策决定。它不仅是中国教育战线实现拨乱反正的重要标志，也成为整个社会实现拨乱反正的先声，同时也开启了中国改革开放的序幕。那次非同寻常的高考的意义更在于——意味着世界上人口最多的国家，从此要逐渐走向正轨，无序的社会就要回到理性。高考的恢复，不只是恢复了一个入学考试，更重要的是，中华民族的振兴所需的人才储备有了保障机制，从而使中国走向全面复兴有了一种可能。

第二，发挥高校办学积极性，更多更好地培养高等人才。1978 年 12 月 22 日，《中国共产党第十一届中央委员会第三次全体会议公报》发表，它标志着我国社会主义建设事业进入一个改革开放新的历史时期，指出：把全党工作的重点转移到以经济建设为中心的轨道上来。

在十一届三中全会的鼓舞下，我国高等教育进入一个"加速发展，拓展办学形式"的新阶段。当时高校面临的主要矛盾是：社会急需人才，高校渴望发掘自身潜力为社会多做贡献，但高校又深感现有的高教管理制度和规章把高校的手脚捆得"过死"。1978 年国务院一次批准恢复和新建高等学校 169 所，到 1981 年全国共有高等学校 704 所。为了尽快培养社会经济发展迫切所需的各方面人才，1983 年国务院批准了教育部和国家计划委员会《关于加速发展高等教育的报告》，提出要千方百计克服困难，调动各方面的积极性，贯彻"两条腿走路"的方针，加速发展高等教育。各省、市、自治区按照这些原则积极设立高等学校。到 1984 年年底，高等学校达到 902 所，1985 年又增加 114 所，到 1986 年年底，全国高校达到 1054 所。

这一阶段高等教育改革发展的特点主要有：一是解放思想。十一届三中全会后，高等学校面临着既要克服"以阶级斗争为纲"的"左"的习惯势力和"两个凡是"的思想束缚，又要反对资产阶级自由化"右"的错误倾向的复杂形势。粉碎"四人帮"以后，邓小平同志对"四人帮"炮制的"两个估计"进行了严厉的批判，为正确总结我国社会主义教育事业的成就和教训，为新时期教育的改革和发展奠定了思想基础，解除了强加在教育工作者身上的精神枷锁。高等学校开展了对"四人帮"在教育战线推行的极"左"路线的批判，克服"左"的思想影响，平反大量冤、假、错案，落实党的知识分子政策，为高等教育的发展创造了宽松的环境。二是扩大高校办学自主权。从 1979 年起，部分院校在国家教育部支持下率先实行了人事管理、岗位责任制度和内部工资制度改革。与此同时，各地还纷纷结合本地情况，由地方政府出面，开始扩大高校办学自主权。例如，1983 年 2 月浙江省就高等教育改革做出的 5 条决定；1984 年 6 月湖北省委、省政府就高等教育改革做出的 6 条决定；同年 7 月黑龙江省政府做出《关于扩大全日制高校自主权的若干规定》；同年 12 月，山东省提出高等教育改革 6 条措施等。这些省级"改革放权"动作，实际上调整了中央与省级高等教育主管部门之间关系、省政府与高校之间关系，标志着原有高度集中统一的高等教育管理体制开始松动。

2. 高等教育体制改革"全面展开"的阶段（1985—1992 年）

我国高等教育长期在高度计划经济体制下运行，形成了适应计划经济的一套机制、理念，其特点是"一包二统"，即一切都由国家包下来，学生毕业后统一分配、安排到单位就业，全国大学管理都由各级教育行政部门统起来。只有公办大学这样一种办学形式，学校办学和学生上学都由国家包下来，经费由国家包下来，学校没有办学自主权。这种高等教育管理体制存在诸多弊端，在教育事业管理权限的划分上，政府有关部门对高等学校统得过死，使学校缺乏应有的活力，而政府应该加以管理的事情，又没有很好地管起来。

这种运行体制使我国高等教育在总体上处于比较落后状态，不能适应改革开放和现代化建设的需要。教育的战略地位在实际工作中还没有落实；教育投入不足，教师待遇偏低，办学条件较差；教育思想、教学内容和教学方法不同程度地脱离实际；教育体制和运行机制不适应日益深化的经济、政治、科技体制改革的需要。

1985 年 5 月，中共中央做出了《中共中央关于教育体制改革的决定》，提出了教育体制改革的根本目的是提高民族素质，多出人才、出好人才。之后，我国提出并践行"有计划商品经济"理论。两项举措不仅标志着我国经济体制改革进入到一个新的阶段，而且对科技、教育改革提出了新的要求。高等教育体制改革探索主要围绕着"五大体制"全面展开。

第一，探索高等教育办学体制的改革。主要实践是办学主体多元化：一是有条件的中心城市创办的"市属高校"，它突破了以往"只有中央和省两级政府办学"的体制。至1991年，我国中心城市举办的市属高校已占全国高校总数的30%左右。二是试办民办高等学校，它突破了单一政府办学的体制。至1991年，经省级人民政府批准的民办高等学校已达400多所。1988年，北京已有17所民办高校，在校生人数达1.2万。民办高等教育的旺盛生命力来源于充分尊重市场规律。三是"一校两制"、"一校多制"的办学模式，它开辟了我国高等教育办学体制改革的新局面。"一校两制"有两种形式：一种是指隶属关系由单一化变成多样化，如"多方投资，共同管理"；另一种是指在一所大学中，既有公办教育，又有民办教育。这种在公办大学中设有民办大学的改革试验的优点主要有：第一，发挥公办高校人才、物力的潜在优势，进一步解放教育生产力，解除原来国家包办教育的体制对高等教育的束缚。第二，调动社会力量的积极性，正确引导群众消费支出，满足更多家长期望子女接受高等教育的需要。第三，推动公办高等学校的改革，将民办高等学校中精干高效、优胜劣汰等行之有效的管理方式和运行机制引入到公办高等学校中，为公办高等学校注入活力，提高效率。第四，有老校作后盾，有利于保证办学质量，带动民办大学规范化，从而提高民办大学的社会信誉，为我国民办高等教育的进一步发展壮大创造有利条件。第五，为一部分地方高校转换机制积累经验。

第二，探索高等教育管理体制的改革。这项改革主要是扩大了高校办学自主权，转变管理的职能和方式。《中共中央关于教育体制改革的决定》明确赋予高等学校6个方面的自主权，即"在执行国家的政策、法令、计划的前提下，高等学校有权在计划外接受委托培养和招收自费生；有权调整专业的服务方向，制订教学计划和教学大纲，编写和选用教材；有权接受委托或与外单位合作，进行科学研究和技术开发，建立教学、科研、生产联合体；有权提名任免副校长和任免其他各级干部；有权具体安排国家拨发的基建投资和经费；有权利用自筹资金，开展国际教育和学校交流"。扩大高等学校办学自主权一是激发了各方面办学的积极性,使它们能主动地面向经济建设主战场,挖掘潜力,扩大规模,调整专业,适应经济建设需要,加强高校与社会的联系。二是促进了政府职能的转变,使其有所为有所不为,从而提高了管理效率。全国很多省市相继做出"加强高等教育主管部门的宏观管理职能,扩大高校办学自主权以及增加地方投入,改善办学条件"等决定。高等教育管理体制改革后,改变了过去只有中央高等教育主管部门单方面积极性的局面,调动了包括省级地方政府以及办学主体——高等学校在内的各方面的积极性,为进一步提高高等教育资源利用效率、真正实现"宏观管住,微观放活"的运作机制奠定了良好的基础。

第三,探索高等教育投资体制的改革。主要实践是投资多元化:一是由少数高等学校"自费"试点,到"双轨并存"(既有自费又有公费),再到"收费制"模式的过渡,这项改革开辟了国家、政府投资以外的一个新的资金来源渠道——"个人投资"。据统计,到 1992 年止,全国高等学校的学费收入大约为 5 亿元,约占全国高等教育事业费的 4.6%。尽管这个比例还很低,但它标志着我国高等教育"成本分担和成本补偿制度"开始建立,其作用不仅仅在于增加了高等学校的经费收入,更重要的是让它激发学生刻苦学习的上进心。二是兴办校办产业,开展广泛的科技服务。高等学校在为经济建设服务的同时,扩大了自身资金来源。在赋予高等学校开展创收活动和使用创收资金的自主权以后,大多数高校都开始利用自身的智力资源优势,结合教学、科研工作,开展了多种形式的科技开发、技术咨询和人才培训等服务兼创收活动,有效地挖掘高等学校潜力,既促进了生产,又促进了教学、科研,增加了学校收入,拓宽了经费来源渠道,改善了办学条件。据统计,截止到 1992 年年末,全国高等学校科技服务创收已达到 21.6 亿元,相当于同期高等教育事业费的 1/5,有力地支持了高等学校的发展。三是政府制定政策,开征专项用于高等教育的附加。通过政府行为,推动高等教育投资改革,拓宽高等教育投资渠道。例如北京市决定征收高消费品教育费附加、广告费教育费附加等。四是接受捐赠，允许私人依法办学。这一改革引起海外华侨及国内企业家出资兴办民办高校、私立学校的浓厚兴趣，拓宽了高等教育的投资渠道。

第四，探索高等学校招生、收费和毕业生就业制度的改革。一是突破单一的指令性招生计划，试行"指令性计划"和"调节性计划"相结合的新的招生计划制度，后来逐步扩大"调节性计划"。这一改革使学校能够在保证完成国家计划的前提下，根据自身资源情况及国家规定的比例，挖掘潜力，扩大招生计划。据统计，到1991年止，我国自费生已达11.34万人，占在校大学生的5.2%；委培生达20.7万人，占在校大学生的9.48%。与此同时，针对贫困、落后地区"招不来，回不去"的问题，一些地区还相继实行了"定向招生，定向培养，定向就业"的招生改革尝试。针对"统一考试，统一录取"所存在的问题，相继进行了录取办法和高考办法的改革试验。从1985年开始，国家将"统一录取"改为"学校单独录取"。具体操作是将"学校招生，政府录取"改变为"学校录取，招办监督"的新体制。从1985年起，由上海市率先试点，其后浙江等省也相继开始试行"高中毕业会考与相应的高考改革试验"，减少高考科目，目的在于探索一种"既能保证选拔德、智、体全面发展人才，又能对中小学教育由应试教育向素质教育转轨起到积极导向作用"的高校招生录取方法。二是试行"双向选择"的毕业生就业制度的改革。1986年，国家教委、财政部、劳动人事部等有关部门联合提出《高等学校毕业生分配制度改革方案》，提出我国高等学校毕业生就业制度改革的长远目标是在国家就业方针、政策指导下，逐步实行毕业生自主择业，用人单位择优录用的制度。该《方案》曾率先在清华大学、上海交通大学等学校试行，总结经验后向全国推广。1989年，国务院批转了《国家教委关于改革高等学校毕业分配制度的报告》和《高等学校毕业分配制度改革方案》。同年，又有100多所高校按这两个文件精神，启动实施一定范围内的"双向选择"的就业办法。

第五，探索高等学校内部管理体制的改革。其主要实践有：一是借中共中央经济、科技和教育三大体制改革的东风及其创造的外部环境，探索了高校内部运行机制的转换。在 20 世纪 80 年代前半期校内管理改革的基础上，进一步突破了高校人事上"只能进不能出，只能升不能降"以及分配上"论资排辈"、"平均主义"、"大锅饭"等体制束缚，逐步形成了"公平竞争，择优上岗，多劳多得，合理流动"的新的运行机制。二是探索民主化、法治化管理方式，促进高校办学效益和办学质量的全面提高。这一改革调动了广大教师教书育人的积极性，在竞争中不仅教育教学质量有了明显的提高，而且教师的教学工作量也有了大幅度的增加，提高了教师收入。据北京市 1992 年统计，高校教师教学工作量平均提高 25%。竞争机制的形成，要求有科学的考核、评价制度作为保证，因而又促进了高等学校管理民主化和法治化的进程。

这一阶段高等教育体制改革探索取得的初步成果是引入了市场和竞争机制，提高了高校的办学积极性。主要特点：一是"教育五大体制"的改革在相互配合、相互促进和相互制约中，全面向前推进。五大体制改革相互关联，相互制约，相互促进，缺一不行。二是我国处于社会主义市场经济体制的建立和经济增长方式的重大转变时期，高等教育的改革和发展顺应了时代要求，体现了为社会主义现代化建设服务的方向，并在改革中确立了自身在社会和经济发展中的地位。三是改革使高等教育自主地适应市场变化，以市场为导向指导高校的发展。无论是办学模式、办学方针还是教学内容、教学形式、教育管理等都体现时代特征和市场需求。

3. 高等教育体制改革攻坚突破，并取得跨越式进展阶段（1993年至今）

以党的十四大正式确立"建立社会主义市场经济新体制"的改革目标和中共中央、国务院联合颁发《中国教育改革和发展纲要》，扩大高等教育招生规模为标志，我国高等教育体制改革开始进入"突出重点和难点"、收获改革成果阶段。

社会主义市场经济新体制的建立，要求进一步改革一切与原有计划经济体制相对应的体制与政策，这就要求我国高等教育体制改革在《中共中央关于教育体制改革的决定》的基础上要有新的突破。为此，1993 年，中共中央、国务院联合颁发了《中国教育改革和发展纲要》。它标志着我国高等教育体制改革进入了一个新阶段。《中国教育改革和发展纲要》提出教育体制改革的目标是"建立起与社会主义市场经济体制政治体制和科技体制相适应的教育体制"，全面提出了办学体制、管理体制、投资体制、招生就业体制、学校内部管理体制等方面改革的目标，1994年国务院又发布了《〈中国教育改革和发展纲要〉实施意见》，提出高等教育"逐步实行中央和省、自治区、直辖市两级管理，以省级政府为主"的分权管理体制。要求高等教育要适应加快改革和现代化建设的需要，积极探索发展的新路子，使规模有较大发展，结构更加合理，质量效益明显提高，坚持走以内涵发展为主的道路，努力提高办学效益。

在这一阶段中，我国高等教育体制改革的进展突出地表现在：

第一，建立和完善与政治、科技体制改革相匹配的高等教育体制，确立进一步深化高等教育体制改革的新目标，不断推进高等教育各项体制改革的全面深化，以适应"社会主义市场经济新体制"的要求。其主要实践有：一是在办学体制上，进一步打破了国家包揽办学的旧格局，加快了"建立以中央和省、自治区、直辖市两级政府办学为主，社会各界广泛参与办学的新格局"的步伐。形成了一个以公办高校为主，民办高校、民办公助、与境外合作办学等多种形式共存的办学新格局。二是在投资体制上，进一步改变了单一依靠国家拨款的状况，加快了"建立以国家财政拨款为主，多渠道筹措高等教育经费的新体制"的步伐。三是提出了高等学校实行缴费上学、成本分担的原则，使高等学校经费来源中学费所占比例，由改革开放初的免费提高到2006年的30%左右。

第二，以管理体制改革为重点，以"共建、划转、合并、合作办学和参与办学"为主要途径，实施高等教育体制改革的重点突破。1994年，李岚清副总理主持，在上海召开了"全国高等教育体制改革座谈会"。会议明确指出，进一步深化高等教育体制改革的重点和难点是"条块分割"的管理体制（即中央部委和地方分别管理一部分高校），并就高等教育管理体制改革的目标、思路和途径提出了明确的意见。同时确定在广东省、上海市、机械部进行一省、一市、一部的高等教育管理体制改革试点（后又增加江苏省作为试点省）。1995 年国务院办公厅《转发国家教委〈关于深化高等教育体制改革的若干意见〉》，进一步推动了全国高等教育管理体制改革的深化。到 1997 年年末，全国已有 30 个省、自治区、直辖市和 48 个中央部委不同程度地进行了高等教育管理体制改革的探索，涉及普通高等学校 400 多所，成人高等学校 200 多所。其主要实践表现在如下五个方面：

一是共建。共建形式有省（直辖市）与部、市与部、部与部等。到 1997 年年末，全国已经实行不同形式共建的高等学校共有 100 所，其中国家教委所属 31 所、其他部委所属高校 54 所、地方所属高校 15 所。共建增强了高等学校为地方服务的意识，促进了高等学校为地方多做贡献。所有参与共建的大学，无一例外地都围绕当地经济、社会发展的战略重点和支柱产业主动调整了专业和学科体系，使学校和当地经济、社会发展融为一体。同时，也促进了高等学校自身办学条件的改善。

二是合并。部分学科互补或规模较小、科类单一、设置重复的高等学校进行合并的试点。到 1997 年年末，全国已有 159 所高等学校合并成 74 所，减少了 85 所，使全国高校由 1994 年的 1080 所变为 1997 年的 1020 所（含新批的高校）。试点实践表明：凡是真正进行实质性合并的高校，学科专业结构都得到了优化，办学条件得到了改善，有限的教育资源充分地发挥了作用，产生了一加一大于二的合并效应。

三是合作办学，即多种形式的校际间合作办学试验。到 1997 年年末，进行各种形式合作办学的高校已达到 288 所，形成 162 个合作办学体，总计 372 校次。合作办学打破了原来学校各自封闭办学、重复设置、自成体系的状况，对于改善高等教育结构和学校学科氛围，促进资源共享、优势互补、学科交流与合作，提高办学质量和效益都起到了积极的作用。

四是参与办学和管理，即企业、企业集团和科研单位参与学校办学和管理的试验。到 1997 年年末，全国已有 5000 多家企业和科研单位参与了 217 所高校的办学与管理。企业的主要参与形式有：成立校董事会、在高校设立各种奖学金、与高校合作办二级学院、办系、办专业等。企业、企业集团和科研单位参与高等学校的办学与管理，加强了高等学校与社会的联系，促进了"产、学、研"一体化，增强了高等学校的办学实力和活力。

五是划转，即中央部委所属高等学校调整由地方政府管理的试点。到1997年年末，虽然转由地方政府管理的高校只有8所，但毕竟已经起步，并取得了成功的经验。一些转由地方管理的高校在转制以后又和其他院校合并，使学校得到了新的发展机遇。"划转"这一体制改革形式对加强地方政府统筹高等教育，改革那些因"条块分割"而导致的重复办学及严重浪费教育资源的现象提供了路径参考，对促进高等学校为地方经济和社会发展服务起到了重要的作用。

据统计，参与上述五种类型管理体制改革的高校共600多校（次），涉及普通高等学校400多所。涉及高等学校总数占全国普通高校总数的40%，涉及的在校大学生数占全国普通高等学校在校学生总数的近50%—60%。随着这些探索、试验的不断进展，我国高等教育管理体制改革的整体效果已经逐步显现。高等教育的结构、布局在全国或地区范围内进行优化的势头正在形成，有限的教育资源的配置正在日趋合理，办学效益日益提高，长期条块分割的局面正在被打破，逐步走向条块有机结合，使高等教育管理体制向适应社会主义市场经济体制的方向迈出了重要的步伐。

第三，扩大高等教育招生规模。1998年我国的大学生在校人数只有780万，占同龄人比例为9.8%，不但大大低于发达国家的水平，也低于国际高等教育大众化最低标准15%的水平。就平均每万人大学生的比例而言，我国也比印度低许多。我们需要培养更多的大学生。而且经过多年的经济改革，人民群众的生活水平提高了，消费需求结构提升了，增加了文化方面的需求，广大群众普遍渴望子女都能受到高等教育。为此，1999年6月召开了第三次全国教育工作会议，会议对高等教育的发展做出了重大决策，发布了《中共中央、国务院关于深化教育改革全面推进素质教育的决定》，提出"通过多种形式积极发展高等教育，到 2010 年，我国同龄人口的高等教育入学率要从现在的百分之九提高到百分之十五左右"。这一战略选择对高等教育及整个社会的积极意义在于：加快我国高等教育大众化步伐；满足人民群众对高等教育的需求；促进产业结构的升级；扩大内需；缓解就业压力，减少待业、失业群体总量，保证社会稳定等等。

这次高等教育"扩招"决策有如下的现实社会基础和历史背景。

首先，经济高速增长，社会各行各业对劳动力的需求呈增长趋势。一方面，我国经济自 1996 年实现"软着陆"以来，经济增长（GDP 增速）呈平缓态势，1996、1997、1998 年分别为 9.6%、8.8%、7.8%。伴随着产业结构的调整和产品的升级换代，企业对高级劳动力的需求增加，对劳动力素质和文化水平提出较高的要求。另一方面，企业重组和减员增效，使劳动岗位变化很大，劳动力需求减少，就业岗位紧张，这使人们转而选择进入学校进一步深造，提高自身素质。通过高等学校扩招来满足人们求学的愿望，同时缓解社会就业压力应该说不失为一种明智和可行的选择。这是本次扩招与以往多次扩招最大的区别点。

其次，我国高等学校的扩招力求通过调整高等学校布局和结构来实现，挖掘原有高等学校的潜力，调整过低的师生比，提高高等学校的规模效益，走内涵发展的道路。有关部门已明确提出不增设新校。1998 年，北京高等学校的平均师生比为 1∶10 左右，如果在校生规模扩大一倍，师生比将达到 1∶20 左右。随着师生比的合理提高和教师资源的有效利用，既可提高教师收入和教师职业的吸引力，也将有利于进一步激励教师的工作积极性，实现多劳多得。

再次，为了保证高等学校扩招后教育、教学质量的不下降，在本次扩招一开始就引起政府有关部门重视，并实行一系列改革，采取相关措施以切实做好这方面的工作。如：实行高校后勤社会化，减轻高校办社会的负担。保证高校领导和教师能把全部精力投入到教育、教学中，保证教育、教学质量和水平；通过提高高校教师收入、实行教师聘任制，吸引优秀人才进入高校，鼓励优秀教师合理流动，倡导"老有所为"充分发挥退休老教师的作用等来保证与教育、教学息息相关的教师队伍数量和质量。

最后，与以往扩招有根本性的差别是本次扩招是在教育管理体制、办学体制、投资体制总体改革的前提下进行的。高等教育体制改革与高等学校的扩招同步进行，相互促进。在计划经济体制下，我国高等教育的举办者、管理者和投资者基本上是一致的。即国家既是主办主体，又是管理主体和投资主体。市场经济体制的建立及我国穷国办大教育和人民群众对接受高等教育的需求日益强烈的现实，要求我们必须进行高等教育管理体制的改革，建立多种形式的办学体制和多元投资体系，改变国家政府是高等教育唯一管理者和主办者的观念。

正是这些改革举措，调动了地方政府、社会和家庭的多种力量，用不到 10 年的时间就使高等教育管理体制改革和高等学校布局结构调整取得突破性进展和历史性成就，基本形成了中央和省两级管理，以省级政府管理为主的新的高等教育管理体制，为高等学校扩招提供了体制和资源的支持，在比较短的时间内实现了高等教育由精英教育向大众化教育的转变。

随着制约我国高等教育发展的"瓶颈"的突破，我国高等教育由精英教育向大众化教育阶段转变的速度加快，高等教育毛入学率从 1990 年的 3.4% 提高到 2006 年的 22% 。中国高等教育的发展速度不仅快于发展中国家，而且也超过了一些发达国家。比如，美国曾用了 30 年的时间成为世界上第一个进入大众化教育阶段的国家；日本、韩国、巴西分别用了 13 年、15 年、25 年时间，才实现高等教育毛入学率从 5% 到 15% 的飞跃，而我国只用了 5 年的时间。国际上公认的高等教育"大众化阶段"临界指标为毛入学率达到 15% 以上，而我国高校从 1999 年开始扩大招生规模以后，实际上 2003 年就已达到了毛入学率 15% 的目标。可以说，我国已经真正进入了高等教育大众化阶段。

这一阶段的主要特点：一是在"五大体制"改革继续全面深化的基础上，突出"管理体制改革"这个重点和难点，集中力量，明确目标，限期突破。二是高等教育大众化的逐步实现正推动着高等教育目标向多元化方向发展。探索建立一套适合不同类型、不同层次、不同培养目标高等学校的人才选拔机制，符合社会发展的多元化趋势和学生个性发展的需要，满足高等教育多样性的需求，有利于高等教育多元化培养目标的实现。三是高等教育由精英教育向大众化教育转变，由免费教育向付费教育转变。在行政手段和教育手段不能完全解决宏观调控的情况下，经济手段也是十分必要的，如国家需要的冷门专业和到环境艰苦的行业可能用经济手段来调节。

（二）高等教育发展规模和现状

我国高等教育是发展最快的一个领域，经过短短 30 年的发展，实现了高等教育大众化，形成了门类齐全、形式多样的高等教育体系，聚集了大量优质资源，改善了高等学校基础设施，提升了高等学校教育科研水平。

1. 高等教育大众化，为社会经济发展提供了有力的人才支持与知识贡献

我国高等教育规模先后超过俄罗斯、印度和美国，成为世界第一。经过短短数年的艰苦努力，在人均国内生产总值 1000 多美元的条件下，我国高等教育发展实现了从精英教育到大众化，走完了其他国家需要三、五十年甚至更长时间的道路。2006 年普通本、专科招生 546 万人，在校生 1739 万人，毕业生 378 万人，分别是 1978 年的 13.6 倍、20.3 倍和 22.9 倍。高等教育毛入学率达到 20% 以上，进入了国际公认的大众化发展阶段（见图 4-2、图 4-3）。

2. 高等教育体制改革成果显著，形成了多种层次、多种形式、学科门类齐全的办学体系

高等教育经过调整结构、体制改革、引入竞争、扩大规模等阶段，形成了多层次、多形式、学科门类齐全的办学体系，不仅为经济建设和社会发展培养了大量适合市场需求的高层次基础型、应用型和复合型人才，而且在我国科学技术研究工作中发挥着重要作用，成为我国基础研究、应用研究和高技术研究的基地，有力地促进了科技成果向现实生产力的转化。

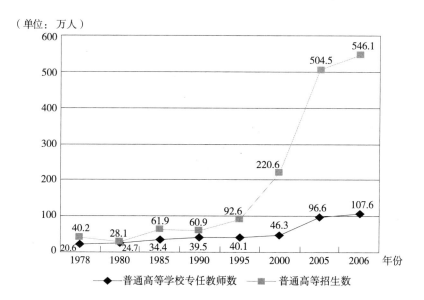

图4-2 普通高校各年专任教师数和招生数

（资料来源：国家统计局：《2007年中国统计年鉴》，中国统计出版社2008年版）

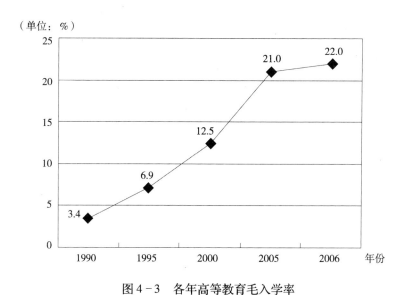

图4-3 各年高等教育毛入学率

（资料来源：中华人民共和国教育部网站 http://www.moe.edu.cn/）

2006 年发明和实用新型授权分别达到 6198 件和 3453 件，仅次于企业。2006 年就获专利授权 12043 件，技术市场成交额达到 1818 亿元。

国家有力支持和实施了"985 工程"、"211 工程"等一系列计划，在高校中集聚了一大批高层次人才，取得了丰硕的科研成果，形成了一批具有国际先进水平的学科，缩小了与世界一流大学的学科差距。

普通高校规模不断扩大的同时，其他形式的成人高等教育也取得骄人业绩（见表 4 - 10）。2006 年全国成人高校招生 184.4 万人，比 1995 年 91.38 万人增长了两倍多。2006 年全国成人高校在校生为 524.9 万人，比 1995 年的 275 万人增加 249.9 万人，年平均增长 6.1%。

表 4 - 10　2006 年各层次高等教育办学规模

（单位：人）

项　　目	招生数	在校生数	毕业生数
普通本专科	546.1	1738.8	377.5
成人本专科	184.4	524.5	81.5
网络本专科生	113.3	279.3	88.5
学历文凭考试	—	10.7	7.6
其他	—	2.5	0.8

（资料来源：国家统计局：《2007 年中国统计年鉴》，中国统计出版社 2008 年版）

在本专科教育迅速发展的同时，研究生教育也增长较快（见表 4 - 11），2006 年高等学校和研究机构共招收研究生 39.79 万人，比 1990 年的 2.97 万人增长了 12.4 倍，年均增长 17.6%，在学研究生 110.47 万人，比 1990 年的 9.31 万人增长了 3 倍多，年均增长 16.7%。

3. 高等教育聚集了数量巨大的优良教育资源，校园面貌焕然一新

高等教育改革取得了历史性突破，新的制度充满生机和活力。通过"共建、调整、合作、合并、划转"改革，组建了一批学科综合和人才会

表4-11 2006年研究生教育规模

（单位：人）

项目	招生数	在校学生数	毕业生数
博士	55955	208038	36247
硕士	341970	896615	219655
在职人员攻读博士	109245	299100	—

（资料来源：国家统计局：《2007年中国统计年鉴》，中国统计出版社2008年版）

聚的综合性大学，形成了中央和省两级管理，以省为主的管理新体制。高校内部管理体制改革不断深化，后勤社会化改革取得重大成就，招生和毕业生就业制度改革取得明显成效，民办高等教育有了较大发展。高等学校灵活运用政府政策，利用市场广泛筹集高等学校办学资金，近年高等学校的财政性教育经费所占比例逐年下降（见表4-12），充分利用政府、社会力量和社会资金建设高校后勤设施，取得了巨大的成绩。2006年全国高校新增建筑面积约5744万平方米，比2005年增加7.4%；危房面积146万平方米，比2005年减少6.2%。到2006年止，高等学校占地面积已增加到212万亩、教学用房增加到2.7亿平方米、教学仪器设备总值增加到1424亿元，学校的办学条件和校园建设取得重要改进。

表4-12 近年高校各项经费所占比例

（单位：%）

年份	财政性教育经费	社会捐资	学费和集资	其他教育经费
2003	46.8	4.2	29.3	18.4
2004	44.7	5.8	30.7	17.8
2005	42.4	6.8	31.5	18.4

（资料来源：国家统计局：《2007年中国统计年鉴》，中国统计出版社2008年版）

4. 高等教育财政性投入显著增长

增加高等教育投入是落实教育战略地位的根本措施。为了保证教育投入的增长，国家一方面在教育根本大法《教育法》和许多有关教育的重要文件中，对教育经费的增长及有关比例提出了具体目标，另一方面改革和完善教育投资体制，扩展高等教育投入渠道，增加高等教育经费。2005年国家高等教育经费支出总额达 1128.5 亿元，是 1996 年的 3.9 倍（见图4－4），2005 年国家高等教育财政性经费占 GDP 的比重为 0.54%。

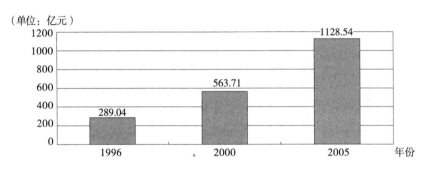

（单位：亿元）

图4－4　高等教育财政性教育经费

（资料来源：中华人民共和国国家统计局网站 http://www.stats.gov.cn/）

5. 高等学校贫困家庭学生受到关注

在党中央、国务院的高度重视下，多年来教育部、财政部等部委和地方政府一直致力于制定和完善高等学校贫困家庭学生资助政策和措施，建立起了以国家助学贷款为主体的高等学校贫困家庭学生资助政策体系，努力保证考入公办全日制普通高校的贫困家庭学生顺利完成学业。截至2005 年年底，在全国公办全日制普通高校的 1387 万在校生（包括全日制本、专科学生和研究生）中，贫困家庭学生约占 20%，人数在 270 万人左右；经济特别困难学生占 5% 到 10%，人数在 70 万到 140 万之间。目前，高校贫困家庭学生资助政策体系包括的主要内容有：以国家助学贷款为主的学生贷款制度；以国家助学奖学金为主的奖学金制度；勤工助学制度；临时困难补助制度；减免学费制度。为保证公办全日制普通高校贫困家庭学生按时入学学习，各公办全日制普通高校还建立了"绿色通道"制度，即对被录取入学、经济困难的新生，一律先办理入学手续，然后再根据核实后的情况，分别采取相应措施予以资助。

6. 全面实施教学质量与教学改革工程，高等教育教学改革不断深化

如通过广泛开展高等院校教学水平评估，确保了教育教学质量的不断提高；国家精品课程建设取得重要进展。精品课程建设工程于 2003 年启动，并取得了显著的成效。截至 2007 年，教育部共评出国家级精品课程 1798 门，并已形成国家、省、校三级精品课程建设体系。据粗略估算，各地省级精品课程合计约 1 万门以上，此外还有数量更多的校级精品课程。

7. 走"产、学、研"结合发展之路，高等教育更加适应经济社会发展的需要

高等学校充分发挥学科综合、人才会聚的优势，紧密结合经济建设和发展的需要，不断创新参与产学研结合的实践模式，为构建国家创新体系和建设创新型国家服务。如：广东省与教育部共同打造产学研联盟，动员和组织全省企业与国内高等学校开展全方位的"产、学、研"合作；上海市大力推动大学校区、科技园区、城市社区的"三区"融合、联动发展，建设了特色鲜明的区域创新体系；浙江大学全面深入地融入到浙江省经济社会发展和基层创新事业之中；河北省引导和鼓励农业院校师生走"太行山道路"，把"论文写在祖国的大地上"，推广农业技术，为建设社会主义新农村服务等等。

8. 加强重点学科和高水平大学建设，提升我国高等教育的国际竞争力

教育部组织实施"211 工程"和"985 工程"等，进一步加强了创新基地、创新平台和创新团队的建设和重点学科建设、高层次人才培养和科技创新工作。目前，"211 工程"和"985 工程"高等学校，已经培养和会聚了一大批高层次创新人才，产生了一批具有国际先进水平的学科，初步形成了一批具有中国特色的高水平大学。目前，国家重点实验室有 63% 建在高等学校，国家工程研究中心有 36% 建在高等学校；正在进行

试点的 10 个国家实验室，多数是依托高等学校进行建设的。"十五"期间，我国高等学校累计争取科技活动经费 1300 多亿元，年均递增 18.5%。2006 年全国高等学校科研经费是 1998 年的 6 倍。

我国高校科技创新取得突破性进展，哲学社会科学研究蓬勃发展，为国家经济建设和社会发展服务的能力不断增强，贡献力度不断增大。主要成绩有：

一是高校科技创新取得重要成果。"十五"期间，全国高校共获国家自然科学奖 75 项、技术发明奖 64 项、科技进步奖 433 项，分别占全国总数的 55.1%、64.4% 和 53.6%，特别是在原始性创新和高技术研究前沿领域取得了许多具有标志性的重要科技创新成果。2004 年，高等学校一举获得国家自然科学一等奖 1 项和国家技术发明一等奖 2 项，后者打破我国连续 6 年国家技术发明一等奖空缺的局面。2006 年，高等学校又囊括了在体现我国重大原始创新能力的自然科学奖和技术发明奖中全部 3 项一等奖。

二是高等学校科技成果转化取得新进展。2006 年，全国高等学校专利拥有量达 4.5 万项，国家大学科技园 62 个。高等学校具有应用前景的科技创新成果不断涌现，不仅掌握了一批事关国家核心竞争力的关键技术，而且培育了一批具有自主知识产权的高技术产业。如方正计算机汉字激光照排和电子出版系统、同方威视集装箱检测系统、中南炭/炭飞机刹车片、东软 CT、华中数控和"农大 108"玉米新品种等等。

三是高等学校哲学社会科学研究进一步繁荣和发展。积极参与"马克思主义理论研究和建设工程"，高等学校组织编写了四门高校思想政治理论课教材和多门哲学社会科学重点教材，正在组织编写一批核心教材，与中央有关部门联合举办了 15 期教学科研骨干研修班。组织实施了"高校哲学社会科学繁荣计划"，建立健全了国家、地方和高等学校三级科研创新体系，形成了完善的哲学社会科学研究项目资助体系。目前，全国有 90% 以上的哲学社会科学研究人员在高等学校，有 80% 以上的哲学社会科学研究成果来自高等学校。

（三）高等教育体制改革的展望与思考

30 年来，高等教育体制改革取得的成绩显著但不等于说高等教育体制已完美无缺。例如：高等教育投资体制方面，地方高校主要经费来源为地方财政拨款，但到位情况不理想。地方高校得到的教育经费仅占全国普通高等学校经费的 57%，而地方政府拨款能够完全到位的高等学校仅占总数的 7.14%。中央和地方对教育的财政投资分担不均衡。国外中央和地方对教育的财政投资分担比例一般为 60：40，而我国为 37：63。部分高等学校在扩大规模过程中产生贷款规模过大，破产隐患凸显。在学生管理体制方面，当今大学生自我权益保护意识增强了，奉献精神下降了，高等学校德育工作面临新的挑战。高等教育新阶段面临的任务：一是巩固和扩大改革成果；二是继续深化改革，解决面临的新挑战，使我国高等教育整体水平上一个新台阶。这就要求我们在观念、规划、资金来源、后勤社会化等方面要有新的思考。

1. 观念上要有一个大的突破

进一步突破"隶属观念"的束缚，加大资源共享力度，切实加大推进高教管理体制改革的力度。以共建为例，在以往的实践中，一些地方，只注重于要求中央部委学校如何为地方经济服务，而不注重于自己如何拿出实际行动来支持部委院校建设。因此，应有立足于全局，立足于优先发展教育的意识，切实加大深化高教管理体制改革的力度。

在高等教育教学管理制度上，实行真正意义上的"学分制"，允许学生按自身条件和需要选修学分。并允许学生在规定年限内，分若干次完成某一水平阶段或所有阶段的学习，或以不同的方式完成，施行"弹性学制"。同时逐步放开学生转学、转系的自由度。使学习者能从个人的需要和具体条件出发，选择学习、就业或边学习边工作，使大学生真正贴近社会、贴近生活。

2. 战略规划上要有新的突破

加强国家和省级"高等教育管理体制改革和布局结构调整"的整体

规划。迄今为止的高教管理体制改革，主要涉及现有 1000 多所普通高等学校，而事关高等教育资源优化的还有 1100 多所成人高校，尚未得到统一、全盘的考虑。由上可见，一些地区乃至全国高等教育管理体制改革，还缺少一个整体规划，缺少有计划、有步骤的整体推进。加强从地方到国家对高等教育管理体制改革的统一领导，进一步促进高等教育管理体制改革和高等学校结构布局调整的有机结合，普通高等学校与成人高等学校结构布局调整相结合，条块结合、以块为主，中央和地方相结合、以省为主，实现我国高等教育整体水平有一个大的提高。

3. 经费保障上要有新的突破

要切实解决高教管理体制改革中不可回避的经费问题。高等教育扩招后，一个最根本的问题就是要加大高等教育的投入。必须深化高等教育投资体制改革，实现高等教育投资多元化。这对高等教育的大发展将起到根本的促进作用。投资的多元化将使政府投入外的其他教育投资大大增加。而教育经费的总体改善对扩招后教育质量和水平提供了基础保证。按照相关法律法规要求，确保做到"三个增长"（指预算内教育拨款的增长要高于财政经常性收入的增长；生均教育经费逐年有所增长；生均公用经费逐年有所增长）。同时，必须保证国家关于高教管理体制改革中有关经费的各种政策性规定，不折不扣地落实。经国务院批准下发的国家教委《关于深化高等教育体制改革的若干意见》明确指出："在体制改革和转轨过程中，原主管部门不能削弱对学校的领导或减少对学校的投资，而应加强领导和增加投入，大力支持地方政府把学校办得更好。"对此，所有主管部门必须站在支持改革的高度，予以切实地贯彻。

4. 深化高等教育管理改革

探索与新时期特点相适应的大学生管理办法，增强学生社会责任感、实践能力和创造精神，促进社会稳定。党中央、国务院已经关注这一问题，明确提出："十一五"期间，要把高等教育发展的重点放在提高质量上，适当控制招生增长幅度，相对稳定招生规模，着力培养学生的社会责任感、实践能力和创造精神。我国高等学校扩大招生后，大学生的责任意识、苦干精神缺乏让很多单位不满意，高等学校出现一些不和谐、不协调的因素，高等学校的后勤社会化、教学管理、学生管理改革可能是今后一段时期高等教育最繁重的任务。

5. 加快高等学校后勤社会化的步伐

高等学校后勤社会化改革滞后是制约高等教育发展的因素之一。后勤设施问题是制约高等教育发展的一个"瓶颈"，高等学校扩招后的一大问题就是学生吃、住问题，只有尽快实现高校后勤服务社会化，调动社会力量，形成多元化的投资渠道，采用社会化的办法来办学生食堂和学生公寓，才能从高等教育发展难的困境中走出来。所以，必须进一步推进并尽快完成高校后勤社会化改革。

6. 加强高等学校师资力量建设

高等学校扩招后面临的另一大问题就是师资问题。这是保证高等教育、教学质量和水平的关键因素。教育部下发的《关于新时期加强高等学校教师队伍建设的意见》明确提出了对高校教师队伍建设的要求，严格规定了各级各类大学、学院中教授、副教授占专任教师编制的比例及研究生学历的比例。同时还提出要通过建立特聘教授制度、设立"高等学校优秀青年教师教学和科研奖励基金"等办法，培养数百名在国内外有较高知名度的专家学者，带动一批学科达到和保持国际先进、国内一流水平，同时，培养数千名较高学术水平的中青年学者、数万名优秀年轻骨干教师。此外，师资管理上应改革现有传统封闭式的教师管理模式，实行开放式的管理。"按照相对稳定、合理流动、专兼结合、资源共享的原则，探索建立相对稳定的骨干层和出入有序的流动层相结合的教师管理模式与教师资源开发的有效机制。"破除人才"单位所有制"，提高教师收入，稳定教师队伍。教育部《关于新时期加强高等学校教师队伍建设的意见》提出，高校教师的实际工资收入在国民经济16个行业中将达到中上水平，教师的家庭人均住房标准达到或超过当地城镇居民人均居住水平。同时，改革分配制度，拉大不同级别教师之间的收入差别和水平，吸引优秀人才。

第五章

医疗卫生体制改革

医疗卫生制度是人民健康的最基本保障，我国的医疗卫生制度在新中国成立后为全体人民提供了最基本的可及性医疗服务，特别是农村地区的"赤脚医生"、三级卫生服务网以及合作医疗制度，解决了广大农村地区人民最基本的健康需要，受到了国际组织的高度肯定。改革开放以来，在国家综合实力大幅度提升的基础上，我国的医疗卫生事业也取得了长足的进步。同时也应看到，由于在一定发展阶段上存在"经济腿长、社会腿短"的现象，医疗卫生体制改革经历了曲折的道路。目前，人民群众"看病难、看病贵"的问题仍然相当突出，大力发展医疗卫生事业和加快深化医疗卫生体制改革成为全社会高度关注的问题。

2007年党的十七大报告中首次明确提出，医疗卫生领域包括四大体系，即覆盖城乡居民的公共卫生服务体系、医疗服务体系、医疗保障体系和药品供应保障体系。本章采用四大体系的分法，分别对我国医疗卫生服务体系、公共卫生服务体系和药品生产流通体系的改革历程进行回顾，并给出基本评价和进一步改革的建议。鉴于本书社会保障这一章已对医疗保障体系进行过重点分析，本章不再赘述。

一、医疗卫生服务体制改革

我国属于典型的城乡二元经济结构，城乡在政治、经济和文化等方面存在着巨大差异，医疗卫生服务体制也不例外。过去的 30 年里，农村的医疗卫生事业发展缓慢，总体上落后于城市，下面将分别对城市和农村的医疗卫生服务体制改革进行回顾和评述。

（一）城市医疗卫生服务体制改革

我国城市医疗卫生服务体制改革大致经历了三个发展阶段，即 1978—1992 年的制度恢复与探索改革阶段、1992—2003 年的全面启动改革阶段和 2003 年之后的深化改革阶段，分别对应着不同的时代背景。

1. 医疗卫生服务的制度恢复与探索改革阶段（1978—1992 年）

这一阶段我国卫生事业为社会提供医疗卫生服务的能力得到大幅度提高，服务范围和服务数量也相应得到扩大。从 1978 年到 1992 年，卫生人员数量（包含卫生技术人员、执业助理医师、医师和注册护士）从 310.6 万人增长到 514 万人，增长幅度达到 65.5%；卫生机构数量（不包括村卫生室，包括综合医院、中医医院、专科门诊以及疗养院）从 16.98 万个增长到 20.48 万个，增长幅度为 20.6%；卫生机构床位数量（包括综合医院、中医医院和专科医院）从 107.9 万张增长到 199.3 万张，增长幅度为 84.7%。从 1980 年到 1992 年，城市医疗机构（包括妇幼保健院、专科疾病防治院数字）的诊疗人次从 1980 年的 10.53 亿次增长到 1992 年的 15.35 亿次，增长幅度为 45.8%（见表 5-1、图 5-1）。

（1）从 1978 年至 1984 年年底，卫生部门的工作重心主要是恢复正常的医疗卫生制度。十年"文化大革命"使我国的财政基础非常薄弱，卫生经费极度紧缺，医疗卫生队伍青黄不接，技术水平低，工作效率低。改

表 5－1　1978—1992 年中国医疗卫生事业的基本情况

年份	卫生机构人员数（万人）	卫生机构数（万个）	卫生机构床位数（万张）	每千人口医生数（人）	每千人口床位数（张）
1978	310.6	16.97	204.2	1.07	1.93
1979	334.4	17.68	212.8	1.12	1.99
1980	353.5	18.06	218.4	1.17	2.02
1981	379.6	19.01	223.4	1.24	2.02
1982	395.8	19.34	228.0	1.29	2.02
1983	409.0	19.60	234.2	1.31	2.05
1984	421.4	19.83	241.2	1.32	2.08
1985	431.3	20.09	248.7	1.33	2.14
1986	444.6	20.31	256.3	1.34	2.14
1987	456.4	20.50	268.5	1.36	2.20
1988	467.8	20.60	279.5	1.46	2.25
1989	478.7	20.67	286.7	1.52	2.28
1990	490.6	20.87	292.5	1.54	2.32
1991	502.5	20.90	299.2	1.54	2.32
1992	514.0	20.48	304.9	1.54	2.34

（资料来源：《中国统计摘要 2008》，《中国卫生统计年鉴 2007》和《中国社会统计年鉴 2007》）

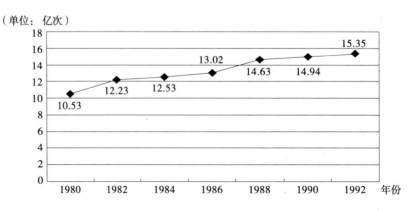

（单位：亿次）

图 5－1　1980—1992 年中国卫生机构诊疗人次数

（资料来源：国家统计局编：《中国社会统计年鉴 2007》，中国统计出版社 2007 年版）

革开放以前，由于在卫生资源紧缺的条件下忽视工业化建设发展带来城市
人口增多的现实，一味地执行"把医疗卫生工作的重点放到农村去"，导
致 20 世纪 50 年代建设起来的县级及以上的医疗卫生机构绝大部分处于荒
废状态。新增医务工作者中，未经过专业技术训练的占 40% 以上，这与
人民群众日益增长的医疗保健需求形成很大的矛盾。在这种情况下，从
1979 年年初开始，卫生部门将卫生工作的重点转移到为四个现代化建设
服务的轨道上，鼓励医务工作者抓业务、抓技术以及经济管理。卫生部门
的工作重点在于提高当时现有医疗机构的医疗质量，而不在于发展数量，
主要采取了两个方面的改革措施：一是培养医疗卫生工作人员，注意人力
资源的可持续性建设；二是加强对医疗卫生机构的管理。

在医疗卫生工作者的培养方面，落实党的知识分子政策，充分发挥他
们的聪明才智，保障每周至少有 5/6 的时间进行业务学习。在医学的正规
教育方面，根据实际需要调整专业设置，对农村卫生人员的培养以集中办
班代培的方式进行。在医疗卫生机构的经济管理方面，1979 年卫生系统
在县级以上的医院中试行"全额管理、定额补助、结余留用"，给予了医
院经营管理一定的自主权。1981 年 3 月卫生部颁布了《医院经济管理暂
行办法（修改稿)》和《关于加强卫生机构经济管理的意见》，在一定程
度上削弱了医疗机构的福利性质，将重点放在如何在不依靠财政拨款的基
础上提高经济效益，提出了扩大医院的医疗服务范围、增加合理的业务收
入以及逐步按成本收费的构想。具体表现在卫生总费用的构成比例上，从
1978 年到 1984 年，政府预算卫生支出占卫生总费用支出的比例由 32.2%
上升到 37.0%，个人现金卫生支出构成比例由 20.4% 上升到 31.5%，政
府预算卫生支出的增长不到 5 个百分点，而个人现金卫生支出却增长了
11 个百分点（见表 5-2）。

（2）从 1984 年到 1989 年，我国对医疗卫生服务体制改革开始了初步
探索。党的十二届三中全会通过了《中共中央关于经济体制改革的决
定》，这标志着城市经济体制改革的全面展开，也推动了医疗卫生体制改
革的初步探索。1985 年 4 月国务院批转了卫生部《关于卫生工作改革若

表 5－2　1978—1984 年中国卫生总费用支出的构成情况

(单位:%)

年份	政府预算卫生支出	社会卫生支出	个人现金卫生支出
1978	32.2	47.4	20.4
1979	32.2	47.5	20.3
1980	36.2	42.6	21.2
1981	37.3	39.0	23.7
1982	38.9	39.5	21.6
1983	37.4	31.1	31.5
1984	37.0	30.4	32.6

(资料来源:国家统计局编:《中国社会统计年鉴 2007》,中国统计出版社 2007 年版)

干政策问题的报告》,成为这一阶段卫生部进行改革的指导性文件,其中对发展全民所有制卫生机构的方针、扩大全民所有制医院的自主权、积极发展集体卫生机构、个体行医、在职人员应聘和业余收费、设立农村一级卫生机构、农村医疗机构改革、医疗收费改革等方面做出了明确规定。在此文件的指导下,各地卫生部门和医疗卫生机构结合本地实际探索不同于以往的办医方式,比较有代表性的是院、所、站长负责制,具体规定院长和书记的职权范围。

1989 年国务院批转了卫生部、财政部等五部门发布的《关于扩大医疗卫生服务有关问题的意见》,主要内容包括五个方面:积极推行各种形式的承包责任制;开展有偿业务服务;进一步调整医疗卫生服务收费标准;卫生预防保健单位开展有偿服务;卫生事业单位实行"以副补主"和"以工补医"。该文件的出台进一步推动了卫生系统的观念转变,由单一依靠国家财政拨款向多层次、多渠道办医转变,由偏重福利性质向兼顾经济效益转变。具体表现在卫生总费用构成比例的变动上,从 1985 年到 1989 年,政府预算卫生支出在卫生总费用中所占的比例迅速下降,由 38.6% 降至 27.3%,下降了 11.3 个百分点;个人现金卫生支出在卫生总费用中所占的比例持续上升，从 28.5% 上升至 34.1%，增长了 5.6 个百分点（见表 5-3）。现在回顾当时这些政策，一方面调动了各级卫生工作人员的积极性，并有助于提高管理水平，但另一方面也促使一些医疗机构出现片面追求经济效益的现象。

表 5-3 1985—1989 年中国卫生总费用支出的构成情况

（单位:%）

年份	政府预算卫生支出	社会卫生支出	个人现金卫生支出
1985	38.6	33.0	28.5
1986	38.7	34.9	26.4
1987	33.5	36.2	30.3
1988	29.8	38.9	31.3
1989	27.3	38.6	34.1

（资料来源：国家统计局编：《中国社会统计年鉴 2007》，中国统计出版社 2007 年版）

（3）从 1990 年到 1992 年春，我国对卫生事业进行了治理整顿，同时进一步推动医疗卫生服务体制改革。1990 年卫生部和国家中医药管理局制定了《中国卫生发展与改革纲要（1991—2000）》，纲要将卫生事业的性质表述为"公益性的福利事业"，提出卫生工作的战略重点是改善农村卫生、加强预防保健和振兴中药，主要措施包括界定各级政府的职责范围和卫生投入、建设卫生队伍、依靠科技进步、加强卫生法律建设、医德医风建设和全民健康教育等，要进一步深化卫生体制改革，扩大对外开放。这一时期深化医疗卫生体制改革的内容可以概括为两个方面：一是保持当时改革政策的稳定性和连续性，已经出台的政策都要贯彻执行，如建立公有制为主体、多种所有制形式并存的所有制结构，部分单位试行院长负责制，落实技术劳务政策、"以副补主"以及中医药统一管理等政策；另一方面是前瞻性的改革，主要为卫生工作走区域化发展道路、卫生全行业管理以及健康保障制度的改革和完善。纲要总结了当时我国卫生事业发展和改革的经验，提出了进一步发展与改革的规划，对我国卫生事业应该走什么样的道路、建立什么样的模式进行了探讨和研究，里面有一些内容在今天看来仍具有建设性意义。

2. 医疗卫生服务体制改革的全面启动阶段（1993—2002 年）

1993 年党的十四届三中全会通过了《中共中央关于建立社会主义市场经济体制若干问题的决定》，提出要建立适应市场经济要求、产权清晰、权责明确、政企分开、管理科学的现代企业制度，由此拉开了国有企业改革的序幕，客观上推动了医疗卫生体制进一步改革。在总结改革开放以后我国卫生事业发展成绩与不足的基础上，1997 年中共中央、国务院颁布了《中共中央、国务院关于卫生改革与发展的决定》，提出到 2000 年年初步建立起具有中国特色的包括卫生服务、医疗保障、卫生执法监督的卫生体系，基本实现人人享有初级卫生保健；到 2010 年在全国建立起适应社会主义市场经济体制和人民健康需求的、比较完善的卫生体系，国民健康的主要指标在经济较发达地区达到或接近世界中等发达国家的平均水平，在欠发达地区达到发展中国家的先进水平。该决定提出当时卫生工作的方针是，以农村为重点，预防为主，中西医并重，依靠科技与教育，动员全社会参与，为人民健康服务，为社会主义现代化建设服务。该决定认为政府对发展卫生事业负有重要责任，要求各级政府努力增加卫生投入，广泛动员社会各方面筹集发展卫生事业的资金，提出到 20 世纪末全社会卫生总费用占国内生产总值 5% 左右的发展目标。

针对当时个人医疗费用负担增长过快、"看病难、看病贵"现象比较突出等问题，2000 年国务院办公厅转发了国务院体改办等八部委《关于城镇医药卫生体制改革的指导意见》，这标志着我国医疗卫生体制改革进入全面启动阶段。改革的总体目标是，同步推进城镇职工基本医疗保险制度、医疗卫生体制和药品生产流通体制三项改革，用比较低廉的费用提供比较优质的医疗服务，满足城镇广大职工基本医疗服务的需求。改革的主要措施包括：实行卫生工作的全行业管理，理顺和完善卫生监督体制；建立新的医疗机构分类管理制度，将医疗机构分为非营利性和营利性两类进行管理；建立健全社区卫生服务组织、综合医院和专科医院合理分工的医疗服务体系，保障广大群众对医疗服务的选择权；加强卫生资源配置的宏观管理，实施区域卫生规划；坚持预防为主的方针，建立综合性预防保健体系；转变公立医疗机构的运行机制，深化医疗机构人事制度和分配制度改革；实行医药分开核算、分别管理，切断医疗机构和药品营销之间的直接经济利益联系；按照公共财政和分级财政体制的要求，规范财政补助范围和方式；调整医疗服务价格，体现医务人员的技术劳务价值；推进药品流通体制改革，整顿药品流通秩序；调整药品价格，加强药品执法监督管理。

从 2000 年到 2002 年间，我国在三项改革并举、医疗机构分类管理、产权改革以及城市社区卫生服务方面进行了有益尝试。2000 年卫生部等部门先后发布了《关于城镇医疗机构分类管理的实施意见》等配套文件，其中对非营利性医疗机构和营利性医疗机构进行了界定，希望通过对医疗机构进行分类管理引导医疗机构的有序竞争。所有医疗机构按照《意见》所规定的营利性与非营利性标准，进行分类注册。由于分类管理制度在税收政策上对非营利性医疗机构予以倾斜，注册的非营利性医疗机构在床位数量上占据绝对主导地位。2002 年营利性医疗机构有 15.2 万个，共有床位 8 万张；非营利性医疗机构 14.2 万个，共有床位 295.3 万张。2002 年国家发展计划委员会等九部委联合下发《关于完善"三项改革"试点工作的指导意见》，将西宁市、青岛市、柳州市、青海省、山东省、广西壮族自治区作为改革的试点地区，同时决定以此来推进医药分家的改革进程。试点改革包括：实行门诊药房脱离，切断医院与药品经营企业之间的经济利益联系，建立药品购销新体制；推进医院内部改革，降低运行成本，提高医疗服务质量，建立优胜劣汰的竞争机制；完善药品集中招标采购制度，弥补政府定价机制的缺陷，建立宏观调控下以市场为导向的价格形成机制；完善对医院的补偿办法，区分不同类别的医院，建立多元、合理、有效的补偿机制。2002 年国家经贸委等六部委联合发出了《关于进一步推进国有企业分离办社会职能工作的意见》，大量的企业医院通过产权改革与国有企业分离。各地尝试进行公立医疗机构的产权制度改革，2001 年无锡市政府批转的《关于市属医院实行医疗服务资产经营委托管理目标责任的意见

（试行）的通知》提出了托管制的构想，2002 年上海市出台的《上海市市级卫生事业单位投融资改革方案》对医疗机构进行了产权改革方面的探索。

1999 年卫生部联合国家发展计划委员会等八部委印发《关于发展城市社区卫生服务的若干意见》，指出社区卫生服务应以基层卫生机构为主体，以全科医生为骨干，以人的健康为中心，以家庭为单位，以社区为范围，以需求为导向，以妇女、儿童、老年人、慢性病人、残疾人等为重点，以解决社区主要卫生问题、满足基本卫生服务需求为目的。该意见提出到 2000 年基本完成社区卫生服务的试点和扩大试点工作，部分城市基本建成社区卫生服务体系的框架；到 2005 年各地基本建成社区卫生服务体系的框架，部分城市建成较为完善的社区卫生服务体系；到 2010 年在全国范围内建成较为完善的社区卫生服务体系；使城市居民能够享受到与经济社会发展水平相适应的卫生服务。在此基础上，各地积极响应，纷纷出台加强社区卫生服务方面的政策措施，基本形成了社区卫生服务网络。在优化社区卫生资源配置方面，各地打破原有医疗卫生机构条块分割的局面，调动社会力量参与社区卫生服务体系建设。陕西、内蒙、湖北等省将厂矿企事业单位的社会卫生资源纳入社区卫生服务规划进行统一管理，重庆等地区利用社会卫生资源举办民营社区卫生服务中心（站），江苏省在机构和人员准入方面引入竞争机制，这些改革均取得了显著成效。

这一阶段我国城市医疗卫生服务体制改革取得了明显进展，"三项改革"稳步推进。城镇职工基本医疗保险制度框架初步建立，覆盖面逐步扩大；药品集中招标采购、医疗机构分类管理、区域卫生规划、医院后勤服务社会化以及病人选医院和选医生等方面的改革取得进展；整顿和规范了药品市场秩序，药品虚高价格得到降低，实行药品分类管理、打击假冒伪劣药品等方面也收到成效。同时也应看到，随着改革的不断深入，一些深层次的矛盾和问题逐渐显现。医疗卫生资源的配置结构不合理，医疗资源约 80% 集中在城市，其中 2/3 又集中在大医院，基层卫生服务和农村的卫生资源严重不足；城市医生和医院床位比需要量多 20%—25%；一些大型诊疗设备拥有量比需要多 25%—33%（见表 5-4）；公立医疗机构在管理和运行上缺乏活力。

表5-4 1993—2002年中国医疗卫生事业的基本情况

年份	卫生机构人员数（万人）	卫生机构数（万个）	卫生机构床位数（万张）	每千人口医生数（人）	每千人口床位数（张）
1993	521.5	19.36	309.9	1.55	2.36
1994	530.7	19.17	313.4	1.57	2.36
1995	537.3	19.01	314.1	1.58	2.39
1996	541.9	32.27	310.0	1.59	2.34
1997	551.6	31.50	313.5	1.61	2.35
1998	553.6	31.41	314.3	1.60	2.40
1999	557.0	30.10	315.9	1.67	2.39
2000	559.1	32.48	317.7	1.68	2.38
2001	558.4	33.03	320.1	1.69	2.39
2002	523.8	30.60	313.6	1.47	2.32

（资料来源：《中国统计摘要2008》，《中国卫生统计年鉴2007》和《中国社会统计年鉴2007》）

3. 医疗卫生体制改革的深化阶段（2003年至今）

2003年党的十六届三中全会提出，要深化公共卫生体制改革，强化政府的公共卫生管理职能，建立与社会主义市场经济体制相适应的卫生医疗体系。充分利用、整合现有资源，建立健全疾病信息网络体系、疾病预防控制体系和医疗救治体系，提供公共卫生服务水平和突发性公共卫生事件应急能力。2006年党的十六届六中全会提出科学发展观，要更加注重发展社会事业，推动经济社会协调发展。其中要完善公共财政制度，逐步实现基本公共服务均等化，加大财政对卫生等方面的投入，不断增强公共产品和公共服务的供给能力。2007年党的十七大提出，要建立基本医疗卫生制度，强化政府责任和投入，建设覆盖城乡居民的公共卫生服务体系、医疗服务体系、医疗保障体系和药品供应保障体系。这为我国的医疗卫生体制改革指明了目标方向，也提出了改革的重点措施，基本思路就是将医疗卫生体制改革纳入基本公共服务均等化的政策措施体系，要求政府加大对医疗卫生事业的投入力度。

2003 年以来，国家加大了对医疗卫生领域的财政支持力度。2003 年至 2006 年，从费用绝对额上看，政府预算卫生支出从 1116.9 亿元上升到 1778.9 亿元，政府预算卫生支出占卫生总费用的比例由 17.0% 上升到 18.1%；从增长率上看，政府预算卫生支出的增长率均高于同期卫生总费用，年均增长率为 18.4%，比卫生总费用的 14.3% 高 4.1 个百分点（见表 5-5、图 5-2）。

表 5-5　2003—2006 年政府预算卫生支出占卫生总费用的比例

年份	政府预算卫生支出 （亿元）	卫生总费用 （亿元）	政府预算卫生支出占 卫生总费用比例（%）
2003	1116.9	6584.1	17.0
2004	1293.6	7590.3	17.0
2005	1552.5	8659.9	17.9
2006	1778.9	9882.8	18.1

（资料来源：《中国社会统计年鉴 2007》，《2007 年卫生事业发展统计公报》）

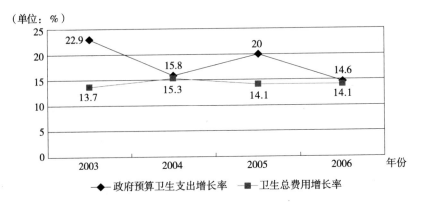

图 5-2　2003—2006 年政府预算支出增长率与
卫生总费用增长率比较

由于历史原因等多种因素的影响，我国药费占医疗费用的比重一直都比较高。为了规范医疗卫生服务的价格，降低不合理的药品费用，明确公立医疗机构的公益性质，这一阶段对医疗卫生服务进行了深入改革。2005年5月，卫生部、发改委和财政部等部委联合发布《城市医疗体制改革指导意见》，提出对医疗费用实行"四降一升"，即降低药品价格、降低医院药品批零差率、降低大型设备检查治疗费、降低高价医用耗材费用和提高医生基本医疗服务价值，如提高处方费、挂号费等。医疗服务费用改革取得了初步成效，从2003年到2006年，门诊病人医疗费用中药费所占的比重由54.7%持续下降至50.5%，远低于1990年的67.9%，检查治疗费所占的比重由28.9%持续上升至31.0%，远高于1990的19.3%；住院病人医疗费用中药费所占的比重由44.7%降至42.7%，低于1990年的55.1%，检查治疗费所占的比重变动不大，但高于1990的25.7%（见表5-6）。

表5-6　1990—2006年门诊病人医疗费用和住院
病人医疗费用的主要构成情况

（单位:%）

比重 ＼ 年份	1990	1995	2000	2003	2004	2005	2006
药费占门诊费用比重	67.9	64.2	58.6	54.7	52.5	52.1	50.5
检查费占门诊费用比重	19.3	22.8	19.6	28.4	29.8	29.8	31.0
药费占住院费用比重	55.1	52.8	46.1	44.7	43.7	43.9	42.7
检查费占住院费用比重	25.7	30.4	31.7	36.1	36.6	36.0	36.2

（资料来源：卫生部编：《中国卫生统计年鉴2007》，中国协和医科大学出版社2007年版）

自2005年夏天以来，关于医疗卫生体制改革的话题成为各界共同关注和争论的焦点，核心问题集中在对过去医疗卫生体制改革的总体评价和对未来医疗卫生体制改革的基本走向上。2006年年底，国务院成立国家医药卫生体制改革部际协调小组，标志着政府将新医疗卫生体制改革政策正式纳入议事日程，从而拉开了新一轮医疗卫生体制改革的序幕。2007年上半年，世界银行、世界卫生组织、国务院发展研究中心、北京大学、复旦大学、北京师范大学和麦肯锡公司等 7 家机构应邀向协调小组各自递交了一份改革建议书，分别对中国医疗卫生体制改革提出了指导性原则和制度设计框架。同年 5 月底，协调小组召开一次大规模的国际研讨会，中国人民大学提交了第八套方案，八家机构在会上对各自的方案做了展示和讨论。八家机构根据协调小组设定的研究框架，就全民医疗保障体系的建立和完善、公共财政在医疗卫生筹资中的作用、医疗卫生付费机制改革、医疗卫生服务体系改革、医疗卫生行政管理与监管体制改革以及药品制度改革这六个方面提出了各自建议。虽然八家机构在具体建议上各有侧重，但至少在五个方面达成了共识：新一轮医疗卫生体制改革势在必行、公共卫生投入严重不足、医疗卫生领域中政府调节和市场机制应当相结合、基本医疗卫生服务要兼顾公平与高效、医疗保障体系要实现全民覆盖。除此之外，还有两种比较清晰的改革思路：一是将医疗卫生事业一分为二，即基本卫生保健领域和非基本的医疗卫生服务领域，主张国家对基本医疗保健领域部分实施管理，非基本医疗卫生服务领域走向市场化；二是主张在转变政府职能、强化政府监管的前提下，在医疗卫生服务领域推行有管理的市场化。虽然新一轮的医疗卫生体制改革政策目前尚未出台，但可以肯定的是，其中将必然体现基本公共服务均等化的理念。

（二）农村医疗卫生服务体制改革

农村医疗卫生服务体系为我国卫生事业的发展和农村地区的稳定发挥了重要作用，计划经济体制下形成的以预防为主的三级卫生服务网络，基本解决了农村居民缺医少药的状况，在一定程度上增进了农村居民的健康。随着经济体制改革的逐步深入，尽管三级卫生机构在形式上仍然存在，但由于社会环境和农村居民的卫生需求均发生了重大变化，农村医疗卫生服务的供给体制和内容都发生了不同程度的偏移，县、乡、村卫生机构各自为战，以预防为主的三级卫生服务体系受到了巨大冲击。在对农村医疗卫生工作进行回顾时，重点考察改革开放 30 年来农村三级卫生服务网、医疗卫生服务以及费用补偿机制的变化。

1. 农村三级医疗卫生服务网络的构建（1978 年以前）

20 世纪 50 年代初期，根据全国卫生工作会议《关于健全和发展全国基层卫生组织的决定》，全国各县建立县卫生院。20 世纪 50 年代后期，县级医疗卫生机构得到充实后，乡镇建立卫生院，生产大队建立村卫生室，较短时间内建立起了一套比较完整的县、乡、村三级卫生服务体系（见表 5－7）。60 年代中期，在基层卫生服务组织基本稳固、三级卫生服务网络初步建立的基础上，政府决定大量培养半农半医的初级农村卫生人员，又称为"赤脚医生"，体现了"因地制宜、分级培养"的方针，有利于农村三级医疗预防网络基层卫生人才队伍的建设和发展。

表 5－7　1949—1975 年县医院、卫生院床位数及专业技术人员情况

项目　　　　　年份	1949	1957	1965	1975
医院、卫生院床位数（万张）	2.01	2.41	30.79	96.08
卫生技术人员（万人）	32.82	65.73	88.01	109.98

（资料来源：张文康主编：《中国卫生年鉴 1999》，人民卫生出版社 1999 年版）

在医疗卫生经费补偿上，不同卫生服务机构的经费来源不一样。县级医疗卫生机构实行"全额管理、差额补助"的费用补偿机制，后来开放了部分设备，接着演变为医疗机构费用补偿包括财政拨款补贴、医疗机构服务收费和药品加成收入三项。乡镇卫生院在国家财政拨款不足的情况下，转为由县卫生局和乡镇政府共管、以乡为主进行财政投入的局面，在一定程度上缓解了乡镇卫生院的财政困难。村卫生室归村所有，乡村医生基本是半农半医性质，其报酬既以工分形式参与集体经济分配，又有

一定的现金补贴，保证了集体经济组织和农民群众能够在经济上负担得起医疗卫生服务人员提供的服务。总体情况是，县级医疗机构和乡镇卫生院的财政拨款呈现明显萎缩趋势，药品加成收入占业务收入的比重逐步增大。

2. 农村三级医疗卫生服务网络的逐渐衰落（1978—2002 年）

由于农村集体经济的解体，以集体经济为依托的村级卫生组织受到严重冲击，三级卫生服务网络出现断裂带，具体表现为县级有关部门缺乏对乡镇卫生院相应的管理监督，乡镇卫生院忽视对村卫生室的技术指导和培训，由以往的协调关系演变为相互竞争的关系。在这种竞争格局中，各级卫生机构从各自的利益出发，截留病人，不愿意转诊，三级卫生服务网络的功能作用大打折扣。从 1981 年到 2002 年，乡镇卫生院的诊疗人次从 14.38 亿次降至 2002 年的 7.10 亿次，降幅高达 50.6%；入院人数从 2123 万人降至 1625 万人，降幅为 23.5%，虽然中间有过短暂回升，但总体上处于下降趋势（见表 5-8）。

表 5-8 1981—2002 年乡镇卫生院的医疗服务情况

项目 \ 年份	1981	1986	1991	1996	2001	2002
诊疗人次（亿次）	14.38	11.18	10.82	9.44	8.24	7.10
入院人数（万人）	2123	1782	2016	1916	1700	1625

（资料来源：张文康主编：《中国卫生年鉴 2002》，人民卫生出版社 2002 年版）

从县级医院、卫生院的医疗服务提供能力来看，从 1985 年到 2001 年，县级医院、卫生院的床位数由 126.71 万张减少至 101.73 万张，降幅为 19.7%；市级医院、卫生院的床位数由 96.21 万张上升至 195.88 万张，增幅达 103%；县级卫生技术人员从 173.73 万人下降至 163.60 万人，降幅为 5.62%；市级卫生技术人员从 167.73 万人上升至 287.17 万人，增幅达 71.2%（见表 5-9）。

表5-9　1985—2001年县市级卫生服务机构的基本情况

项目＼年份	1985	1990	1995	1998	2001
医院、卫生院床位（万张）	222.92	262.41	283.61	291.37	297.61
其中：市级	96.21	138.67	173.96	187.16	195.88
县级	126.71	123.74	109.65	104.21	101.73
卫生技术人员（万人）	341.09	389.79	425.69	442.38	450.77
其中：市级	167.73	218.53	265.92	281.85	287.17
县级	173.36	171.26	159.77	160.53	163.60

（资料来源：《中国卫生年鉴2002》，《中国社会统计年鉴2007》）

　　在经济体制改革过程中，国家财政一度大大削减了对农村医疗机构的费用补偿。20世纪80年代后期，县卫生医疗机构的财政拨款难以维持机构业务支出，国家允许其对疾病预防和妇幼保健的一部分业务试行有偿服务。90年代后期，全国县卫生防疫站和妇幼保健所的收入构成中，国家财政拨款所占的比例分别为37.3%和27%。在县卫生防疫站的业务收入中，37.5%来自于有偿服务，26.8%来自于从业人员体检，24.1%来自于卫生监督，只有11.6%来自于财政拨款。在县妇幼保健所的业务收入中，51.2%来自于门诊，38%来自于住院，3.4%来自于妇幼保健有偿服务，只有7.4%来自于国家财政拨款。[①]

　　3. 农村医疗卫生服务网络的恢复与重建（2003年至今）

　　2003年，我国开始试行新型农村合作医疗制度，这在一定程度上促进了农村三级医疗卫生服务网络的恢复和重建，特别是在促进县级医院的发展上发挥了非常重要的作用。从2003年到2007年，县医院的数量从2057个上升到5870个，增长186%；床位数量从2003年的33.9万张增长到2006年的59.9万张，增长幅度为76.7%；卫生人员从2003年的38.3万人上升到2006年的78.3万人，增长104%。从2003年到2007年，乡镇卫生院数量从44000个降至39836个，降幅为9.5%；床位数量从67.3

---

① 王兴龙主编：《卫生经济学理论与实践》，上海交通大学出版社1998年版。

万张上升至 74.7 万张，增长 11.0%；卫生人员从 105.7 万人降至 86.3 万人，降幅为 8.9%。从 2003 年到 2007 年，村卫生室从 51.5 万个增至 60.5 万个，乡村医生和卫生员从 86.8 万人增至 91.4 万人，但与 2006 年相比，2007 年均有所下降（见表 5 - 10）。

表 5 - 10　2003—2007 年农村三级卫生服务网络的基本情况

项目 ＼ 年份	2003	2004	2005	2006	2007
县医院数量（个）	2057	5562	5536	5673	5879
床位数量（万张）	33.9	56.5	57.2	59.9	—
卫生人员（万人）	38.3	76.2	76.0	78.3	—
乡卫生院（个）	44000	41626	40907	39975	39836
床位数量（万张）	67.3	66.9	67.8	69.6	74.7
卫生人员（万人）	105.7	102.6	101.2	86	86.3
村卫生室（万个）	51.5	55.2	58.3	60.9	60.5
乡村医生和卫生员（万个）	86.8	88.3	91.7	95.7	91.4

（资料来源：《中国社会统计年鉴 2007》，《中国社会统计年鉴 2006》，《中国卫生统计年鉴 2005》，《中国农村统计年鉴 2007》，2005—2007 年卫生事业发展统计公报）

这一时期，县级和乡镇医疗机构的诊疗人数和入院人数均呈现出积极稳健的增长态势。从 2003 年到 2007 年，县医院诊疗人次从 1.5 亿次增长到 3.3 亿次，增幅为 120%；县医院入院人数从 849.8 万人增长到 1890.5 万人，增幅为 122%；乡镇卫生院诊疗人次从 6.9 亿人增长到 7.6 亿人，增幅为 10%；乡镇卫生院入院人数从 1608 万人增长到 2662 万人，增幅为 65%（见表 5 - 11）。新型农村合作医疗制度实行后，县级医疗机构的医疗卫生服务状况得到较大改善，乡镇医疗机构在门诊服务上的变化不大，但住院服务的发展较快。

这一时期，医疗卫生机构的收入构成日趋合理。医疗卫生机构的收入主要由财政补助、上级补助和业务收入构成，从 2002 年到 2006 年，业务

表5-11 2003—2007年农村县医院及乡镇卫生院的医疗服务提供情况

项目＼年份	2003	2004	2005	2006	2007
县医院诊疗人次（亿次）	1.5	2.7	2.8	3.0	3.3
县医院入院人数（万人）	849.8	1318.4	1427.3	1578.5	1890.5
乡镇诊疗人次（亿次）	6.9	6.8	6.8	7.0	7.6
乡镇入院人数（万人）	1608	1599	1622	1836	2662

（资料来源：2003—2007年卫生事业发展统计公报）

收入一直是县级医疗卫生机构的主要收入来源，占总收入的比重高达90%左右，财政补助和上级补助合计起来的比重不足10%。县级妇幼保健机构的主要收入同样是业务收入，财政补助收入所占比重小（见表5-12）。县级疾病预防控制中心的主要收入来源由财政补助收入与业务收入构成，2002年业务收入比重略大，2004年财政补助收入占绝对份额，2006年则基本持平。县级卫生监督机构由于是国家公共卫生的执法监督机构，从2002年到2006年，财政补助收入一直为卫生监督机构的主要收入来源，并呈现逐年增长的发展趋势。

表5-12 2002—2006年县级主要医疗卫生机构的收入构成比例

项目＼比重＼年份	财政补助所占比重（%）			上级补助所占比重（%）			业务收入所占比重（%）		
	2002	2004	2006	2002	2004	2006	2002	2004	2006
医疗机构	8.6	7.4	7.3	1.12	0.99	0.80	88.08	90.03	89.8
妇幼保健院	23.7	38.8	24.5	1.17	1.99	0.92	73.6	58.1	70.9
疾控中心	37.9	62.4	45.2	2.6	2.7	3.6	54.6	31.5	45.3
卫生监督所	60.3	60.3	76.1	3.0	1.4	2.8	32.3	24.6	18.6

（资料来源：《中国卫生统计年鉴2007》，《中国卫生统计年鉴2005》，《中国卫生统计年鉴2002》，部分数据为根据原始数据计算得出。各项收入构成为主要收入，不为完全收入）

二、药品生产流通体制改革

药品生产流通体制改革是医疗卫生体制改革中的重要组成部分。医疗卫生事业的健康发展与药品生产流通体制休戚相关，合理、健康的药品生产流通体制能积极促进医疗卫生事业的发展，反之则会严重影响医疗卫生事业的全面开展，继而影响人民群众的健康。

（一）药品生产流通体制改革的酝酿阶段

新中国成立初期，为了解决缺医少药的现状，摆在政府面前最迫切的任务就是要积极促进我国医药工业的发展，建立起我国自主的药品产业。此阶段的工作重点是，在药品生产领域，积极发展化学药品行业，集中力量建立有生产能力的大药厂，中西医药团结发展；在药品流通领域，对化学药品实行三级批发体系、中药材实行分级管理。

1978 年到 1998 年国务院直属的国家药品监督管理局成立之前，是整个药品生产流通领域改革的酝酿阶段。通过药品管理机构的变革，药品生产流通体制改革的基本思路逐步明晰，在一定程度上反映出国家开始有步骤、有意识地对药品生产流通领域进行重新梳理和调整。为配合医疗卫生体制改革，医药管理机构进行了机构调整，主要体现出两个指导思想：一是医药事业必须统一管理；二是中西药应当分开管理。1978 年国务院成立直属的国家医药管理总局，由卫生部代管，总局的任务是"把中西药品、医疗器材的生产、供应、使用统一管理起来"，并相应确立了对医药器材的科研设计、设备制造、基本建设和外事工作等进行统一管理的目标。1982 年的机构改革中，国家医药管理总局改称为国家医药管理局，由国家经贸委代管，负责医药（不含中药）的行业管理。1988 年国务院成立国家中医药管理局，负责中药的行业管理。至此，中西医药从管理机构上实现分开，医药行业的统一管理初具规模。

1. 药品生产领域的改革

（1）药品企业的准入机制建设。1984 年我国颁布了《中华人民共和国药品管理法》，这部法律被视为我国药品管制制度的雏形。它规定了药品企业的市场准入机制，即开办药品生产企业、经营企业，必须经由所在省、自治区、直辖市药品生产经营主管部门审查同意，经所在省、自治区、直辖市卫生行政部门审核批准，并发给《药品生产企业许可证》和《药品经营企业许可证》。1979 年开始允许外资进入医药生产领域，20 世纪 80 年代医药合资企业数量呈稳步增长态势。1990 年国家医药管理局发布了《医药行业当前产业政策与实施办法》，鼓励"在国家经济开放的前沿地带多搞合资、独资企业"。20 世纪 90 年代，国内民间资本大量进入医药生产领域。在这种政策环境下，药品产业的所有制结构逐步调整，初步形成了以股份经济为主体、国有经济和三资经济共同发展、民营经济和集体经济互动的多元化经济格局。

（2）药品质量的监管。1986 年国家医药管理局制定了《医药行业质量管理若干规定》，要求各省、自治区、直辖市医药管理局（总公司）及所属各专业公司和医药行业的生产、企业经营必须坚持"质量第一"的方针，切实加强对质量工作的领导，推行全面质量管理，实施《医药商品质量管理规范》（GSP）、《中国饮片质量管理办法》、《药品重要工业质量管理暂行办法》等规定，对医药生产的质量管理标准进行了初步规范，以适应医药行业现代化的要求。

（3）新药的审批监管。1979 年卫生部发布了《新药管理办法（试行)》，明确报批新药的范围，此法规在 1985 年被卫生部颁发的《新药审批办法》替代。1987 年卫生部发布了《关于新药保护及技术转让的规定》，对保护期和技术转让做了具体规定。1988 年至 1989 年卫生部又相继发布了《关于新药审批管理的若干补充规定》、《关于审批国外药品在中国注册及临床试验的规定》以及有关新药报批若干问题的通知，使新药审批方面的法规更加完善。在此基础上，国家继续出台了一系列保障和鼓励创新的法律法规。1999 年 5 月 1 日起施行修订后的《新药审批办法》是规范新药研发和生产的重要办法，并且对新药研发给予了政策上的倾斜。

2. 药品流通领域的改革

药品流通领域改革的主要内容是对药品价格的管理。1978 年至 20 世纪 90 年代中期，国家对医药价格的管制大致可以分为三个阶段。

（1）1978 年至 20 世纪 80 年代中后期，政府逐步按照市场经济规律办事，放松药品的价格管制。首先对药品的进销差率和作价办法进行了调整，1984 年国家对 119 种药品和医疗器械的价格进行了调整，按照国家只管产地价格、销地价格按实际成本的 5% 综合差率、内部调拨由买卖双方自行协调的作价原则确定医药价格。其次转变了药品价格的管理形式，实行国家定价、国家指导价、市场调节价相结合的办法进行价格管理，并且将集中的药品价格管理权限下放到地方和企业，允许地方和企业根据自身情况浮动定价。1984 年，国家医药管理局主管的药品价格由 1900 种减少到 250 种。

（2）20 世纪 80 年代中后期到 90 年代中期，医药价格基本全部放开。1992 年国家医药管理局在《关于医药行业搞好国营大中型工业企业的意见》中指出，"除一些关系国计民生的医药行业产品必须由国家集中掌握定价外，其余产品允许企业按照国家统一作价方法，根据市场供求情况，制定产品价格，逐步缩小国家管理定价的产品范围"。

（3）1996 年至 1997 年，政府开始全面控制药品的零售价格。医药价格全面放开不到几年的时间，在调动企业生产积极性的同时，引发了更为严重的不良后果，大部分药品的价格持续上涨，导致群众怨声载道，政府开始全面控制药品零售价格。政府主要采取了三种手段来控制药品价格：一是重新扩大药品零售价格的政府指导价和政府定价的范围，对三类药品实施政府定价和指导价；二是重新调整药品价格的作价办法，1997 年国家计委发布了《国家计委关于印发〈药品价格管理暂行办法的补充规定〉的通知》，对国家定价的药品限制流通差率；三是强行降低部分药品的最高零售价格，特别是对部分可替代性低、用量大的药品进行最高零售价格限价。

这一阶段药品生产流通体制改革的主要特点是，取消了计划经济时代的指令性生产流通计划，由市场来负责药品的生产与流通，这具体表现在四个方面。一是企业在药品的生产领域开始具有自主权，1985 年起国家将原来按指令性计划管理的 12 大类、292 种原料药减少为 30 种，其余改为指导性计划，中药材由以往的 30 种改为 4 种，取消了化学原料药的指令性计划，企业可以根据市场的供求关系决定生产。二是药品生产主体由单一的公有制结构转变为多种所有制结构并存，非国有经济迅速发展，药品市场呈现繁荣状态。三是药品产品结构更加丰富，化学制药工业的产量由 1989 年的 20 多万吨增长到 1998 年的 35 万吨。四是我国药品三级批发、逐级调拨的供应体系逐渐解体，医药流通体制改革打破了计划经济体制下形成的一、二、三级批发的流通格局和计划调拨药品的供给模式，医药生产企业开始自己选择销售对象，渠道多样，环节逐步减少，社会主义市场经济条件下的医药商品流通新体系正在逐步形成。与此同时，医药商业企业数量开始增加，企业内部分散经营，医药流通企业规模走上了由集中到分散的道路。

（二）药品生产流通体制改革的积极推进阶段

1. 药品生产流通领域管理机构的变迁

1998 年至今，药品生产流通领域的管理机构经历了三次大的调整：第一次是 1998 年国务院成立直属的国家药品监督管理局；第二次是 2003 年在国家药品监督管理局的基础上组建国家食品药品监督管理局；第三次是 2008 年将国务院直属的国家食品药品监督管理局划归卫生部管理。10 年间管理机构的不断调整反映出国家对药品生产流通领域改革认识的不断完善与深化，成立国家药品监督管理局是为了解决当时面临的政出多门、责任不清等突出问题，将行业管理、药政、药检管理统一，将中、西药管理统一，将行政监督与技术监测统一；组建国家食品药品监督管理局是为了满足人民群众日益增长的需要；将国务院直属的国家食品药品监督管理局重新划归卫生部管理，在一定程度上体现了卫生全行业监管的理念。

1998 年机构改革之前，国家医药管理局负责医药的行业管理，国家中医药管理局负责中药管理，卫生部负责药政管理。在具体管理工作中，国家医药管理局负责化学药品、抗生素的管理；国家中医药管理局负责中药材、中成药、中药饮片管理；卫生部负责血清疫苗、生物制品、医院制剂的管理；国内贸易部负责生化药品管理；中国核工业总公司负责放射性药品管理；农业部、解放军总后勤部卫生部、武警部队卫生部分别负责各自部门的药品管理。这种管理体制容易造成机构设置的重叠、职能相互交叉，并且政出多门、责任不清。

为彻底解决药品生产流通领域的种种问题，1998 年国务院成立直属的国家药品监督管理局，将卫生部承担的药政药检职能、国家医药管理局的药品生产流通监督职能、国家中医药管理局的中药监管职能都统一起来，负责中西药品、医疗器械等生产、流通、使用的监督和检验，并将药品生产与流通领域的行政监督与技术监督统一起来。2001 年省级以下药品监督管理机构实行垂直管理，地方各级药品监管机构职能集中统一。2003 年国务院在国家药品监督管理局的基础上组建国家食品药品监督管理局，除继续承担原来的行政监督和技术监督职能外，还增加了对食品、保健品、化妆品安全管理的综合监督、组织协调和依法组织开展对重大事故查处的职责，并且划入了原由卫生部承担的保健品审批职责。2008 年国家食品药品监督管理局改由卫生部管理，卫生部接管国家食品药品监督管理局对食品药品安全的监管职能，结束药品监督管理局改革之前集食品药品审批和监管于一身的状态，使分散的卫生管理职能统一到卫生部进行管理。

2. 建立健全药品的认证制度和鼓励药品创新

国家药品监督管理局通过建立健全药品认证制度，在药品研制、生产、经营各环节执行相应的质量规范。在药品研究环节，1999 年国家药品监督管理局制定并发布了《药物临床试验管理规范》（GCP）；在药品生产环节，国家药品监督管理局要求 2004 年 6 月 30 日以前，我国所有药品制剂和原料药的生产必须符合 GMP 要求，并取得"药品 GMP 证书"。在中药生产方面，实行《中药材生产质量管理规范》（GLP）；在药品经营环节，在 1992 版 GSP 的基础上重新修订了《药品经营质量管理规范》，并于 2000 年 4 月 30 日以国家药品监督管理局令第 20 号颁布，2000 年 7 月 1 日起正式施行；新版 GSP 对药品批发企业和零售企业进行了区分对待，内容更加具体、科学、丰富和实用。

国家在新药研发方面采取了一系列的鼓励措施。除党和国家在大政方针上提出建设创新型国家外，在《国家中长期科学和技术发展规划纲要（2006—2020 年）》的 16 个重大专项中，"重大新药创制"方案与绕月探测工程、水资源保护等其他重大专项放在了同等重要的位置；国家发改委 2006 年发布的《医药行业"十一五"发展指导意见》中，确定了"十一五"医药行业发展的主要任务之一是加快创新药物和特色非专利药的研制。在法规方面，我国政府先后出台了一批保障和鼓励创新的法律法规。2007 年出台的《药品注册管理办法》坚持"国家鼓励研究创制新药"的政策导向，对新药的概念重新界定，并加强了对新药真实性核查，严厉打击药品研制和申报注册中的造假行为，从源头上确保药品创新的真实性和实用性。同时，为了鼓励技术创新，遏制低水平重复生产，新办法首先对创新药物从"快速审批"改为"特殊审批"，根据创新程度设置不同的通道，进一步提高审批效率，并厘清新药证书的发放范围，进一步体现创新药物的含金量。

3. 探索药品集中招标采购制度与继续对药品价格进行管制

（1）对医疗机构全面实行药品招标采购制度。药品招标采购制度改革的直接目标是为了降低药品价格虚高，遏止药品购销中的不正之风，减轻患者的不合理医药费用负担。2000 年国务院办公厅转发国务院体改办等部门的《关于城镇医药卫生体制改革的指导意见》，首次提出了药品集中招标采购政策的基本框架，"规范医疗机构购药行为，由卫生部牵头，国家经贸委、药品监管局参加，根据《中华人民共和国招标投标法》进行药品集中招标采购工作试点"。2001 年国务院办公厅转发国务院体改办等部门联合制定的《关于整顿和规范药品市场的意见》，对药品集中招标采购进行补充和完善，提出"完善药品集中招标采购制度，卫生部门要规范医疗机构的药品管理，扩大集中招标采购的品种，逐步将主要药品品种都纳入集中招标采购的范围"。2001 年卫生部在总结试点工作的基础上开始集中招标采购政策文件的起草，药品集中招标采购政策由一系列文件构成。从诞生之日起，药品集中招标采购制度就一直饱受来自各个领域的质疑和批评。2004 年卫生部等六部门发布了《关于进一步规范医疗机构药品集中招标采购的若干规定》，考虑到药品集中招标采购制度已经推行了将近 10 年，各个地区对于集中招标采购的管理和监督已经积累了相当多的经验，因此这份文件中将更多的解释权赋予了地方，但制定具有可操作性实施方案的地区寥寥无几。可以看出，对药品招标采购制度的贯彻实施是不到位的，没有达到预期的效果，也没有实现最初的目标，各地的药品集中招标采购仍在按照已有的轨迹在向前发展。

（2）继续对药品价格进行管制。1998 年至今，国家对药品价格进行管制的基本思路是采用各种手段对最高药品零售价格进行控制。在扩大部分药品零售价格的政府定价和政府指导价方面，2000 年国家计委《关于印发〈改革药品价格管理的意见〉的通知》，提出"把政府定价药品的范围扩大到国家医保目录，同时对指导价进行最高限价"。2000 年年底，为适应加入 WTO 的要求和进一步减少政府对医药行业的直接干预，政府只对列入医药报销目录范围的药品以及部分垄断性药品及特殊药品进行管理，其他绝大部分药品由企业通过市场竞争自主定价；对企业自主定价药品取消了流通差率控制，对列入政府管理范围内的药品也只制定药品最高零售价，不控制出厂价及批发价。这种管理办法最初的出发点在于充分发挥市场竞争机制，通过设定药品最高零售价来形成"倒逼效应"，从而在一定程度上使医药流通领域的隐性收入减低。但由于我国长期以来的"医药不分家"，政策执行的结果是医院利用其垄断地位，购药时挤占医药批发和制药企业的利润空间，售药时利用信息不对称继续对患者维持高价，药品零售价格40%—50%的空间被医院占有，制药企业利润非常小，甚至难以为继。2005年政府定价范围继续扩大，将一些没有列入《医保目录》的处方药也包括了进来。

（3）改变药品的作价方法。1997年国家计委《关于印发〈药品价格管理暂行办法的补充规定〉的通知》对国家定价药品实行差别差率，即高价格低差率和低价格高差率，使疗效好的低价药不从市场上消失，以保护其生产和流通。2007年国家发改委出台了《医药价格工作守则（暂行)》，规定制定医药价格必须经过成本价格调查、专家评审或论证、听取各方面意见、集体讨论、集体审议等五道程序。其中派驻医院管理人员进驻制药企业进行成本调查、建立健全专家库以便让专家参与到价格评审与论证过程中来等措施，有利于更进一步地规范医药价格的制定。从2000年到2007年，国家发改委连续20余次调低定价目录类的医药价格，决心很大，但医药价格虚高的现状依然普遍存在。

三、公共卫生体制改革

公共卫生体制是我国医疗卫生体制的一个重要组成部分，公共卫生的职能变迁从一个角度反映出我国的公共卫生体制建设在卫生改革的浪潮中所受到的波动与影响。现代意义上所指的公共卫生至少包括传染病和非传染病的预防和控制、卫生监督、食品卫生和营养、环境卫生、职业和劳动卫生、妇幼保健等门类。本章探讨的公共卫生系统包含卫生监督、疾病预防控制和基层社区卫生服务机构，重点对机构的发展运行方式进行评述。

（一）卫生监督与疾病预防控制

长期以来，我国的卫生监督和疾病预防控制职能主要由卫生防疫站来具体承担。由于缺乏专门的卫生法规，卫生防疫机构实施的卫生监督执法大多限于行政业务管理、技术服务和技术指导等职能，不能有效地开展卫生监督职能。新中国成立后我国的公共卫生体制参照苏联模式，在全国范围内建立了卫生防疫站，隶属于卫生行政部门，负责疾病预防控制和卫生监督检测工作。卫生防疫系统按照国家行政区划和产业系统设置，包括省、地、县三级卫生防疫站，以及部分行业和大型厂矿防疫站。各级卫生防疫机构既是进行卫生防疫监测、监督、科研和培训相结合的技术性专业机构，也是依照国家相关法规文件进行卫生监督的执法机构。卫生防疫站归属同级政府卫生主管部门领导，各级卫生防疫机构之间不存在上下级关系，主要以业务指导为联系枢纽，形成卫生防疫网络。计划经济体制下，绝大多数卫生防疫机构都是全额预算管理单位，支出由国家全额拨款，并且由国家免费向全体居民提供基本的公共卫生服务。20 世纪 50 年代初期，我国开始实行全民免费种牛痘和卡介苗，费用由各省、市、县统筹支付，以后逐步实施了对脊髓灰质炎、麻疹、乙脑、破伤风、百日咳和结核等传染病的常规计划免疫，并且免收血吸虫病人的检查和治疗费用，由地方财政解决。1957 年公布实施的《中华人民共和国国境卫生检疫条例》是我国第一次由国家最高权力机构颁布的卫生法律，对卫生监督制度及机构予以法律形式的确认，这成为我国卫生立法的起点。1955 年卫生部颁布了《传染病管理办法》，1958 年卫生部颁布了《放射性工作卫生防护暂行条例》，1964 年国务院转发并正式颁布了卫生部《食品卫生管理试行条例》，初步形成了卫生监督与疾病预防控制的法规体系。在"文化大革命"期间，很多卫生防疫机构被取消，队伍被拆散，公共卫生的监督执法基础受到破坏，工作基本处于停滞状态。

1. 卫生防疫机构的转变（1978—1994 年）

1984 年党的十二届三中全会拉开了经济体制改革的序幕，卫生防疫机构也受到了相应影响，由提供无偿的公共卫生服务向提供有偿服务转变。计划经济体制下，公共卫生的管理和筹资由中央与地方各级政府负责。财政包干体制实行后，地方政府成为卫生事业费用的主要承担者。20

世纪 80 年代中期开始，医疗卫生机构在人事、分配和业务等方面的自主权扩大，允许"卫生防疫、妇幼保健、药品检验等单位根据国家有关规定，对各项卫生检验、监测和咨询工作实行有偿服务的收入，在扣除部分必要的物质材料消耗和适当的仪器设备折旧后，用于改善职工的工作条件和生活待遇"。与此同时，卫生防疫机构的费用补偿逐渐从计划经济时期的全额拨款改为差额拨款，卫生防疫机构的日常运行经费越来越依靠自身创收来解决。

这一时期的卫生立法工作得到了迅速发展，卫生监督管理逐步形成了多层次的劳动卫生、食品安全、传染病、职业病防治、环境卫生、学校卫生、放射卫生和药品质量的监督网络。截至 1992 年，我国共颁布了 4 项卫生法律和 17 项卫生法规，如全国人大常委会相继颁布了《中华人民共和国食品卫生法（试行)》、《中华人民共和国药品管理法》、《中华人民共和国国境卫生检疫法》和《中华人民共和国传染病防治法》等，国务院先后颁布了《尘肺病防治条例》、《公共场所卫生管理条例》、《放射性同位素与射线装置放射防护条例》、《化妆品卫生监督条例》、《学校卫生工作条例》和《艾滋病监测管理的若干规定》等一批行政法规。在监督监测网络建设方面，一是把住卫生预防性监督关，对新建、改建、扩建的工矿企业、食品生产经营企业、公共场所、放射性工作场所等工程的选址和设计进行卫生审查和竣工验收，对生产经营部门和企业核发卫生许可证；二是通过定期监测、不定期抽查、巡回检查等多种方式开展大量经常性的卫生监督工作，有力地保护了人民群众正常的工作、学习和生活，取得了较好的社会效益和经济效益。

2. 卫生监督体系的完善（1995—1999 年）

1995 年《中华人民共和国食品卫生法》的颁布确定了卫生行政部门是卫生监督的执法主体，卫生监督体系逐步从卫生防疫站中独立出来，原卫生防疫机构继续执行疾病预防控制的职能，这标志着卫生监督工作开始进入法制管理阶段。《中华人民共和国食品卫生法》明确规定了卫生行政部门是执法主体，这意味着卫生监督主体由事业单位转变为卫生行政部门。执法主体的转变将有助于加强社会卫生监督管理，转变政府职能，规范监督执法行为，进一步明确卫生管理相对人的权利和义务。1996 年卫生部下发了《关于进一步完善公共卫生监督执法体制的通知》，着眼于分离行政管理行为和业务技术行为，依法实施卫生监督和监测。1997 年《中共中央、国务院关于卫生改革与发展的决定》中明确提出，到 2000 年年初步建立起具有中国特色的包括卫生服务、医疗保障、卫生执法监督的卫生体系，各级卫生行政部门是卫生执法监督的主体，各级政府要支持和维护卫生行政部门统一行使卫生执法监督权，改革完善卫生执法监督体制，这份对我国卫生改革具有重要指导意义的纲领性文件中明确指出了我国卫生体制改革的目标方向。1999 年九届全国人大二次会议通过的宪法修正案中明确提出依法治国的基本政治原则，体现在卫生行政监督领域就是要使卫生监督执法变得有章可循。

3. 卫生监督与疾病预防控制工作的新发展（2000 年至今）

2000 年《关于城镇医药卫生体制改革的指导意见》要求在卫生防疫站基础上，整合其他预防保健卫生资源，分别组建疾病预防控制中心和卫生监督所，作为政府卫生防病工作的技术保障部门和卫生事业的监督管理机构。该指导意见明确要求将卫生防疫机构的职能一分为二，即疾病预防控制和卫生监督职能分开，成立了专门承担卫生行政执法和卫生监督职能的专门机构，两项体制改革正式实行。2001 年卫生部发布了《关于卫生监督体制改革实施的若干意见》，其中对卫生监督执行机构设置、主要工作职责、卫生监督队伍、监督执法经费、监督执行机构的内部制度建设和卫生监督检验机构的管理等方面进行了比较详细的阐述。同时进一步指出，卫生监督所以所属卫生行政部门的名义开展卫生执法工作，实行执法责任制，对外树立卫生行政执法的整体形象，对内接受卫生行政部门的直接领导，并由卫生行政部门承担卫生监督所执法行为的法律后果。此后，卫生监督工作进入到一个崭新的发展时期。

2001 年卫生部出台了《疾病预防控制体制改革的指导意见》，指出疾病预防控制机构是政府举办的实施疾病预防控制与公共卫生技术管理和服务的公益事业单位，负责疾病防治和技术服务工作。要求有效利用卫生资源，将有关卫生事业单位中的疾病预防控制和公共卫生技术管理和服务职能集中，组建职能分工明确、规模适度、精干高效，集疾病预防与控制、监测检验与评价、健康教育与促进、应用研究与指导、技术管理与服务为一体的疾病预防控制体系，提高疾病预防控制综合能力，提高卫生服务质量与效率。要求各级政府和卫生行政部门认真落实对疾病预防控制机构的财政补助政策和税收政策，保障疾病预防控制机构向社会提供的公共卫生服务落到实处。疾病预防控制体制改革与卫生监督体制、城镇医药卫生体制改革和农村卫生体制改革配套进行，统筹兼顾，总体规划，稳步实施，逐步完善。此后，我国疾病预防控制工作开创了发展的新局面。

（二）城市基层社区卫生服务组织

社区卫生服务在落实公共卫生、保障基本医疗方面发挥着不可替代的作用。受二元经济结构的影响，我国社区卫生服务在农村和城市有着不同的发展路径。农村基层卫生服务的最初萌芽是以乡村医生的形式出现的，依托县、乡、村三级卫生服务网络为农村居民提供基本的卫生服务，以预防为主；城市基层社区卫生服务则首次在1997年的《中共中央、国务院关于卫生改革与发展的决定》中被正式提出，当时的提法是，改革城市卫生服务体系，积极发展社区卫生服务，逐步形成功能合理、方便群众的卫生服务网络。由于农村基层卫生服务已在前文做了重点论述，这里不再重复。

在总结初步试点经验的基础上，1999年卫生部、国家发展计划委员会等10部委联合下发了《关于发展城市社区卫生服务的若干意见》，提出了发展社区卫生服务的具体政策措施和2010年社区卫生发展目标。2002年卫生部等11个部门制定《关于加快发展城市社区卫生服务的意见》，鼓励社会力量参与建设社区卫生服务网络，提出要打破部门垄断和所有制等界限，鼓励企业事业单位、社会团体、个人等社会力量多方举办社区卫生服务机构，并在促进社区卫生服务发展、人员水平、组织领导和监督管理等方面提出了指导思想与具体发展策略。

2003 年到 2005 年，卫生部会同民政部、国家中医药管理局开展创建全国社区卫生服务的示范区活动，创立 108 个示范区。2006 年国务院颁布了《关于发展城市社区卫生服务的指导意见》，明确了发展城市社区卫生服务的指导思想、基本原则、工作目标和政策措施。2006 年卫生部等部门印发了 9 个配套文件，这些配套文件有助于社区医疗卫生组织发展相关问题的明确，有助于医疗卫生体制改革的顺利进行，还有助于缓解群众"看病贵，看病难"问题。具体表现为四个方面：一是明确了社区卫生服务机构的基本标准、服务重点、人员要求以及监管要求，要求社区卫生服务要以提供公共卫生服务为重点工作，提供一般常见病、多发病的基本医疗服务；二是落实了社区卫生服务的费用补偿问题，中央从 2007 年起对中西部地区社区公共卫生服务给予适当补助；三是制定了一系列的措施来稳定和鼓励医学人才向基层社区卫生服务组织流动；四是明确了社区卫生服务机构实行政府指导价，降低药品收益在社区卫生服务费用补偿中所占的比例。

从 1997 年至今，是社区卫生服务不断探索和完善的 11 年，社区卫生服务体系建设从无到有，从事社区卫生服务的医疗卫生队伍也日益壮大，社区卫生服务质量以及服务模式得到了居民的逐渐认可，"低水平、广覆盖、高效率"，能满足群众基本公共卫生和医疗服务需求的社区卫生服务网络正在逐步形成。

社区卫生服务体系建设不断完善。从 2002 年到 2007 年，社区卫生服务中心和社区卫生服务站的机构总数从 7961 个增长到 27033 个，社区卫生服务中心的床位数量从 11935 张增加到 56174 张（见表 5 - 13）。在已经开展城市社区卫生服务的城市，能够保证多数居民步行 15 分钟可以到达社区卫生服务中心（站），以社区卫生服务中心为主、社区卫生服务站为辅、其他基层医疗机构为补充的社区卫生服务体系已经基本建设起来。

社区卫生服务也得到明显提升。首先，社区卫生服务机构提供的医疗服务数量迅速上升。从 2002 年到 2007 年，社区卫生服务中心与社区卫生服务站的诊疗人次从 1.47 亿次增长到 2.1 亿次，增长幅度为 42%；其中社区卫生服务中心的诊疗人次从 0.36 亿次增长到 1.3 亿次，增长幅度达

表5－13　2002—2007年社区卫生服务中心和
社区卫生服务站的基本情况

年份	机构数（个）			床位数（张）	诊疗人次（亿次）		
	中心	站	总数		中心	站	总数
2002	442	7519	7961	11935	0.36	1.11	1.47
2003	474	9348	9822	11926	0.38	0.36	0.74
2004	700	13025	13725	18106	0.46	0.50	0.96
2005	876	15746	16622	25002	0.59	0.62	1.21
2006	2077	20579	22656	41194	0.82	0.94	1.76
2007	3152	23881	27033	56174	1.3	0.80	2.1

（资料来源：2002—2007年《中国卫生统计年鉴》，2007年卫生事业发展统计公报）

到261%；社区卫生服务中心的入院人数从106091人增长到436288人，增长幅度达到311%（见表5－14）。近年来，在社区卫生服务快速发展的

表5－14　2002—2007年社区卫生服务中心的卫生服务提供情况

年份	诊疗人次（亿次）	入院人数（人）	病床使用率（%）
2002	0.36	106091	68.10
2003	0.38	102844	67.10
2004	0.46	151965	61.20
2005	0.59	266215	60.68
2006	0.82	266215	60.68
2007	1.3	436288	57.94

（资料来源：2003—2007年《中国卫生统计年鉴》）

同时，社区卫生服务中心的卫生服务提供能力得到了充分的发展，社区卫生服务站在为居民提供方便廉价的卫生服务方面同样起到了不可替代的作用。其次，社区卫生服务组织提供的医疗服务模式更为便捷。社区卫生机

构的工作重点是为居民提供方便、快捷、相对廉价的基本医疗卫生服务，常见病、计划免疫、妇幼保健和慢性病的管理成为社区卫生机构的主要工作内容。随着社区卫生工作的不断开展，组建了由全科医生、社区护士以及专职的预防保健人员组成的全科团队，为居民建立健康管理档案，积极实行预防干预为主的医疗路线，防治结合，提供电话咨询服务，对于行动不便的病人可以上门服务，对于慢性病、常见病等健康问题提供健康教育，开展康复保健等专业技术服务，这些社区卫生服务模式得到了居民的认可。社区卫生服务的人才队伍建设成果显著。为了引进社区卫生服务人才，为了进一步稳定社区医疗服务提供人员的队伍，国家已经建立了全科医师任职制度，并且广泛开展全科医生和社区护士的岗位培训。例如，北京、上海、浙江等城市制定了社区医生的选调生制度，每年选派本科医科毕业生到大中型医院接受 2 至 3 年的规范化培训，培养符合要求的高素质社区全科医生。根据统计，截止到 2007 年，具有执业（助理）医师资格的人数占全部社区卫生服务技术人员的 45%。

四、医疗卫生体制改革的基本评价与改革展望

改革开放 30 年来，我国医疗卫生体制改革走过了一段不平凡的道路，对医疗卫生体制改革的评价也是褒贬不一。总体上看，医疗卫生体制改革的成效毫无疑问是非常显著的，这在医疗卫生服务的数量和质量上均得到充分体现，较好地保障了人们的身体健康水平。同时也应看到，医疗卫生领域仍存在诸多问题，看病贵、看病难的问题依然比较突出，农村基层医疗卫生条件比较差。当前应抓住构建社会主义和谐社会的历史契机，深入推进医疗卫生体制改革，建设覆盖城乡居民的基本医疗卫生制度，为群众提供安全、有效、方便、价廉的公共卫生和基本医疗服务，实现人人享有基本医疗卫生服务。

（一）医疗卫生体制改革的主要成就

改革开放以来，我国基本建立起遍及城乡的医疗卫生服务体系，重大传染病防治取得了明显进展，妇女儿童的卫生保健水平得到进一步改善，人民健康水平不断提高。

1. 全国卫生资源总量得到迅速发展

（1）卫生机构总数和床位数量迅速增加。从1980年到2007年，卫生机构总数从18.06万个上升到29.89万个，增长了65.5%，其中，医院从9902个上升到19847个，增长了100.4%；卫生院从55413个减至40678个，减幅为26.6%；妇幼保健机构由2745个上升至3051个，增长了11.1%。从1980年到2007年，卫生机构的床位数从218.4万张增加到370.1万张，增幅为69.5%，其中，医院的床位数由119.6万张增加到267.5万张，增长了123.7%；卫生院的床位数由77.5万张减至76.3万张，减幅为1.5%；妇幼保健机构的床位数由1.6万张增加到10.6万张，增幅为562.5%（见表5－15）。

表5－15 1980年与2007年卫生机构数和床位数比较

项 目	机构（个）		床位（张）	
	1980	2007	1980	2007
总计	180553	298868	2184000	3700562
其中：医院	9902	19847	1196000	2674829
社区卫生服务中心(站)	—	27054	—	76453
卫生院	55413	40678	775000	763426
妇幼保健院（所、站）	2745	3051	16000	106189
疾病预防控制中心	—	3586	27000	28013

（资料来源：2007年中国卫生事业发展统计公报，《中国卫生统计年鉴2007》。本表不含村卫生室数，卫生机构总计数为所有卫生机构的数量之和，表中所列项目为主要项目）

（2）医疗卫生服务机构的从业人员出现大幅度提高。从 1978 年到
2007 年，从业人员总数从 310.6 万人上升至 590.4 万人，增幅达 90.1%，
其中，卫生技术人员从 246.4 万人升至 478.6 万人，增长了 94.2%；其他
技术人员由 2.3 万人增长至 24.2 万人，增长了 8.5 倍；管理人员从 29.9
万人增加到 35.6 万人，增长了 19.1%；工勤技能人员由 32 万人上升到
51.9 万人，增长了 62.2%。在卫生技术人员中，执业（助理）医师数量
增长了 94.9%，执业医师数量增长了 1.7 倍，注册护士、药剂师（士）
和检验师（士）的数量分别增长了 2.8 倍、21.7% 和 1.1 倍（见表
5-16）。从业人员的提高不仅体现在数量的迅速增长上，更体现为综合技
能素质的提升，从而有助于医疗卫生服务水平的提高。

表 5-16 1978 年与 2007 年卫生人员总数的比较

（单位：万人）

年份 项目	1978	2007
总计	310.6	590.4
卫生技术人员	246.4	478.6
其中：执业（助理）医师	103.3	201.3
内：执业医师	61.0	164.4
注册护士	40.7	154.3
药剂师（士）	26.7	32.5
检验师（士）	9.9	20.6
其他技术人员	2.3	24.2
管理人员	29.9	35.6
工勤技能人员	32.0	51.9

（资料来源：2007 年中国卫生事业发展统计公报，《中国卫生统计年鉴 2007》）

（3）医疗卫生总费用在迅速提高。从 1980 年到 2006 年，卫生总费
用从 143.2 亿元上升到 9843 亿元（未扣除物价因素影响），增长了
67.7 倍；人均卫生费用由 14.5 元增长至 745 元，增长了 50.4 倍；财政

预算卫生支出由 51.9 亿元增加到 1778.9 亿元，增长了 33.3 倍；卫生总费用占 GDP 的比重由 3.15% 上升到 4.67%，增长了 1.52 个百分点（见表 5 - 17）。

表 5 - 17　1980 年与 2006 年医疗卫生总费用的主要指标比较

年份	卫生总费用（亿元）	人均卫生费用（元）	财政预算卫生支出（亿元）	财政预算占总费用（%）	总费用占 GDP（%）
1980	143.2	14.5	51.9	36.2	3.15
2006	9843	745	1778.9	18.1	4.67

（资料来源：2007 年中国卫生事业发展统计公报，《中国卫生统计年鉴 2007》）

2. 公共卫生监督和疾病预防控制取得了显著成效

（1）逐步形成了四级公共卫生监督管理网络

目前我国由国家、省、地（市）、县四级构成的卫生监督管理网络正在逐步形成，明确了公共卫生监督与疾病预防控制在整个医疗卫生体系中的地位和作用，基本解决了执法中心下移、执法对象属地化的问题。卫生部负责全国卫生监督体系建设的规划与指导，于 2002 年正式成立卫生监督中心，该中心行使卫生监督执法职能。同时在原有卫生防疫站的基础上，按照依法行政、政事分开和综合管理的原则，调整卫生资源配置，并成立卫生监督所。目前我国的卫生监督工作实行分级管理，中央、省、设区的市、县级卫生行政部门内设卫生监督机构并下设卫生监督执行机构，由卫生行政部门领导卫生监督机构的工作。

目前我国已基本建立了从国家、省、地（市）到县的四级卫生监督技术支撑体系及执法监督体系。截至 2007 年年底，全国已组建 2857 个卫生监督所（中心），其中，省级（含新疆兵团）32 个、市地级 338 个、县（区、县级市）级 2487 个。2007 年，全国公共场所卫生被监督单位 90.7 万个，从业人员 450.7 万人，持健康证人数占 95.9%，做出卫生行政处罚并结案的案件 4.1 万件；全国生活饮用水卫生（供水）被监督单位 8.1 万个，从业人员 31.0 万人，持健康证人数占 93.2%，做出卫生行政处罚并结案的案件 2344 件；全国化妆品卫生被监督单位 3278 个，从业人员 3.1 万人，持健康证人数占 94.9%，做出卫生行政处罚并结案的案件 3716 件；全国消毒产品被监督单位 9474 个，从业人员 10.8 万人，有效卫生许可证 8067 份；全国被监督学校 26.1 万所，54.7% 的学校已建立学生健康档案，72.4% 的学校开设健康教育课，68.7% 的学校建立突发公共卫生事件应急预案，做出卫生行政处罚并结案的案件 5066 件；全国职业卫生被监督单位（含职业卫生技术机构）20.3 万个，职工总数（不含职业卫生技术机构）3190.4 万人，职业病危害因素接触人数占 34.2%，做出卫生行政处罚并结案的案件 6727 件；全国放射卫生被监督单位（医用辐射和非医用辐射单位）5.0 万个，职工总数 583.7 万人，放射工作人员持证上岗率 61.5%，做出卫生行政处罚并结案的案件 2341 件。

（2）初步建立了食品安全管理体系

目前我国已经初步建立了食品安全管理体系，按照一个监管环节由一个政府部门来负责的监管体制进行食品安全管理，农业部门负责初级农产品生产环节的监管，质检部门负责食品生产加工环节的监管，工商部门负责食品流通环节的监管，卫生部门负责餐饮业和食堂消费环节的监管，食品药品监管部门负责食品安全的综合监督、组织协调和依法组织查处重大事故。2007 年，全国食品卫生被监督单位 533.3 万个，从业人员 2082.6 万人，持健康证人数占 98.0%。对食品生产经营单位进行经常性卫生监督 1601.6 万户次，合格率为 91.1%。粮食、肉、蛋等食品抽样监测 114.8 万件，合格率为 88.3%。依据《中华人民共和国食品卫生法》等法律法规，做出卫生行政处罚并结案的案件 28.7 万件。

（3）地方病和血吸虫病防治工作取得重大进展

地方病和血吸虫病曾经在我国非常盛行，严重威胁到人们的身体健康和生命安全。改革开放以来，我国加大了对地方病和血吸虫病的防治力度，政府增加了公共财政的资金投入，增强科研力量，极大地降低了地方病和血吸虫病的危害范围和程度。在地方病防治方面，截至 2007 年年底，全国克山病病区县 327 个，累计基本控制县 257 个，现症病人 4.1 万人；大骨节病病区县 363 个，累计基本控制县 208 个，现症病人 72.3 万人；碘缺乏病防治工作县（区）2791 个，现症病人 46.5 万人；地方性氟中毒（水型）病区县 1119 个，累计控制/消灭县数 182 个，氟斑牙病人 2102.0 万人，氟骨症病人 136.0 万人；地方性氟中毒（燃煤污染型）病区县数 178 个，累计控制/消灭县数 24 个，氟斑牙病人 1620.3 万人，氟骨症病人 186.3 万人。在血吸虫病防治方面，截至 2007 年年底，全国血吸虫病流行县（市、区）449 个，比上年增加 1 个；累计达到血吸虫病传播阻断标准的县（市、区）276 个，比上年增加 6 个；年底实有病人 51.6 万人，比上年减少 17.3 万人；年内治疗病人 60.7 万人，比上年增加 8.8 万人。

（4）妇幼卫生保健工作持续推进

我国一直对妇幼卫生保健工作比较重视，成效非常显著。在孕产妇保健方面，从 1996 年到 2007 年，系统管理率从 65.6% 增长到 77.3%，增长了 11.7 个百分点；产前检查率从 83.7% 增加到 90.9%，增长了 7.2 个百分点；产后访视率从 80.0% 上升到 86.7%，增长了 6.7 个百分点；特别是住院分娩率由 61.1% 增加到 91.7%，增长了 30.6 个百分点，其中，市住院分娩率增长了 18 个百分点，县住院分娩率增长了 37.2 个百分点（见表 5-18）。在监测地区孕产妇和儿童的死亡率方面，从 1991 年到 2007 年，孕产妇死亡率（1/10 万）从 80% 下降到 36.6%，下降了 54.3%，其中城市地区该指标下降了 21.1 个百分点，农村地区该指标下降了 58.7 个百分点；5 岁以下儿童死亡率从 61‰ 下降到 18.1‰，下降了 70.3%，其中城市地区该指标减少了 11.9 个千分点，农村地区减少了 49.3 个千分点；婴儿死亡率从 50.2‰ 下降到 15.3‰，下降了 69.5%，其中城市地区该指标减少了 9.6 个千分点，农村地区减少了 49.4 个千分点；新生儿死亡率从 33.1‰ 下降到 10.7‰，下降了 67.7%，其中城市地区该指标减少了 7.0 个千分点，农村地区减少了 25.1 个千分点（见表 5-19）。这样不仅有效地保障了母婴的生命安全，也提高了新生儿的出生质量。

表5－18　1996年和2007年孕产妇保健指标比较

（单位:%）

年份	系统管理率	产前检查率	产后访视率	住院分娩率	市住院分娩率	县住院分娩率
1996	65.6	83.7	80.0	61.1	77.8	51.6
2007	77.3	90.9	86.7	91.7	95.8	88.8

（资料来源：2007 年中国卫生事业发展统计公报，《中国卫生统计年鉴 2007》）

表5－19　1991年和2007年监测地区孕产妇和儿童死亡率比较

指　　标	合计		城市		农村	
	2007 年	1991 年	2007 年	1991 年	2007 年	1991 年
孕产妇死亡率（1/10 万）	36.6	80.0	25.2	46.3	41.3	100.0
5 岁以下儿童死亡率（‰）	18.1	61.0	9.0	20.9	21.8	71.1
婴儿死亡率（‰）	15.3	50.2	7.7	17.3	18.6	58.0
新生儿死亡率（‰）	10.7	33.1	5.5	12.5	12.8	37.9

（资料来源：2007 年中国卫生事业发展统计公报，《中国卫生统计年鉴 2007》）

（二）医疗卫生领域的主要问题

由于多方面因素的影响，我国医疗卫生领域仍存在着许多亟待解决的问题，这不仅体现在政府宏观调控层面，也体现在微观主体的市场行为上。这些问题的出现，导致医疗卫生机构的医疗服务供给与社会公众的医疗服务需求严重失衡，使得医疗卫生服务成为当前民生领域中的重点问题，也是最为迫切需要解决的问题。

1. 政府职能转变仍不到位

在医疗卫生服务领域，卫生行政部门仍然充当"裁判员"和"运动员"的双重角色，在卫生监督机构、疾病预防机构与卫生行政部门的关系处理上，"双重身份"问题尤为突出。疾病预防控制体制与卫生监督体制改革之前，卫生防疫机构为各级卫生行政部门委托执行各项卫生监督以及免疫工作，直接受各级卫生行政部门的领导，在经费补偿上与卫生行政机构有着千丝万缕的联系。而在监督执行的对象中，相当大一部分归属于当地卫生行政部门领导，比如归属卫生行政部门的医疗机构，一旦这些医疗机构出了问题，卫生监督机构很难依法行事。而且各级法定质量技术检验检测机构隶属于卫生行政或监管部门，属于非独立的技术服务事业单位或中介身份。这种关系是计划经济体制遗留下来的，这一体制下技术层面的检测与行政层面的监管利益是关联的，难免造成各类频发的卫生问题。

政府职能转变不到位的另一个重要表现是财政预算费用占卫生总费用的比重在不断降低。从1980年到2006年，财政预算占卫生总费用的比重由36.2%降至18.1%，同期个人自负比重大幅度攀升，影响到基本医疗卫生服务的公平性和公正性。政府投入不足还会带来基本公共卫生服务的数量减少和质量降低，医疗卫生机构将有限的医疗资源主要用于营利性服务，并减少公益性服务的供给，从而降低了基本公共卫生水平并有可能导致公共卫生危机的爆发。

2. 医疗卫生资源的配置不合理

受城乡二元经济结构的影响，我国城乡医疗卫生资源在配置方面差距过大。20世纪90年代以后，城市医疗服务供不应求的矛盾已基本解决，但在多方办医的形势下，卫生行业管理未能得到相应地健全和加强，致使当前我国卫生资源的配置不合理。

（1）医疗资源分布不均，主要集中在大城市和大医院。一方面，目前我国约80%的医疗资源集中在城市，广大农村地区医疗资源严重缺乏。如2006年全国平均每千人口医院卫生院床位数为2.53张，许多大城市高达7张以上，而农村地区平均每千人口只有病床0.94张。再如2006年全国每千人口卫生技术人员为3.58人，许多大城市都在6人以上，而农村地区仅为1.35人。同时现行财政补助办法都是按床位、人员数量进行定额补助，导致公共卫生资源进一步向大城市集中，而农村卫生机构则相对补偿不足。据测算，城乡人均卫生费用差异为3至5倍。另一方面，城市大中型医院集中了大量的高新医疗设备和优秀医护人才，基层卫生资源则严重不足。目前，全国社区卫生服务中心（站）占城镇医疗卫生机构总数的 9.1%，而卫生技术人员数仅占 2.9%。

（2）某些地区的医疗资源重复建设现象严重。由于一些历史和体制原因，我国除了医疗卫生部门外，其他如国防、政法、交通、电力、邮电、矿业等部门都根据各自需要建立了自己的医疗卫生机构。改革开放以前，这些医院都有自己的目标人群，逐渐走向市场以后，普遍向社会开放，竞相增加病床、扩充人员并购置设备。但是由于条块分割且缺乏宏观规划管理，造成一些地区机构、服务重叠严重，甚至在同一区域内集中了从属于不同部门的、不同层次的、职能有所交叉的多个卫生机构，导致局部的医疗资源过剩。而另一些地区则缺医少药，资源匮乏。

（3）医院与公共卫生预防机构资源配置比例严重失衡。截止到 2007年年底，全国妇幼保健院（所、站）、专科疾病防治院（所、站）以及疾病预防控制中心的数量占医疗机构总数的 2.7%，床位数占 3.6%。这种"重医疗、轻预防"的现象直接导致我国传统的传染病、地方病发病率上升，严重阻碍了全国医疗卫生事业的健康、合理和协调发展。目前全国约有 500 万肺结核患者，居世界第二，占全球结核病患者总数的 1/4，全国乙型肝炎病毒携带者的数量高居世界第一，而且一些绝迹多年的地方病如血吸虫病甚至死灰复燃。

（4）医疗卫生服务的利用效率不高。如平均住院日过长，到 2007 年全国医院出院者平均住院日仍高达 10.8 天，而国际上先进国家为 5—7天。据统计，我国卫生部门综合医院的病床使用率从 1985 年的 83% 下降为 2006 年的 72.4%，如果医院病床使用率能够提高到 90%，则现有医疗机构病床数非但不用再增加，相反削减 1/5 仍可满足当前需要。此外，大量医疗资源的利用与其实际应承担的任务不相适应：重点收治危重病人和疑难病人的城市三级医院承担了大量一级医院的工作，吸引了大量常见病、多发病患者，门诊治疗人满为患；与此同时，二级、三级医院的医疗资源没有得到充分利用，而价格低廉又方便的社区卫生服务机构更是很少有患者问津。

3. 医疗费用上涨过快

政府投入降低的直接后果之一就是出现以药养医问题，由于国家允许医疗卫生机构在业务范围内向患者零售药品，按药品批发价加成一定比例后出售，并免征流转税和所得税，售药全部收益留归医院，医疗机构为了生存便通过卖药和高档设备使用费来创收自养。以药养医机制刺激医生为追逐利益而与药商合谋，开大药方、售高价药，并诱导患者过度消费，从而导致看病贵问题的出现。在医院医疗费收入中，药费收入的比重平均达到60%以上，少数中小医院高达70%—80%，医疗仪器检验收费约占20%—30%，医生医疗技术服务收费约占10%—15%，国家补助约5%，而国际上药费收入占医疗费的比重一般只在10%—20%。由于"以药养医"等原因，造成我国多数公立医疗机构公益性淡化，单纯追求药品销售收入最大化，而内部改革动力不足，机构重叠、人浮于事、服务质量差，导致居民医疗成本居高不下。据统计，2006年全国城镇居民家庭医疗保健支出比重达7.1%，农村为6.8%。实际上由于缺乏对医疗服务供给方的内在成本制约机制，诱导了需求，导致过度卫生消费现象非常普遍。尤其是在大城市，不少医疗机构通过大处方、重复检查、频繁转诊等手段诱导患者不合理的医疗消费，导致了人均门诊费用和人均住院费用的逐年大幅上涨。据卫生部门综合医院统计，2007年门诊病人人均医疗费用为135.8元；住院病人人均医疗费用4964.4元；门诊病人人均医疗费中，药费占50.0%；住院病人人均医疗费中，药费为2144.0元，占43.2%。

4. 药品生产流通领域比较混乱

当前我国药品的生产和流通完全按照市场化运作，追求利润最大化，与卫生服务的公益性严重背离。截至2005年年底，我国经过认证的药品生产企业有4000多家，药品批发企业8000多家，还有药品零售企业12万家，医药生产流通企业大多在低水平上竞争。为使药品挤进医保用药目录和各类医院，企业不惜采用各种回扣手段，致使商业贿赂屡禁不绝。

（1）药品的创新能力不强。药品生产企业短期行为明显，急功近利，药品研发投入过低，而代之以"起新名、换包装、重新定价"等非正常手段来开拓市场。药品生产企业创新动力不足，热衷于开发短平快、低水平重复产品，而不愿在创新药上投入人力、财力和物力。这与企业现在的实力和生存环境密不可分，虽然新药的高额回报会形成一种驱动力，但新药研发周期长且风险大，我国制药企业分散，单个企业经济和研发实力都非常有限，且仿制药的审批相对容易，企业如果只是生产仿制药，仍然能获得较高的利润。在这种权衡之下，绝大多数企业开展创新的动力是不足的，会选择为了当前的利润，只生产仿制药而不投入创新。1985 年至 1996 年，我国共批准西药新药 1218 个，其中一类创新药仅占 4.33%。

（2）药价虚高问题比较严重。由于缺乏对经营领域中的有效监管，导致同类药品价格高的、回扣大的企业就愿意经营，便宜药反而进不了流通市场，药品市场竞争无序。政府多次采取降价措施，其作用只是影响了流通企业对购销药品的选择，不能从根源上保证消费者使用到降价药品。虽然医疗卫生体制改革一直在推广药品集中招标，但药价依然降不下来，甚至越招越高。为规避降价政策，许多药品生产企业把普通药品改换名称、剂型、规格，就变成所谓"新药"，出现降价药药店停售、药厂停供的尴尬局面。降价药品遭抵制，惠民政策被消解，药品降价政策被频频"截留"，原因在于药品降价政策实际上失去了执行主体。药品制造商和供应商追求利润最大化，利用了医药难以分开的现实，利用医生之手，从大处方中获利。而由于政府投入不足，医疗机构为追求经济利益，也难以抵御大处方的诱惑。

（三）医疗卫生体制的改革展望

立足于我国仍处于社会主义初级阶段的基本国情，抓住构建社会主义和谐社会的历史契机，借鉴国际上医疗卫生体制改革的成功经验，深化医疗卫生体制改革应从以下五个方面着手推进。

1. 卫生行政部门要转变职能，逐步实施全行业管理

卫生行政部门的主要工作应该是管医院而不是直接办医院，要从医疗

机构的代表者转变为广大人民群众健康利益的代表者，运用法律、行政、经济等手段，实行卫生全行业管理。卫生全行业管理指的是对医疗机构、医务人员、卫生防疫系统、妇幼保健、药品生产流通等与人民群众健康息息相关的行业进行统一管理，改变以往条块分割、责任不清、政企不分的状态。只有实行卫生全行业管理才能解决卫生监督管理的身份不独立问题，才能真正实现公平、公正的依法管理，才能促进全行业的健康发展。

2. 调整医疗卫生资源布局

（1）优化医疗资源的区域布局。防止医疗资源过分向特定地域集中，确保公众都能够得到及时和便捷的医疗服务。重点是加强对中西部、贫困地区的转移支付，逐步缩小城乡之间、区域之间的公共卫生和基本医疗服务差距。推动农村乡镇卫生院等基层卫生站（点）的建设，加强农村医疗卫生设施的建设，强化农村卫生队伍建设，提高乡村医务工作人员的医疗技术水平和防病治病的能力，补充后备力量。在城市地区，要积极引导新的医疗卫生资源向新建居民区和郊区县转移，加强新城区和郊区县的区域医疗中心建设。同时要提高城镇整体医疗技术和服务水平，改造陈旧老化的基础设施，将具有一定竞争力的医院"做精、做强"，对于医疗服务量不够、不能正常运行的医院坚决实行转型、压缩和撤并，提高现有医疗资源使用效率。

（2）改善社区卫生服务。改革城市医疗卫生服务体系，积极发展社区卫生服务，逐步形成功能合理、方便群众的卫生服务网络，重点是建立分级医疗、双向转诊制度。卫生行政部门要引导和组织社区卫生服务机构与城市综合性医疗卫生机构建立稳定的业务合作关系，制定双向转诊的临床标准和管理办法，加强考核监督，确保双向转诊工作有序开展，真正实现"小病在社区、大病在医院"和"救治在医院、康复在社区"。医疗卫生机构应指定专门的职能科室和人员负责双向转诊管理工作，建立健全双向转诊流程和处理规范，对社区卫生服务机构转来的患者要开通"专用通道"，及时提供选择科室、预约检查、组织会诊及安排住院等服务，同时将康复期患者和诊断明确的慢性病住院患者转回社区，并提供跟踪服务。

（3）坚持预防为主的方针，加快公共医疗卫生体系建设。加强预防保健并从源头上控制疾病，是最经济、最有效的卫生投资。根据当前面临的国内外新形势和新问题，政府应增加投入，加强公共医疗卫生体系和疾病控制体系的建设，高质、高效地应对突发公共医疗卫生事件，以确保社会安定及经济稳定、持续发展。做好公共医疗卫生宣传和计划生育宣传，加强外资和私营企业的职业卫生管理，加强妇幼保健、免疫接种和传染病控制，应在控制传染病流行方面加大力度，逐步提高慢性非传染性疾病的预防和治疗，认真开展慢性病监测工作。根据各类突发公共卫生事件的特点，进一步完善包括急救医疗中心（站）、传染病专科医院和各类非传染病突出事件应急救治基地在内的医疗救治网络。适应疾病谱的改变，努力做好疾病的预防工作。

3. 积极推进公立医疗机构改革

随着市场竞争以及社区卫生服务的发展，加上医疗保险制约机制逐渐发挥作用，当前需要加快推进公立医疗机构改革。政府要统一规划，合理确定公立医疗机构的数量、规模和基本功能，按照政事分开、管办分开、医药分开、营利性与非营利性分开的要求，深化医疗机构管理体制、运行机制和财政经费保障机制的改革，推进医疗机构属地化和全行业管理，理顺医药卫生行政管理体制，强化公立医院的公共服务职能，纠正片面追求经济收益的不良倾向。

（1）建立完善的公立医疗机构法人治理制度。为明晰公立医院的产权关系，加强对国有医疗卫生资源的管理，按照管资产、管人、管事相结合的原则，建立出资人制度。探索成立卫生国有资产管理与投资发展中心，履行政府出资人代表职责，代表出资人聘用院长，通过契约明确各自的权利和义务，使医院具有真正意义上的经营自主权，形成法人治理结构，做到政事分开、权责明确。

（2）建立符合国情的公立医疗机构运行机制。落实医疗机构的管理自主权，探索社会力量参与公立医院管理的形式。对继续由政府举办的医疗机构，按照经营权与所有权分离的原则进行改革。建立科学合理的院长任期目标责任制，探索风险抵押、委托经营等管理方式，严格考核制度，积极探索效益工资、绩效工资、岗位工资、年薪工资等多种报酬实现形式。

（3）创新人事与分配制度。改革公立医疗机构的人事制度，打破人员身份限制，实行全员人事代理和全员合同聘用制，促进公立医院员工由单位人向社会人转变，由身份管理向岗位管理转变。改革公立医疗机构运行机制，实施药品收入分开，切断药品销售与医疗机构的经济利益关系。规范医务人员的收入分配机制，坚决杜绝提成、回扣等违法违规行为。规范公立医疗机构的盲目创收倾向，缓解看病难、看病贵问题。

（4）建立有效的公立医院财政经费保障体制。加大对公立医院的财政支出力度，帮助公立医院切断靠药品收入弥补医务人员收入、维持医院发展的局面，确保公立医院的公益性特征，强化公立医院的公共服务职能。逐步增加医疗技术服务收费标准，降低药品收入、大型医疗技术设备检查收入在医药总收入中的比例。

4. 实行医药分家与调整医疗机构收费

当前我国医药费用不合理问题，如虚高定价、层层回扣等，主要原因是由于医生的处方权是与医院的药品销售垄断权利紧密相联的。因此，改革药费上涨过快问题的关键在于实行医药分家，切断医疗机构与药品营销之间的直接经济联系，打破医院在销售药品上的垄断地位。国家应首先实行医疗机构药品收入的超收上缴和收支结余上缴，医院的门诊药房要逐步改为独立核算的药品零售企业，经济上与医院分开，行政上仍然可以归医院领导，社区卫生组织以及私人诊所、门诊部原则上不能从事药品购销活动。作为配套措施，要对医疗机构收费进行调整，引导医疗机构和单位通过开展正常的医疗服务实现合理的补偿，调整收费应当坚持综合考虑医疗成本、财政补助等因素进行总量控制和结构调整。

除实行医药分家外，国家还要制定服务和价格规范，引导居民合理消费。按照机构功能，制定科学、合理的服务规范和服务范围，规范各级医疗机构服务行为的同时还要理顺医疗服务价格体系，实现各级医疗机构服务价格的合理梯度，引导病人合理流向。有调查研究表明，60%以上的门诊病人可以在社区或基层医疗机构解决，70%以上的住院病人可以在社区解决或接受家庭医疗卫生服务照顾，如能实现病人的合理分流，可以节省大约40%左右的医疗费用。因此，在规范了各级医疗机构服务行为的前提下，通过政府协调与职工医疗保险管理部门加强合作，将社区卫生服务纳入到医保服务范围，并建立鼓励病人利用社区卫生服务的医保报销规定，提高基层卫生服务的补偿比，也可以有效降低居民医药费用支出。

5. 整顿药品生产流通秩序

（1）加快建立和完善国家基本药物制度。建立国家基本药物制度，是深化药品生产流通体制改革，保证药品生产、流通、使用等各个环节规范运行的一项根本制度，也是治理医药购销领域不正之风的一项治本之策。这项制度的核心内容是，国家按照必需、适宜、安全、廉价的原则，制定国家基本药物目录，目录内的基本药物由政府组织招标定点生产、集中采购和统一配送，以减少中间环节。政府负责基本药物的价格管理，确定不同医疗机构必须使用基本药物的比重，提高药品价格的科学性和合理性，严禁虚高定价。同时政府要加强药品质量监管，集中治理药品审批、生产、流通混乱局面及腐败现象。

（2）加强药品生产经营准入制度，提高产业集中度。药品生产流通秩序混乱的主要原因之一是药品生产的供过于求，因此在治理我国药品生产流通秩序时首先要改变我国目前医药产业的结构，加强药品生产经营的准入制度，在生产领域要加强 GMP 认证以及生产企业的资格认证等，在流通领域要加强 GSP 认证以及药品经营企业资格认证等。此外还要加快产权制度改革，实行兼并重组，提高产业集中度，以提高我国医药企业的竞争力，使我国医药产业朝着健康有序的方向发展。

（3）健全法制，加大对公共卫生领域的执法力度。药品是一种特殊商品，直接关系到广大人民群众的生命健康，国家应对药品的研发、生产、流通、使用、质量、价格等各个方面实行严格监管。目前尽管我国政府相关部门颁布、制定了各种药品监管法律法规，但由于我国法制的不健全，仍然存在漏洞，因此应不断完善法律制度建设，加强政府监管，在制度上防止药品生产流通领域不良现象的发生。并且要依法整顿医药市场，下大力气扭转医药行业的不正之风。加大执法力度，对违法乱纪者决不手软。最后，还要按照我国社会信用体系建设的总体思路和部署，紧密结合医药行业的特殊要求，积极探索建立和完善药品市场信用体系，使药品生产流通得到有序发展。

第六章

社会管理体制改革

　　社会管理体制是国家针对各种社会管理主体在社会生活、社会事务和社会关系中的地位作用、相互关系及运行方式做出的一系列规章制度和程序性安排，其目的在于整合社会资源、规范社会运行和维护社会秩序。伴随着社会主义市场经济体制的逐步建立和日益完善，我国社会管理体制也经历了一个不断调整与变革的过程。改革开放 30 年来，社会事业的概念范畴向外延伸，社会管理的构建理念不断明晰，社会体制的各种关系逐渐理顺，社会管理的体制机制日臻完善。同时也应看到，由于历史因素、阶段性差异等原因，我国经济社会发展不够协调，城乡差距、地区差距和群体差距比较明显，社会不稳定和社会不和谐的因素依然存在，社会管理体制改革任重而道远。遵循社会发展规律，加快转变政府职能，理顺利益主体的相互关系，是当前和今后相当长的一段时期内社会管理体制改革的目标方向和重点任务。鉴于社会管理体制的概念范畴比较宽泛，本书前五章又分别对劳动就业、收入分配、社会保障、教育和医疗卫生单独论述，因此本章在回顾和评述社会管理体制改革历程时，不再对上述五个方面予以详细阐述，而将宏观层面上社会管理体制的发展状况、主要问题和改革展望作为重点。

一、我国社会管理体制的改革历程

我国社会管理体制改革大致可以划分为三个阶段，即 1978—1992 年的改革探索期、1992—2002 年的改革发展期和 2002 年至今的改革完善期，分别对应着不同的历史背景和时代要求，反映在改革理念、改革重心、改革力度和改革措施上也有所差异，下面将以党的政策文件为主线，对这三个阶段分别展开评述。

（一）社会管理体制改革探索阶段

面对"文化大革命"给经济社会生活带来的严重破坏，1978 年党的十一届三中全会拨乱反正，彻底否定以阶级斗争为纲的错误理论和实践，做出将党和国家的工作重心转移到社会主义现代化建设上来和实行改革开放的战略决策，开启了探索建设有中国特色社会主义的历史新时期。十一届三中全会重新确立了马克思主义的思想路线、政治路线和组织路线，坚持解放思想、实事求是，并启动了农村的经济体制改革。在当时的历史背景下，社会管理体制作为整体尚没有被纳入改革的重点领域，只是对部分与经济体制关系密切的社会管理机制进行了局部调整，并且调整的目标非常明确，那就是为经济恢复和经济建设扫除障碍。

1982 年党的十二大提出计划经济为主，市场调节为辅，要集中资金进行重点建设和改善人民生活，扶助农民发展生产并增加收入，着力解决城镇居民在工资、就业、住宅和公用设施方面的问题。同时要求在建设高度物质文明的同时，努力建设高度的社会主义精神文明，重点加强文化建设和思想建设，包括教育、科学、文学艺术、新闻出版、广播电视、卫生体育、图书馆和博物馆等各项文化事业的发展，还包括群众性娱乐活动，提出全国要在 1990 年之前以多种形式基本实现初等教育的普及。1984 年党的十二届三中全会通过了《中共中央关于经济体制改革的决定》，提出商品经济是社会经济发展不可逾越的阶段，我国社会主义经济是公有制基础上的有计划商品经济。并认为增强企业活力是经济体制改革的中心环节，围绕这一中心环节重点解决好国家和全民所有制企业、职工和企业这两个方面的关系问题，要求政府实行政企分开和简政放权，应集中精力做好城市的规划、建设和管理，加强公用设施建设，搞好文教、卫生、社会福利事业和各项服务业，管好社会治安。

1987 年党的十三大报告提出社会主义有计划商品经济的体制应该是计划与市场内在统一的体制，科学判定我国当时正处在社会主义初级阶段，并提出党的基本路线是：领导和团结全国各族人民，以经济建设为中心，坚持四项基本原则，坚持改革开放，自力更生，艰苦创业，为把我国建设成为富强、民主、文明的社会主义现代化国家而奋斗。十三大报告还创造性地提出了"三步走"发展战略，到 21 世纪中叶人均国民生产总值达到中等发达国家水平，基本实现现代化。要求在全社会加强社会主义精神文明建设，包括教育、科学、文化、艺术、新闻、出版、卫生和体育事业等，以提高整个民族的思想道德素质和科学文化素质。

这一阶段的社会管理体制改革与经济体制改革密切相关，主要呈现出四个方面的基本特征。第一，社会管理体制改革以经济建设为中心，各项工作均为经济建设服务。而经济建设的关键环节是提高国有企业的效益，所以社会管理体制改革事实上是以改善国有企业的经营管理水平为导向的。为减少政府对社会经济生活的垄断和控制，一些协调企业利益关系并为企业提供服务的咨询机构、行业协会和律师事务所相继出现，服务于农业和农村经济发展需要的社会中介组织也逐渐成立，客观上推动了社会管理体制的改革与完善。民间组织也得到了较快发展，数量从 1988 年的4446 个迅速增加到 1991 年的 82814 个，但全部为社会团体，反映出此时的民办非营利性组织尚未起步。第二，政府和社会对社会发展的重视程度不够，社会发展完全处于经济发展的从属地位。当时还没有社会发展、社会管理和社会建设等方面的直接表述，社会发展的内容分别体现在社会主义物质文明和社会主义精神文明当中，且以后者居多。第三，社会管理体制具有较强的单位属性。个人的绝大多数行为均依附于所在单位，生、老、病、死基本上均由单位负责，有一定规模的单位都开办自己的医院、学校、幼儿园和商店等生活设施，为本单位职工提供福利性住房，并且负责职工小区的基础设施建设、环境治理等相关事务，为职工提供"从摇篮到坟墓"的一揽子社会福利，甚至承担一些政府的行政管理职能。国有企业发展成为兼有生产、社会保障、社会福利和社会管理的社区单位，形成企业办社会的格局。第四，社会管理体制的行政干预色彩较浓。由于当时计划经济体制的影响仍广泛存在，政府对国有企业的生产经营活动仍给予直接的行政干预，使得当时的社会管理体制也主要以政府的行政干预为主导。政企不分导致企业不得不抽出大量的人力、财力和物力去承担社会管理职能，虽然在稳定职工队伍、改善职工生活和维护社会稳定等方面做出了一定贡献，但从长期来看，造成了社会资源的浪费和低效，降低了国有企业的市场竞争力。

这一时期的社会管理体制改革处于初步探索阶段，为减轻国有企业的非生产性负担以增强国有企业的经营活力，并试图改变不同企业之间社会负担畸轻畸重问题，社会管理体制的改革重点之一是加强政府对社会事务的管理，并开始实行社会事务管理的社会化，使企业职工由"企业人"转变为"社会人"。虽然这一阶段社会管理体制改革的力度不大，但却迈出了第一步，具有重要的历史意义。不可否认，这一阶段的社会管理体制改革具有较大的局限性。政府和企事业单位承担着绝大部分城镇居民的社会管理职能，少数游离于单位体制之外的城镇居民由社区负责管理，农村居民则在人民公社组织和城乡户籍制度的双重约束下无法自由流动。由于计划经济体制下的企事业单位、社团组织和社区组织都是政府行政机关的附属单位，从而缺乏应有的独立性和自主权，因此事实上国家是社会管理的唯一主体和社会服务的唯一提供者。同时要求个人利益服从于国家利益和集体利益，整个社会的利益机制趋于高度一致，从而显得秩序有余而活力不足，客观上产生了社会管理体制改革的利益需求。强调以经济建设为中心而忽视了社会管理体制应有的独立性，强调为国有企业减负服务而忽视社会事业的内在发展规律，使得社会管理中的行政干预色彩过浓，个人对所在单位的依附关系依然存在，现代意义上的社会管理体制还没有真正建立起来。

（二）社会管理体制改革发展阶段

1989 年前后中国的经济社会发展出现了一些波折，社会管理体制改革受到一定影响。1992 年党的十四大明确提出建立社会主义市场经济体制，指出 20 世纪 90 年代的主要任务是坚持党的基本路线，加快改革开放，集中精力把经济建设搞上去，同时围绕以经济建设为中心加强社会主义民主法制和精神文明建设，促进社会全面进步。为建立和完善社会主义市场经济体制，十四大提出要深化分配制度和社会保障制度改革，统筹兼顾国家、集体和个人三者利益，理顺国家与企业、中央与地方的分配关系，加快工资制度改革，逐步建立起符合企业、事业单位和机关各自特点的工资制度和正常的工资增长机制，积极建立待业、养老、医疗等社会保障制度，努力推进城镇住房制度改革。重点提出要把教育摆在优先发展的战略地位，优化教育结构，大力加强基础教育，积极发展职业教育、成人教育和高等教育，鼓励多渠道、多形式社会集资办学和民间办学。要求积极推进文化体制改革，完善文化事业的有关经济政策，加强新闻出版、广播电视和文学艺术等方面的工作，搞好社区文化、村镇文化、企业文化和校园文化的建设，把精神文明建设落实到城乡基层。1993 年党的十四届三中全会通过了《中共中央关于建立社会主义市场经济体制若干问题的决定》，其中对收入分配制度、社会保障制度和教育体制进行了重点部署。在收入分配问题上，要求积极推进个人收入的货币化和规范化，允许属于个人的资本等生产要素参与收益分配，依法强化征管个人所得税，适时开征遗产税和赠予税。在社会保障制度方面，建立多层次的社会保障体系，重点完善企业养老保险制度和失业保险制度，强化社会服务功能以减轻企业负担，提高企业经济效益和竞争能力。在教育体制方面，继续强调优先发展教育事业的战略地位，形成政府办学为主与社会各界参与办学相结合的新体制，扩大地方和院校的办学自主权。同时还要深化文化体制改革，完善文化经济政策，要把社会效益放在首位，正确处理精神产品社会效益与经济效益的关系。

1997 年党的十五大报告提出建设有中国特色社会主义的政治、经济、文化的基本目标和基本政策，将收入分配制度改革、实施科教兴国战略和可持续发展战略、改善人民生活列为有中国特色社会主义经济的基本构成要素，将社会保障制度建设和住房制度建设作为加快国有企业改革的配套措施。强调要努力增加城乡居民实际收入，提高生活质量，逐步增加公共设施和社会福利设施，提高教育和医疗保健水平，到 20 世纪末基本解决农村贫困人口的温饱问题。

这一阶段的社会管理体制改革与建立社会主义市场经济体制有关，主要呈现出四个方面的基本特征。第一，社会管理体制改革开始逐步从经济体制改革中分离出来，社会管理体制被定位为有中国特色社会主义经济的重要组成部分，具有自己的相对独立性，不再被动地、单纯地为国有企业改革服务。虽然社会管理体制建设仍带有为经济体制改革服务的政策意图，但已经开始考虑到社会建设和社会管理的内在规律性，从而使社会管理体制改革更有逻辑性和连贯性。第二，社会管理体制改革的重点更为突出，目标更为明确，措施更为细化。收入分配、社会保障和教育体制是社会管理体制改革的重点领域，源于收入分配问题和社会保障问题是建立现代企业制度的基本前提条件，而教育体制改革是科教兴国战略和提升劳动力综合素质的实现路径。同时在实践层面，政策措施越来越具体，可操作性越来越强。第三，社会管理体制改革的政府行政干预色彩仍比较浓厚，但不再完全局限于政府力量，开始引入市场机制和社会力量，市场配置社会资源的体制机制开始建立，民间力量开始以各种方式参与社会事业的发展，这不仅体现出社会事业发展的本质要求，也是政府职能自发转变的信号。从 1992 年到 2001 年，民间组织由 154502 个迅速上升至 210939 个，这与行政管理体制改革和机构调整密切相关。同时民办非企业组织也得到快速发展，由 1999 年的 5901 个发展到 2001 年的 82134 个，表明民间力量在迅速壮大。第四，社会管理领域的新事务和新形式不断涌现，对社会管理体制提出了全新的要求。非公经济成分的迅速发展迫使国有企业必须加快改革步伐，同时将更多的社会服务不足和社会管理欠缺问题抛向政府和社会，下岗职工再就业困难、收入差距过大、住房、教育、医疗卫生等问题接踵而至，社会管理体制不顺和社会利益机制不协调的负面影响相当严重，要求加快社会管理体制改革的步伐。

这一阶段的社会管理体制处于改革发展期，总体上取得了明显进展。首先在管理方式上，政府不再单纯以行政指令的形式来实施社会管理，市场机制开始发挥重要作用，政府更多地通过财税政策、金融政策、产业政策等宏观调控手段来调节市场，提高了社会成员的选择自主权和参与积极性，各类民间的社会服务得到加大发展，逐渐突破完全由行政控制的社会管理方式。其次在管理主体上，政府不再是事实上的唯一主体，更多的社会组织开始参与进来，群体自治初现端倪。虽然相当一部分社会组织和中介组织具有官方或准官方的背景关系，在社会管理和社会服务中也不可避免地采用一些行政或准行政手段，从而在社会管理效果上与政府基本类似。但这也可以被解读为社会管理多元化的开端，打破了政府对社会管理的垄断性地位，有助于提升社会组织的协调能力和社会成员的权利意识。最后在管理手段上，利益机制的引导作用被逐渐重视，社会成员的利益诉求机制开始建立。倡导社会成员自身通过市场机制解决问题，政府重点对市场失灵的领域进行调节，并逐步出台相关法律法规，以提升政府调节的法制化和规范化。

这一时期社会管理体制改革的主要问题是：第一，社会管理体制改革仍没有完全摆脱国有企业改革配套措施的地位，应当面向全社会成员的社会管理在一定程度上难免偏重于某些特定社会群体。而社会管理体制不完善带来的社会事业的发展差距又导致城乡差距、地区差距和群体差距扩大，从而成为社会不稳定的潜在因素。第二，各类社会组织、中介组织虽然有很大发展，但"官办、官管、官运作"现象普遍，社会基层和普通群众的意见仍然难以找到正常、通畅的反映渠道，致使许多本应及时调解的社会矛盾积累为过激的大规模群体性事件。

（三）社会管理体制改革完善阶段

伴随着改革开放进程的逐步推进，我国 GDP 增长迅速，经济建设取得了显著成绩，同时，经济与社会发展不协调的现象也日益严重。为了解决经济社会发展"一条腿长、一条腿短"的问题，2002 年党的十六大报告提出了全面建设小康社会的宏伟目标，包括社会保障体系比较健全、社会就业比较充分、家庭财产普遍增加、人民生活更加富裕、形成比较完善的现代国民教育体系和医疗卫生体系等，其中社会发展的目标和内容分别体现在经济发展、政治发展和文化发展当中，社会管理体制改革还分散在经济体制改革、政治体制改革和文化体制改革当中。2004 年党的十六届四中全会首次提出构建社会主义和谐社会，注重激发社会活力，促进社会公平和正义，要求加强社会建设和管理，推进社会管理体制创新。同时还提出，深入研究社会管理规律，完善社会管理体系和政策法规，整合社会管理资源，建立健全党委领导、政府负责、社会协同、公众参与的社会管理格局。这是第一次对我国社会管理体制改革进行全面诠释。2006 年党的十六届六中全会通过了《中共中央关于构建社会主义和谐社会若干重大问题的决定》，要求以解决人民群众最关心、最直接、最现实的利益问题为重点，着力发展社会事业，完善社会管理，推动社会建设与经济建设、政治建设、文化建设的协调发展，推进经济体制、政治体制、文化体制和社会体制的改革与创新，首次将社会建设和社会体制提到一个全新的高度。同时提出要完善公共财政制度，加大财政在教育、卫生、文化、就业再就业服务、社会保障、生态环境、公共基础设施、社会治安等方面的投入，逐步实现基本公共服务均等化，这为我国社会事业发展和社会管理体制改革指明了方向。2007 年党的十七大报告提出，加快推进以改善民生为重点的社会建设，努力形成全体人民学有所教、劳有所得、病有所医、老有所养、住有所居的和谐社会，这是当前和今后相当长一段时期内我国社会管理体制改革的行动指南。

2006 年以来，社会事业提升为构建和谐社会的重要环节，社会管理体制正处于全面建设和深化改革阶段，劳动就业、收入分配、社会保障、教育卫生、居民住房和社会治安等关系群众切身利益的问题得到政府高度重视，也成为社会各界关注的焦点，短短两年多时间，社会事业发展和社会管理体制改革取得了突出进展。

二、社会管理体制改革的主要成绩

改革开放 30 年来，适应工业化、信息化、城镇化、市场化、国际化的发展趋势，在经济发展和经济体制改革的直接推动下，我国社会管理体制不断改革和完善，基本上适应了我国由高度集权的计划经济体制向社会主义市场经济体制转变的需要。前文已经分阶段对社会管理体制的改革历程做了简要评述，下面将从更宽泛的视角对社会管理体制改革成就做总体评价。

（一）社会管理体制的构建理念不断更新

社会管理体制合理与否，很大程度上取决于制度的构建理念是否与时俱进并具有一定的预见性。总体而言，我国社会管理体制的构建理念在不断更新，与经济社会发展的客观需要相适应。

1. 社会管理的基本脉络不断厘清

改革开放 30 年来，我国社会管理体制构建理念的基本脉络是，从以经济建设为中心的配套措施到有中国特色社会主义经济的重要组成部分，再到基本公共服务均等化的重大举措，反映了社会管理体制的重要性日益突出。

改革探索期以经济建设为中心，在当时的历史背景下具有一定的合理性，在城镇地区主要是减轻国有企业的非生产性负担，在农村地区主要是释放农村集体的活力，使得原由企业和农村集体承担的社会管理职能向社会转移，政府自然承担起这一责任，并对社区的社会管理职能进行了扩充，当时有关的社会管理体制改革作为经济体制改革的配套特征非常显著。

改革发展期的有关社会体制改革被视为有中国特色社会主义经济的重要组成部分，很大程度上归因于非公经济成分的快速发展。非公经济成分在发展初期就基本上不用承担社会管理职能，在与国有经济竞争时具有先天优势，同时还要求政府为其职工提供相应的社会服务，从而增加了政府的社会管理职能范围，客观上要求政府进行职能转变和管理手段的创新。

改革完善期党中央、国务院提出了基本公共服务均等化的重大举措，并明确社会建设以改善民生为重点，涵盖劳动就业、收入分配、社会保障、医疗卫生、住房保障、社区建设、社会治安、应急机制和社会组织等方面。推进基本公共服务均等化要求完善社会管理体制和提高社会管理水平，以实现社会公平和社会正义。基本公共服务均等化为社会管理体制改革设定了新的目标定位，也为评判社会管理体制改革的发展水平提出了基本准则。

2. 社会管理的基本内涵不断丰富

改革开放 30 年来，我国由一个整体性社会转变为一个多样化社会，具体表现为经济成分和经济利益格局多样化、社会生活多样化、社会组织形式多样化、就业岗位和就业形式多样化，这带来社会结构的深刻变化。社会成员中，除政府公务员、事业单位工作人员和国有企业职工外，民营经济的创业人员和技术人员、外资企业的中方管理技术人员、个体户、私营企业主、中介组织从业人员和自由职业者等构成新的社会阶层，他们对个人利益的追求各不相同。随着物质生活水平的提高，人们的思想观念出现了多样化和多元化，这就涉及多样化资源的整合和多元化利益的调整，通过协商对话和平等交流的形式以达成社会共识。

社会结构的深刻变化带来社会管理基本内涵的不断丰富。一是服务对象上，因为国有经济及其人员规模总体上在相对缩小，而非公经济从业人数的比重却在大幅度增加，社会管理从主要为机关事业单位和国有企业服务扩展到为全体社会组织及其成员服务。二是发展水平上，随着人们收入水平和生活质量的提高，社会管理从满足人民群众的基本物质文化需要提升到满足不同社会群体的多层次需要。三是管理内容上，教育、医疗卫生、文化、科技和体育等方面一直都是主要领域，但在劳动就业和收入分配相继实行市场化改革的推动下，新问题不断涌现，产生了新的管理内容，传统社会管理内容的调整幅度也很大。四是管理主体上，政府主动将部分社会管理职能交还给社会，除将部分原本由行政机关承担的社会管理职能转给事业单位外，更多地是实行市场调节、社会化管理和自我管理，从而形成党委领导、政府负责、社会协同、公众参与的管理格局。

3. 社会管理的战略地位不断提升

从改革历程来看，我国社会管理的战略地位在不断提升。社会建设、社会发展和社会管理等概念的正式提出比较晚，但并不能否定长期以来它们的客观存在，而且是政府宏观调控的重要领域。在 1978 年至 1992 年的改革探索阶段，社会管理与经济建设密不可分，很难将这一阶段的社会管理与经济管理完全区分开来，当时作为经济管理的一部分，社会管理在战略地位上具有从属特征。在 1992 年至 2002 年的改革发展阶段，社会管理被分解到社会主义物质文明建设和精神文明建设当中，但仍偏重于经济层面。当时提出要一手抓物质文明，一手抓精神文明，两者不可偏废，体现出社会管理的战略地位得到了提升。与此同时，有中国特色的社会主义当时主要包括经济、政治和文化，社会还没有被单列出来，仍是以内含于经济、政治和文化的形式来体现，这说明社会建设和社会管理的战略地位还没有充分显现出来。2002 年以来，全面建设小康社会目标的提出、科学发展观的确立、特别是十六届六中全会做出关于构建社会主义和谐社会若干重大问题的决定，社会建设和社会管理的战略地位有了质的飞跃。社会建设与经济建设、政治建设、文化建设并驾齐驱，成为推进中国特色社会主义市场经济的四轮之一。

（二）社会管理体制的法规体系日益完善

法律法规是一个国家或地区实现有序发展和社会稳定的基本保障，法制化程度被视为衡量一个国家或地区发展水平的基本标准之一。社会主义市场经济是法制经济，建立和发展社会主义市场经济体制的过程也是法制不断完善的过程。反映在社会建设和社会管理领域，就是社会管理体制的相关法律法规体系在不断完善，以提高社会管理体制的权威性和规范性。

1. 法律法规陆续出台

社会管理的外延宽泛，其所对应的法律法规也比较庞杂。在这些法律法规体系当中，既有发展比较成熟、在全国层面上具有强大约束力的综合性立法，也有发展相对成熟、在全国层面上具有规范功能的国务院法规，还有尚处于探索阶段、对某一领域问题进行具体指导的部门规章制度和地方性法规。而且在社会管理的不同领域，基本上都存在着综合性立法、国务院法规、部门规章制度和地方性法规并存的局面，这是法制化进程中的必然现象，也反映出社会管理体制在不断完善中对法律法规的新要求。

在教育领域，先后颁布了《中华人民共和国义务教育法》、《中华人民共和国教师法》、《中华人民共和国教育法》、《中华人民共和国职业教育法》、《中华人民共和国高等教育法》和《中华人民共和国民办教育促进法》等，并出台了《教师资格条例》、《民办教育促进法实施条例》等实施细则。在劳动就业领域，先后颁布了《中华人民共和国劳动法》、《中华人民共和国劳动合同法》、《中华人民共和国就业促进法》和《中华人民共和国劳动争议调解仲裁法》等，并出台了《残疾人就业条例》、《劳动保障监察条例》和《职工带薪年休假条例》等相关法规。在收入分配领域，主要为颁布《个人所得税法》，并对其他相关税法进行修订。在社会保障领域，先后出台《城市居民最低生活保障条例》、《失业保险条例》、《工伤保险条例》和《农村五保供养工作条例》等，并以国务院通知的形式对城镇企业职工养老保险、城镇职工医疗保险、农村最低生活保障等项目进行了具体规范。在医疗卫生领域，先后颁布《中华人民共和国母婴保健法》、《中华人民共和国红十字会法》、《中华人民共和国卫生检疫法》、《中华人民共和国献血法》、《中华人民共和国执业医师法》、《中华人民共和国职业病防治法》、《中华人民共和国食品卫生法》、《中华人民共和国传染病防治法》和《中华人民共和国人口与计划生育法》等，并出台了《医疗器械监督管理条例》、《母婴保健法实施办法》、《计划生育技术服务管理条例》、《乡村医生从业管理条例》、《尘肺病防治条例》、《公共场所卫生管理条例》、《化妆品卫生监督条例》、《艾滋病防治条例》、《血吸虫病防治条例》、《学校卫生工作条例》和《护士条例》等相关法规。在社会治安领域，除《中华人民共和国刑法》等上位法外，还出台了《治安管理处罚条例》、《关于加强社会治安综合治理的决定》等法规文件。在社会团体管理领域，主要是出台了《社会团体登记管理条例》及一些部门规章制度。社会管理体制相关法律法规的出台无疑大大提升了社会管理的权威性和强制性，为相关机构实施社会管理行为提供了强有力的法律依据，同时也推动了社会管理体制的健全和完善。

2. 法律知识的广泛普及

由于牵涉到社会成员的实际切身利益，社会管理领域的法律法规比较容易为广大社会公众所认知。改革开放 30 年来，我国政府有关部门在普法过程中，非常注重对社会管理体制法律法规的宣传教育工作，通过多种途径、以群众喜闻乐见的方式将法律法规的相关内容普及到单位、社区和个人身上，以增强社会公众的法制观念。从 1985 年我国开展第一个五年普及法律常识活动以来，全体公民的法律意识逐步增强，依法治理工作得到深入开展，各项社会事业的法治化管理水平得到显著提高。

3. 执法力度的不断加强

社会事业的发展水平直接关系到居民的生活质量，同时社会管理领域也经常出现居民正当利益受到侵害的现象。计划经济体制下，政府和企事业单位承担了绝大部分社会管理职能，利益纠纷大多数采用行政方式在单位内部解决，这种情况下职工利益的调解是否妥当在很大程度上取决于单位领导人的能力和思想品质等因素。改革开放以来，随着"单位人"向

"社会人"的不断转变，社会群体不断分化，各类社会利益冲突凸现，再沿用过去那种主要依靠行政领导解决的方式，往往出现有法不依、执法不严的现象，更何况有些社会群体与基层政府、政府部门之间的纠纷更不能简单依靠行政手段来解决。这就需要加大执法力度，规范各阶层的社会生活，调解各类社会矛盾。近年来，随着人们法制观念的增强，客观上要求以法律手段来公正、公平、合理地解决利益纠纷，政府因势利导并加大了执法力度，例如在解决农村征地、城市拆迁、工资拖欠、劳动纠纷、医疗纠纷等直接涉及群众利益的问题上，都加强了执法力度，维护了社会成员的合法权益。严格执法，也对社会管理领域中的潜在违法行为产生强大的威慑作用，为政府赢取了民心，为社会赢得了稳定。

（三）社会管理的政策措施逐渐健全

由于社会管理制度构建理念不断更新，社会管理的政策措施也在逐步健全，重点在于理顺政府干预和市场调节的关系，转变政府职能，提高政府的社会管理水平。

1. 政府的直接行政干预力度在逐步减弱

社会管理步入法制化轨道后，政府大幅度减少了对社会事业的行政审批事务，严格按照行政许可法的要求确定行政许可的内容，在社会事务管理中坚持依法行政。同时政府自身不断转变职能，大力培育社会组织、中介组织和城乡基层自治组织，使之承担起一定的自我管理和自我服务的社会功能，社会管理的社会化取得了新进展。截至 2007 年 3 月底，在各级民政部门登记的民间组织总数已经达到 353139 个，其中社会团体 190566 个，民办非企业单位 161430 个，基金会 1143 个。[①] 目前我国已经初步形成门类齐全、覆盖广泛的民间组织体系，主要分布在行业中介、教育、科技、文化、卫生、劳动、民政、体育、环境保护、社区和农村专业经济等领域。在各类社会团体中，行业性社会团体的数量最多，其余依次为专业

---

① 中华人民共和国民政部网站民政统计数据，http://admin.mca.gov.cn/mztj/yuebao0703.htm。

性社会团体、学术性社会团体和联系性社会团体。民办非企业单位以教育类、卫生类为主。2007 年全国共有各级各类民办学校（教育机构）9.52 万所，共有在校学生 2583.50 万人；还有民办培训机构 22322 所，884.68 万人次接受了培训。其中民办幼儿园、普通小学、普通初中、职业初中、普通高中、中等职业学校、民办高校分别为 77616 所、5798 所、4482 所、6 所、3101 所、2958 所和 297 所，还有其他高等教育机构 906 所。[①]

政府直接行政干预力度减弱不仅体现在促进社会组织和中介组织的发展上，还体现在行政管理体制改革和事业单位管理体制改革上，通过改革减少政府不必要的社会干预。行政管理体制改革方面，政府行业管理部门逐步撤销与合并，以减少微观经济部门所受到的日常行政干预，政府行政管理开始以宏观调控为主；政府从许多竞争领域退出来，让更多的民间资本和社会力量进入，不需要由政府承担的职能开始转给社会组织，以充分释放民间资本和社会力量的竞争活力；政府职能重点由经济建设转向社会管理与公共服务，政府职能开始着眼于保障和改善民生，加强社会管理和公共服务部门建设。事业单位管理体制改革方面，按照政事分开、事企分开和管办分离的原则，对现有事业单位分三类进行改革，主要承担行政职能的，逐步转为行政机构或将行政职能划归行政机构；主要从事生产经营活动的，逐步转为企业；主要从事公益服务的，强化公益属性，整合资源，加强政府监管。

2. 城乡分割的政策措施逐渐摒弃

城乡二元结构是我国社会管理体制改革所无法逾越的障碍，在教育、劳动就业、收入分配、社会保障、医疗卫生、住房保障和社会治安管理等方面产生了截然不同的待遇。长期以来城乡二元结构的稳定运行主要靠户籍制度来支撑。随着工业化和城镇化的迅速推进，城乡分割的社会管理体制越来越不适应经济社会发展，迫切需要对其进行改革和调整。近年来我

---

① 中华人民共和国教育部：《2007 年全国教育事业发展统计公报》，http://www.moe.gov.cn/edoas/website18/54/info1209972965475254.htm。

国社会管理体制针对城乡分割现象做出了诸多调整，逐步消除了对农村和农民的歧视性政策措施。在教育体制改革中，要求城市中小学为进城与父母居住在一起的农民工子女提供就近入学的机会，并享受与城市学生同等的待遇。在劳动就业体制改革中，不再将就业机会与户籍关系相挂钩，并严格要求同工同酬。在社会保障体制改革上，将农民工纳入城镇居民的社会保障体系当中，农民工同样能够享受工伤保险、医疗保险和养老保险，有些地区还针对农民工的工作特征提供简单便携的优惠政策。在社会治安管理上，逐步消除对外来人员的偏见，很多地方改暂住证制度为居住证制度，给予其正常的市民待遇。

3. **基本公共服务的提供机制逐渐形成**

基本公共服务的发展水平是衡量社会管理体制改革成效的重要指标，提高基本公共服务的发展水平又离不开完善的提供机制。改革开放以来，基本公共服务的提供机制走过了一段弯路，20世纪末我国城乡之间以及不同社会群体之间的不平衡拉大。构建和谐社会的理念提出基本公共服务均等化的目标，这一目标与计划经济时期的平均主义有着本质差别。基本公共服务均等化是建立在市场机制基础之上的，追求公平与效率的有机结合。基本公共服务提供机制的完善不仅反映在制度目标的改进上，更体现在对细微环节的高度重视。以义务教育经费保障机制为例，政府承担了全部教学基础设施建设支出、教学办公经费和教师工资，为中小学生免费提供教材。计划生育政策的实施带来农村适龄学生的规模在逐步减少，原有中小学的布局需要进行调整，使得部分学生的上学路程过远，加上父母外出打工造成留守儿童增多的影响，政府适时推出了寄宿制，有效保障了适龄儿童的受教育机会。

（四）社会管理体制的实现途径逐步创新

社会管理体制的功能发挥离不开相应的实现途径，合理有效的实现途径将会产生事半功倍的效果，伴随着我国社会管理体制的不断完善，其实现途径也在逐步创新。

1. 利益诱导取代行政指令占据主导地位

与计划经济体制相适应，改革探索期的社会管理体制主要通过行政指令来实现。那时人们的工作单位由政府机关指派，工作调动非常难，个人基本没有自主选择权；工资数额由政府统一确定，社会福利由所在单位统一提供，论资排辈，平均主义盛行；城镇职工分别享受公费医疗和劳保医疗，待遇差距不大。行政指令成为政府管理经济社会最主要的途径。改革开放后，利益主体迅速分化，不同经济成分的职工之间有了比照，群体性差距开始出现，这对社会调控措施提出了新的要求。在市场机制对社会资源配置发挥基础性作用的背景下，单纯的行政指令已不再适合作为社会管理体制的实现途径，利益诱导机制应运而生。现在在调解各类社会利益纠纷方面，利益诱导机制逐渐占据主导地位，社会管理主体通过调整社会成员之间的利益关系来改变他们的社会行为，从而使得社会和谐和社会发展成为社会成员的自发行为。政府部门从行政强制到利益诱导，社会群体从被迫服从到自主协商，这既是社会管理体制完善的成效，更是社会进步的表现。

2. 高度重视行业协会和非营利组织的协调功能

我国行业协会和非营利组织有着特殊的诞生背景，在社会管理体制改革中发挥着独特的协调作用。20 世纪 80 年代中后期是我国行业协会开始再生的阶段，这一阶段行业协会的突出特点是政府创办，绝大部分行业协会在经费来源、人员编制及组织功能上都有着浓厚的行政色彩。1998 年《社会团体登记管理条例》发布后，行业协会进入了充实、巩固和提高的新阶段，截至 2004 年年底，全国行业协会的数量超过了 4 万家。我国非营利组织具有明显的官民双重性，带有过渡性特征，在社会政治经济活动中发挥着各自不同的作用。由于大多数行业协会和一部分非营利组织带有官方或准官方的背景，使其在社会管理上具有某种先天的合法性。同时这些机构主动参与社会管理的愿望通常比较强烈，而且比较容易获取社会公众的认同感，从而他们在社会管理中发挥着非常重要的协调作用。

3. 建立和完善合理的利益表达机制

利益表达机制是解决利益矛盾和利益冲突的重要途径。改革开放初期社会成员之间的利益矛盾和利益冲突不明显，建立利益表达机制的动力不足，同时政府的行政干预力度过强，利益表达机制也难以建立。20 世纪90 年代利益矛盾和利益冲突越来越多，也越来越明显，建立利益表达机制的动力不断增强，加上政府行政干预的力度有所减弱，建立利益表达机制有了自身的发展空间。2002 年以来，出于促进社会公正和维护社会稳定的需要，政府主动建立和完善合理的利益表达机制，坚持把改善人民生活作为正确处理改革发展稳定关系的结合点，拓宽社情民意表达渠道，推行领导干部接待群众制度，完善党政领导干部和党代表、人大代表、政协委员联系群众制度，健全信访工作责任制，搭建多种形式的沟通平台，健全社会舆情汇集和分析机制，完善矛盾纠纷排查调处工作制度，建立党和政府主导的维护群众权益机制，实现人民调解、行政调解、司法调解有机结合，综合运用法律、政策、经济、行政等手段和教育、协商、疏导等办法，着力解决土地征收征用、城市建设拆迁、环境保护、企业重组改制和破产、涉法涉诉中群众反映强烈的问题，积极预防和妥善处置人民内部矛盾引发的群体性事件，以消除人们对政府社会管理政策的排斥和社会成员之间的敌对情绪。近年来，我国开始实行听证会制度和网络征求意见制度，在与百姓生活密切相关的领域进行重大政策调整之前，听取和征询有关利益群体、社会各界的意见和看法，以完善社会管理政策。

三、当前社会管理体制的主要问题

在充分肯定我国社会管理体制取得成效的同时，也应清醒地看到，社会管理作为相对独立的体制，2006 年才正式在党的十六届六中全会上提出来。与经济体制、政治体制、文化体制比较，社会体制的内涵、外延以及相关的理论、政策都还在形成的过程中，还很不完善。实践中，由于长期偏重经济建设，社会管理滞后的问题也不可能两三年内就根本解决。目前，社会管理还存在许多不适应社会主义市场经济体制要求的弊端，亟待解决。

（一）政府职能转变不到位

政府职能转变对社会管理体制改革的成效至关重要，提供社会公共服务是服务型政府的基本职责。社会发展的大多数内容具有公共产品、自然垄断和外部经济等特征，因而不能单纯依靠市场提供，掌握公共权力的政府必须承担起提供社会公共服务的责任与功能。[①] 当前我国社会公共服务发展仍然滞后，总量供应不足且分配不均衡，其根本原因之一就是政府的职能转变还不到位，政府越位、缺位、错位和失位等现象并存。

1. 许多地方政府的经济发展至上理念没有得到根本扭转

改革初期确立了以经济建设为中心，这是完全正确的。但在相当长的一个时期内人们过分强调 GDP 增长，各级政府将工作重心完全放在经济增长上，忽视社会事业的发展，甚至不惜以牺牲资源、环境以及社会其他方面的发展为代价，则陷入了误区。地方各级政府往往把"发展是硬道理"理解为"经济增长是硬道理"，并将"经济增长是硬道理"进一步理解为"经济增长高于一切"，认为经济增长会自动提供社会公共服务，只要搞好经济增长工作，其他一切问题就会迎刃而解。虽然近年来中央提出以科学发展观统领各项工作，要求将社会发展、环境保护等指标纳入政绩考核体系中，但不少地方政府的政绩考核实际上仍遵循经济发展至上理念，继续以资源浪费和环境恶化来换取短期内的 GDP 高速增长，同时忽视弱势群体的利益诉求，特别是在劳动保护、社会保障、义务教育、医疗卫生等领域。有些地方政府甚至以遏制劳工权益保护来吸引投资，将有限的财政资金大量投入经济建设领域，不切实际地大搞楼堂馆所，这必然压

---

① 丁元竹著：《社会发展管理》，中国经济出版社 2006 年版，第 6 页。

低社会公共服务方面的必要支出，导致经济社会发展失衡和社会关系紧张。近年来，沿海发达地区出现的"民工荒"是农民工在面对权益受损时的自发反应，一些地方因没有妥善处理好被征地农民和拆迁户的利益补偿问题，导致群体性上访甚至暴力冲突，这些都凸显地方政府在社会发展领域的重视程度还远远不够。

2. 公共财政对社会事业的投入不足

由于各级政府将主要精力和大部分财力用于经济建设领域，导致政府的社会管理职能成为薄弱环节，政府提供的基本公共服务明显不足且在城乡之间、地区之间分配不均衡。财政性教育经费支出至今也未达到占GDP 4%的预定目标，农村义务教育经费缺口很大，城市学校因教学质量差距过大导致择校问题相当严重，教育公平问题引人关注。由于政府投入不足，我国医疗卫生体系不健全，医疗资源约80%集中在城市，其中2/3又集中在大医院，基层卫生服务和农村的卫生资源严重不足。城市医生和医院床位比需要量多20%—25%，一些大型诊疗设备拥有量比需要量多25%—33%，卫生资源分配的公平性备受质疑。1995—2005年间，我国民政事业经费年均支出仅占国家年均基础设施建设经费投入的0.17%，由此导致福利院、养老院等民政基础设施建设数量不足、条件简陋，救灾救济标准与救助需求的差距较大。①

（二）民间组织发展严重滞后

改革开放以来，我国民间组织发展迅速，但从社会观念、数量规模和整体能力来看，民间组织的发展还远远跟不上市场经济发展和社会进步的需要。

1. 民间组织的行政色彩浓厚

目前我国民间组织大多数具有深厚的官方或准官方背景，行政色彩浓厚，缺乏应有的民间性、自治性、自愿性和自主性。现有的民间组织大多

---

① 何增科：《中国公民社会发展的制度性障碍分析》，《中共宁波市委党校学报》2006年第6期。

数是自上而下建立的，导致其创新精神和开拓性不足。部分民间组织官办性太强，政社不分，不仅体现在其经费来源大多为国家财政拨款或行政性收费，而且工作人员的大部分也来自政府机关。有些行业协会的成立是为了安置政府机构改革产生的分流人员，大多数行业协会的专职人员数量较少，主要为政府和企业的离退休人员和内部借调人员，社会招聘人员的比例极小。虽然官方或准官方背景有助于民间组织开展社会工作并参与社会管理事务，但这容易给社会公众造成政府代言人的角色定位，从而难以充分获取公众对其中立地位的认同和信任。目前我国行业协会主要由体制内改制而成，与政府部门有着千丝万缕的关系。多数行业协会由国有企业牵头，覆盖面过窄，其会员企业在全行业企业总数中所占的比例较低。由于协会会员单位大多局限在原部门系统内，且大多数为国有企业，从而很难摆正国有企业与私营企业、原部门内和部门外企业的关系，实际上行业协会代表的是政府和国有企业的利益，带有浓厚的官办色彩和行政气息，影响了私营企业等潜在会员的积极性。①

2. 民间组织面临着许多制度性的发展障碍

我国在民间组织管理体制上以限制和控制为基本导向，对民间组织的发展设定了多项制度性限制，如要求民间组织寻找业务主管单位，提高民间组织的登记准入门槛，同一地区只允许成立一个同类行业协会，对民间组织实行年检制度、请示报告制度和双重管理制度，从而使得民间组织在发展中也存在官办色彩浓厚、规模实力偏小、能力不强、效率不高、社会认同度低等缺陷，与非政府性、非营利性、自治性和志愿性等民间组织应当具备的基本特征相差甚远。以慈善捐赠为例，民间组织自发组织的慈善捐赠和社会共济互助受到种种限制，往往被作为一种上级政府布置的政治任务来完成，习惯于利用工作单位或社区机构采取广泛动员、领导带头、人人参加的半强迫方式来进行。② 目前我国开始在社会公共服务领域引入

---

① 龚禄根主编：《中国社会中介组织发展研究》，中国经济出版社 2006 年版，第 170 页。

② 何增科主编：《社会管理与社会体制》，中国社会出版社 2008 年版，第 14—15 页。

民间力量和市场机制，但民间组织广泛进入社会事业和公共服务行业所面临的行政性垄断和准入限制等体制性障碍仍未消除。

3. 民间组织自身的运行机制不畅

鉴于民间组织发展的先天性不足和体制性障碍，民间组织自身在实际运行中也存在着机制不畅的问题。由于覆盖面小，一些行业协会对会员企业缺乏吸引力，国家财政对行业协会的补贴越来越少，使得行业协会缺乏资金来提供充分的信息服务和集体性协调活动，这样就更难吸引会员企业，以至于陷入一种不利的恶性循环。由于行业协会的人员很多来自于政府机关，且普遍年龄偏高，专业人才欠缺，难以提供高质量的信息服务，降低了行业协会对会员企业的吸引力。另外由于行业协会的法律规章过于简略，部分行业协会的内部组织、财产关系比较混乱，内部管理松弛，规章制度形同虚设，社会信誉较差，个别行业协会甚至成为某些行政机关谋利的工具。

（三）社会发展资源配置效率较低

社会发展资源配置如何在效益比较、效率大小和社会公平间达到平衡，是一个值得认真思考的问题。受经济发展水平的制约和政府政策导向的限制，我国社会发展资源的总量明显不足，而且配置水平不高，导致整体配置效率偏低。

1. 社会发展资源配置缺乏前瞻性

社会发展资源配置的前瞻性是指，对社会发展的一种预判断能力，包括社会发展方向和社会发展速度，内容涵盖教育、劳动就业、收入分配、人口变迁和社会管理等领域。我国社会发展长期滞后于经济发展，并以经济发展为中心，缺乏应有的自主性和独立性，反映到资源配置上也是如此。与经济发展具有相对完备的政策措施组合相比，社会发展的政策措施比较零散，缺乏相应的战略规划和政策体系，导致社会发展资源配置的前瞻性不够。以教育事业为例，教育资源的投入力度长期偏低，使得农村教育事业因经费不够而出现萎缩，上学贵、上学难的问题日益突出。近年来，公共财政加大了对教育事业的资金投入，并推出义务教育经费保障机制，才逐步扭转了义务教育阶段学校经费不足的局面，但部分高校学生家庭因学致贫的问题依然没有得到有效解决。

2. 社会发展资源共享机制尚未建立

受行政管理体制和地方区域利益的影响，我国社会发展资源的条块分割比较严重。不同部门和不同地区从自身的职责范围出发，对其所掌握的资源进行配置使用，出于部门利益和地方利益的考虑，社会发展资源配置具有非常明显的部门特征和区域特征，不同部门和不同地区之间缺乏必要的信息沟通渠道和资源共享机制，造成资源缺乏和资源富足并存的配置格局。资源调配能力强的部门和经济发达地区的社会发展资源比较丰富，资源的利用效率相对偏低，甚至出现资源浪费的现象；资源调配能力差的部门和经济欠发达地区的社会发展资源比较缺乏，很多公共社会服务项目都难以正常开展起来。尤其值得注意的是，同一地区不同部门之间存在资源重叠现象，这在当前社会主义新农村建设中表现得非常明显。为提高农村人口素质，人口和计划生育部门加大对农村计划生育工作的投入力度，改善基础设施，添置医疗器械，但仅限于用于计划生育服务。即使是处于暂时空闲状态，人口和计划生育部门也不能提供基本医疗卫生服务。农村文化事业的发展情况也是如此，不同行政部门都希望单独开办自己的项目建设，从场地、硬件设施到人员安排上均自成体系，不愿意在其他部门所建项目的基础上提高社会服务水平。这种现象在我国当前社会管理格局中非常普遍，共享机制缺乏必将带来社会发展资源的浪费和配置效率的低下。

四、社会管理体制创新的战略思考

加强社会管理，维护社会稳定，是构建社会主义和谐社会的必然要求。当前和今后一段时期内我国必须创新社会管理体制，整合社会管理资源，提高社会管理水平，在服务中实施管理，在管理中体现服务。加强社会建设和改善社会管理关键在于推进社会管理体制创新，尽快建立健全与社会主义市场经济相适应的新型社会管理体系，进一步激发全社会的活力和创造力，形成社会管理和社会服务的合力，努力构建社会主义和谐社会。

（一）社会管理体制创新的战略格局

党的十七大提出，要健全党委领导、政府负责、社会协同、公众参与的社会管理格局，并健全基层社会管理体制，建设宏大的社会工作人才队伍，这为我国社会管理体制创新提出了战略格局。

1. 党委领导

党委领导是我国社会主义现代化建设中必须始终坚持的根本原则，这是有中国特色的政治优势。只有坚持党的领导，才能确保社会建设、社会发展和社会管理的正确方向，才能有效地整合各种社会管理资源，提高社会管理水平。党委领导主要体现在四个方面：一是正确把握历史方向和时代要求，对社会发展领域的重大问题进行理论研究和战略思考，科学判断形势，制定出与经济社会发展阶段相适应的、符合社会发展规律的大政方针；二是从人民群众的根本利益出发，将反映群众利益的党的意志和主张上升为国家法律法规，以推动政府依法行政和依法管理社会事务，并对政府的社会管理职能进行规范和监督；三是及时研究社会建设、社会发展和社会管理中的新情况与新问题，建立科学化、规范化和制度化的体制机制，以推动各项社会事业的全面发展；四是发挥党的组织协调能力和凝聚力，号召共产党员在社会建设和社会管理中发挥先锋模范作用，尤其是充分发挥基层党组织和共产党员在服务群众中起带头示范的作用。

2. 政府负责

政府负责是国家履行社会管理职能的必然要求，是实现社会公平和社会稳定的基本保障。在社会主义市场经济体制下，政府的主要职能是经济调节、市场监管、社会管理和公共服务。政府负责主要体现为及时对市场机制进行补缺，凡公民、法人和其他组织不能自主解决的，政府要切实担负起应尽责任，包括制定社会建设和社会管理的政策法规，依法管理和规范各类社会组织，建立健全处理人民内部矛盾、各种社会矛盾的协调机制和社会治安综合治理机制，制定针对自然灾害、公共卫生、事故灾难和社会安全等方面的应急机制，提高政府保障公共安全和处置突发事件的应对能力。政府负责还体现在推进行政管理体制改革和事业单位管理体制改革，扩大基本公共服务的实际覆盖范围，加强公共设施建设，为群众和基层提供方便快捷的优质服务。政府要推进公共服务信息化，及时发布公共信息，为群众生活和参与经济社会活动创造便利条件；要推进政事分开，支持社会组织参与社会管理和公共服务；要加强市场监管，整顿和规范市场秩序。

3. 社会协同

社会协同是整合社会管理资源的基本途径。社会管理体制创新中要充分发挥各类社会组织的职能作用，加强政府与社会组织之间的分工与协作，加强不同社会组织之间的相互配合。社会管理体制改革中，政府将一部分社会管理职能转交给社会组织来承担，并将一部分社会服务交给市场来提供，提高了社会组织和市场主体的社会协同责任。在社会转型期，经济成分和利益主体日益多元化，客观上迫切需要建立起政府、企业和社会之间的良好沟通机制，这也为社会组织的发展提供了广阔舞台。社会协同要求民间组织利用植根于民间的优势，积极发挥他们在提供服务、反映诉求和规范行为等方面的作用。

4. 公众参与

公众参与是社会管理体制顺畅的有效实现形式。一切为了群众、一切依靠群众是党的群众路线，充分依靠人民管理国家和社会是这一群众路线的生动体现。社会管理体制创新中的公众参与主要表现在三个方面：一是大力培养公众的参与意识，要激发公众自发参与到社会建设和社会管理中来，通过参与将社会管理政策深入宣传到每位公众身上，并反映到日常行为上；二是不断拓宽公众参与的渠道，村民委员会、社区居委会和民间组织是公众参与的主要组织形式，民主选举、民主决策、民主管理和民主监督是公众参与的主要实现途径，还应进一步拓宽参与渠道和扩大参与范围，增强政府社会管理决策的透明度和公正性；三是严格规范公民的参与行为，充分发挥法律法规和道德机制的规范约束作用，使公众以积极、负责、合法和理性的姿态来参与社会管理，以最有效地反映社情民意。

5. 社会工作人才队伍建设

造就一支结构合理、素质优良的社会工作人才队伍，是构建社会主义和谐社会的迫切需要，也是社会管理体制创新必要的智力支持。营造尊重人才的良好社会氛围，着力创新人才评价机制。建立健全以培养、评价、使用、激励为主要内容的政策措施和制度保障，健全有利于人才发展的分配激励机制。确定职业规范和从业标准，提高社会工作人员的职业素质和专业水平。制定人才培养规划，建立政府引导、社会参与的人才培养体系，加快高等院校社会工作人才培养体系建设，抓紧培养大批社会工作急需的各类专门人才。充实公共服务和社会管理部门，配备社会工作专门人员，完善社会工作岗位设置，通过多种渠道吸纳社会工作人才，提高专业化社会服务水平。

（二）社会管理体制创新的基本原则

社会管理体制创新要以当前的经济社会发展阶段和社会管理水平为出发点，也要突破社会管理体制改革中面临的各种瓶颈和制度障碍，将社会管理体制提升到新的高度和水平，社会管理体制创新要遵循以下基本原则：

1. 坚持以人为本的制度构建理念

坚持以人为本就是要以实现人的全面发展为目标，从人民群众的根本利益出发谋发展、促发展，不断满足人民群众日益增长的物质文化需要，始终把实现好、维护好、发展好最广大人民的根本利益作为党和国家一切工作的出发点和落脚点，切实保障人民群众的各项权益，做到发展为了人民、发展依靠人民、发展成果由人民共享。以人为本是包括社会管理体制在内的各项管理体制改革的基本原则，只有坚持以人为本，才能使人民群众积极地认同社会管理体制创新和社会事业发展，才能使创新和发展符合社会各阶层的共同利益，才能为构建社会主义和谐社会奠定坚实而广泛的社会共识，才能为实现社会的安全运行和健康发展提供牢固的群众基础。

2. 全面推进与重点突破相结合

社会管理体制创新是一项全新改革，既无现成的经验可循，又无固定的模式照搬。社会管理只有通过不断改善薄弱环节才能实现在行业、城乡和地区之间的全面发展，保障不同地区、不同阶层、不同民族的人民群众普遍享有基本公共服务。因此要坚持以社会需求为导向，大力调整社会事业结构，优先发展基本公共服务，强化重点领域、薄弱环节和薄弱地区的发展，扩大教育、卫生、文化等资源的供给能力。同时坚持从实际出发，因地制宜，分类指导，促进各项社会事业协调发展，促进区域、城乡之间的协调发展。

3. 坚持政府主导与发挥市场机制作用相结合

社会事业主要是由公共财政支持的公共产品和公共服务领域，因此必须确立政府在推进社会事业发展中的主导地位，强化政府在市场经济条件下的社会管理和公共服务职能。同时，由于市场经济条件下社会资源占有主体的多元化和多样化，社会管理和公共服务不再单纯是政府的事务，必须依靠市场手段的调节作用，调动社会力量的广泛参与。体制创新要有利于调动市场和社会组织的参与力量，有利于实现公共资源和公共信息的整合共享，有利于增加政府管理的透明度，形成政府、市场和社会三者之间的良性互动。即使在政府提供公共产品和公共服务的过程中，也要适当引入市场竞争机制，以提高公共社会资源的使用效率。

（三）社会管理体制改革的总体思路

我国目前正处于经济转轨和社会转型期间，社会利益进行着重大调整，社会问题纷繁复杂，大量存在的各种社会问题导致社会矛盾不断积累与发展，冲击着现行僵化低效的社会管理体制。要建设好社会主义和谐社会，必须对现行的社会管理体制进行全方位的创新。

1. 社会管理由单一主体发展为多元主体

社会管理主体多元化首先要求政府从社会管理的唯一主体变革为主导主体，因为政府也存在失灵现象，如公共政策失效、公共物品供给的低效率、内部性以及寻租腐败等，应摈弃政府办社会的大政府状态，让市场力量参与进来。另一方面，社会组织协同政府进行社会管理可以有效地促进政府职能转变，使得政府可以从大量具体而微观的社会管理活动中解脱出来，并集中精力做好经济和社会发展中长期规划的研究与制定，加强宏观管理，提高决策质量和社会管理效率。此外社会组织还能发挥政府与民众之间的桥梁纽带作用，各类社会组织可以协调各层次、不同群体间的利益冲突，通过广泛联系群众、了解民意、集中民情，把众多不同群体的意见和利益诉求反馈给政府，为政府决策提供咨询。各类社会组织、行业协会和中介组织还具有协同政府进行社会管理的功能，实现社会管理资源的整合优化。而且在现代民主社会中，公民不再是被动接受管理和服务的消极参与者，而是积极主动的参与者，具有参与公共事务管理的动力和能力，社会管理主体多元化也是顺应公民参与社会管理事务的做法。

2. 社会管理方式从以行政管制为主发展为以公共服务为主

计划经济时代建立起来的政府社会管理体制是一种全面的事务管理，与之相对应的管理方式是以行政管制为主，典型表现为几乎所有的社会事务均需要进行审批并得到政府许可。这种管理方式忽略了政府为社会公众提供服务的服务性作用，忽略了社会公众对公共事务管理的参与权，忽略了社会公众对政府管理行为的制约和监督，忽略了政府社会管理过程中公共责任机制的建设与发展。现代公共管理意义上的政府社会管理是政府部门在公民参与下进行的一种服务行为，政府职能部门通过对公共利益的集合、维护和再分配来保护个人利益，确保个人追求和实现自身利益的公平机会。政府由原来的控制者转变为服务者，意味着施政目标由行政领导和专家决定演变为由民众意愿和合法选择来决定，政府从行政管理至上转变为以指导服务为要务，其职能重心也转移到社会管理和公共服务领域。

3. 社会管理手段由单一行政干预手段发展为多种手段相结合

传统社会管理体制下政府对社会进行全面管制，主要手段为行政干预，即政府凭借政权力量，依靠自上而下的行政组织制定、颁布、运用政策和指令的方法来实现国家对全社会的领导、组织和管理。单一行政干预手段的明显局限性是缺乏民主精神，容易挫伤民众的积极性，并且不恰当行使行政干预手段容易导致主观主义、个人专断、滥用职权以及资源浪费并最终导致干预的失败，不利于社会矛盾的化解。在当前席卷全球的行政改革浪潮中，多种市场化工具被运用到政府的社会管理手段中来，如使用者付费、合同外包、分散决策和内部市场等，这些市场化工具的使用对于提高公共资源的利用效率、提供政府社会管理机构的运行效率和提高社会管理效率均有明显效果。国外在社会管理方面的许多成功经验值得我们学习、借鉴。此外，舆论引导和思想教育也是社会管理的重要手段之一，它用非强制性手段使管理对象自觉从事政府所鼓励的工作或活动，其具体方式有启发教育、说服劝告、建议协商、标榜典范以及媒体宣传等。

4. 社会矛盾化解机制从强力压制到有效沟通协调

改革开放以来，我国逐步形成多元化的社会利益格局、多元化的利益主体。以利益竞争为核心的社会矛盾在我国当前经济转轨、社会转型阶段十分突出，处理不好，会影响社会稳定和经济发展。长期以来，我国已经形成一定的社会矛盾化解机制，如信访制度、仲裁制度和法院审判制度等，但目前这些制度还不能完全适应我国经济社会快速转型过程中出现的社会利益多元化的格局，导致一些利益纠纷的化解远未达到预期效果。一些地方对于群体性利益诉求以传统社会管理体制通常采用的行政手段进行粗暴压制，结果反而使矛盾激化，成为爆发大规模社会冲突的导火索。强力压制机制不仅严重影响到政府的公信力，而且影响到国家的长治久安。应改革传统社会矛盾化解机制，创建以人为本、符合时代要求的有效矛盾化解机制，实现利益大体均衡的社会环境。创建有效沟通协调的社会矛盾解决机制主要包括三个方面的内容：即建立健全畅通的利益表达机制、建立完善合理的利益协调机制和健全利益导向机制。

五、社会管理体制创新的展望

当前要以科学发展观为指导，高度重视社会管理与公共服务在构建社会主义和谐社会中不可替代的重要作用。各级政府必须紧紧围绕全面建设小康社会的目标，切实转变政府职能，大力推进政府社会管理体制创新，提高公共服务水平，努力建设一个以和谐发展为主题的公共服务型政府。

（一）建立社会管理的多方参与合作机制

1. 建立中央政府、地方政府合理分工的社会管理体制

根据新时期社会公共服务多样化、多层次的特点，合理划分中央政府和地方政府的事权，充分发挥政府、社会组织等各方面的力量，建立健全以地方政府为主导、多层次的社会管理体制。按照受益与负担相对称、管理范围和管理能力相匹配以及事权和财权相统一等原则，合理划分各级政府的社会管理事权，充分调动地方政府在社会管理方面的积极性，将社会管理的责任落到实处，并纳入政府绩效考核体系。中央政府主要负责制定社会事业发展的总体规划和基本政策，地方政府主要负责本地社会公共服务的供给。对于具有较强外部性的社会事业，如基础教育、公共卫生等，通过规范的转移支付等方式，明确中央政府对这类社会事业的财政投入和补偿机制，由地方政府负责具体提供。逐步建立事权与财权相对称的社会事业发展机制，从制度上减少不规范的预算外收费和名目繁多的创收活动，真正建立起社会事业良性发展的长效机制。理顺政府、市场和社会在社会事业发展中的角色，各级政府要为各类相关主体参与举办社会事业创造公平竞争、开放有序的环境。

2. 大力培育发展社会组织

在社会转型期，要建立起党委领导、政府负责、社会协同、公众参与的社会管理格局，就必须大力发展社会组织，通过政府倡导支持、建立规范发展的制度体系等途径，顺应社会要求，整合社会管理资源，培育包括社会团体、行业组织、社会中介组织、志愿团体等在内的各类社会组织，发挥他们在参与社会管理方面的作用。发挥各类社会组织在社会监督方面的作用，提高社会的自主和自律能力，建立社会化的评估制度。发挥各类社会组织在满足社会多样性需求方面的作用，拓宽资金来源渠道，扩大群众对社会公共服务的选择空间。发挥各类社会组织的自治作用，加强社会融合，让社会成员互相帮助和解决社会问题，自觉维护安定团结。在培育发展社会组织的同时，进一步优化社会组织功能，加强规范引导和监督管理，提高社会管理能力建设。

3. 大力加强社区建设和管理

探索新的社区发展和管理模式，健全社区管理组织体系，建立政府与非营利组织、企业在社区建设中的伙伴关系，把一部分政府可以不直接承办和企事业单位剥离的社会职能、服务职能交由社区承担。提高社区居民的自治程度，发挥城乡基层自治组织协调利益、化解矛盾、排忧解难的作用，使社会弱势群体在社区中得到帮助和支持。建立起社区居民之间互相信任、互相关怀的关系，增强社区的认同感和凝聚力。加强社区基础设施建设，对社区事务中弱势群体保护等纯公益福利部分和家庭服务、物业管理等非营利或营利部分，要实行区别政策予以推进，不断丰富社区建设的内容和完善社区功能。

（二）建立多元化的社会事业筹资机制

1. 建立社会事业财政投入稳步增长机制

建立健全与公共服务相适应的公共财政体制，把财政支出的重点转到加强社会管理和公共服务上来。合理确定社会事业财政投入的比例和强度，按照基本公共服务均等化的要求，制定并实施覆盖城乡的基本公共服务标准，按标准规划建设义务教育、公共卫生及基本医疗、公共文化体育、计划生育、社会保障和公共安全设施。确保公共财政用于社会事业尤其是基本公共服务的资金逐年增加，增长幅度不低于财政支出增长幅度，并形成稳定的社会发展建设投入和经费保障机制。加大中央预算内社会事业投资力度，通过中央预算内社会事业专项资金、财政贴息、国内外优惠贷款等措施，按照规范的财政转移支付方式支持基层政府提供基本公共服务，并有重点地支持一批国家或跨区域的社会事业重大项目建设。加强各类财政性资金的整合，建立起集约的、规范的社会事业投资机制，调动省以下政府加大对农村和贫困地区社会事业发展投入的积极性。提取部分土地出让收入、提价收入、国有资产经营收入、资源性收入和专项福利彩票收入，建立和充实社会公益事业的发展基金。把社会事业的财政支出纳入法制轨道，完善监督和责任追究制度。

2. **利用市场机制扩大社会发展融资渠道**

促进社会事业的参与主体多元化、投资渠道多样化、建设运营市场化和部分领域产业化。结合投融资体制改革，通过公私合营、财政补贴、特许经营、贷款贴息、财税优惠等措施支持民间或其他社会力量举办营利和非营利公共服务项目。探索发行支农特别国债或特别政策性金融债，支持农村公共服务设施建设。改进社会事业发展筹资模式，探索在社会事业发展领域建立政府发展基金、投资公司和利用资本市场融资等办法，为具有产业属性的社会事业提供资金支持。由中央政府和地方政府共同出资并吸引社会资本投资参股，设立创业投资基金，对文化、体育、医疗企业在创业开发阶段给予专项资金支持。

3. **鼓励社会力量兴办社会事业**

放宽市场准入并拓宽企业投资社会事业的渠道，凡法律法规未禁止的社会事业领域均鼓励和引导社会资金投资或参与。加快推进经营性社会事业的市场化和社会化进程，建立公开、公正、公平的行政审批制度，放宽社会事业市场准入条件和范围，鼓励社会各类资本以兼并、收购、租赁、承包等多种形式进入社会事业发展领域。对社会事业领域的国有资产重组和置换给予必要的税费减免，所得款项用于社会事业的重点项目建设。探索通过资本注入、贷款贴息、财政补贴、优惠政策、特许经营等多种资助或补偿方式支持、鼓励、引导社会力量办好社会事业。改进和完善政府采购制度，对有特殊要求和重点支持的社会活动、设施建设实行招投标制度和中介评估制度。完善社会捐赠税收抵扣政策，鼓励个人和企业积极捐赠社会事业。

4. 提高社会发展资源的使用效率

合理配置社会事业资源，盘活存量，优化增量，解决社会事业国有资产结构失衡、效益不高和闲置浪费等问题。破除所有制障碍、部门利益和城乡壁垒，整合社会发展资源，统筹兼顾，合理布局，探索社会事业建设营运一体化模式。实现社会公共服务系统及其管理功能逐步向农村延伸，促进城乡社会事业的共建共享机制。促进教师、医生和技术人员在城乡之间和地区之间的合理流动，从根本上解决服务人才短缺与结构失衡的问题。完善社会事业单位与企业的共建机制，实现资源共享与优势互补。建立健全社会发展资源的效用评估机制，推动社会发展资源的资本化，以提高社会发展资源的经济效益和社会效益。

（三）发挥社会发展宏观调控体系的作用

1. 推进社会发展专项规划的实施

积极推进社会发展领域重大规划的制定与实施，进一步明确社会发展的目标方向、战略任务和主要措施，发挥规划的引导作用。广泛动员各方力量，群策群力，共同参与制定社会发展领域的重大规划，在制定中长期规划和重要专项规划时更应集思广益。制定和实施社会事业发展的总体规划及专项规划，通过实施社会事业发展规划来促进区域间人才、科技、旅游、文化、卫生、体育等重大资源的规划布局和协调发展。要更加重视规划的实施，在实施中及时发现问题并解决问题，进一步提高重大规划的科学性与合理性。逐步完善社会事业发展规划实施的评估工作，提高社会发展规划的实施效果。

2. 创新社会发展宏观调控的方法和手段

着力建立与经济社会发展阶段相适应的社会公共服务体系，建立更加完善的社会公共服务体制。完善社会事业发展的政绩考核机制，建立体现科学发展观要求的社会发展综合评价体系，把重要社会发展指标纳入各级政府的考核体系。全面落实社会发展的约束性指标，建立相应的责任追究制度。政府要提高对社会事业发展的宏观调控能力，搞好经济社会发展的综合平衡，促进社会事业发展与经济发展基本协调。保持社会公共服务总供给与总需求的基本平衡，促进各项社会事业布局、结构、质量基本均衡协调发展。当前要把优先解决就业和促进基本公共服务均等化作为总量调控的主要目标，把缩小城乡间、地区间在基础教育、基本医疗、公共文化等方面的发展差距作为结构调整的主要目标，把着力解决好收入分配、利益补偿、司法公正、公共安全等问题作为促进社会公平公正的主要目标。不断创新社会发展宏观调控手段，综合采用经济手段、法律手段和行政手段，但更多地采用财政政策、投资政策、税收政策和社会政策等，更多地采取间接调控方式，尽量减少直接行政干预。

3. 建立社会发展监测评价指标体系

建立健全社会发展的综合评价体系、监测体系和考核体系。以现有统计指标数据为基础，开发与社会发展趋势相适应的衡量指标体系，建立起指标体系完善、数据来源科学的统计制度，保证社会发展统计指标的有效性和统计数据的真实性。从社会发展的实际国情出发，借鉴国际经验，广泛征集社会各界的意见，建立健全社会发展的综合评价体系，准确反映我国社会发展的真实水平。在全国层面上运用综合评价指标体系构建社会发展的预警监测系统，及时掌握社会事业的动态发展水平。同时根据客观条件的变化对指标的种类、标准值和权数进行调整，从而保证宏观调控目标的适应性和可控性。

参考文献

1. 蔡昉主编:《2002:中国人口与劳动问题报告》,社会科学文献出版社 2002 年版。

2. 曹剑光:《我国社会管理体制改革的路径探析》,《福建行政学院福建经济管理干部学院学报》2007 年第 1 期。

3. 常宗虎:《中国政府社会管理范围初探》,《中国民政》2003 年第 7 期。

4. 陈佳贵主编:《中国社会保障发展报告(1997—2001)》,社会科学文献出版社 2001 年版。

5. 陈振明:《什么是政府的社会管理职能》,《新华文摘》2006 年第 3 期。

6. 陈福今:《大力推进社会管理创新努力构建和谐社会》,《国家行政学院学报》2005 年第 6 期。

7. 成思危主编:《中国社会保障体系的改革与完善》,民主与建设出版社 2000 年版。

8. 成乃清:《论完善政府的社会管理职能》,《中共云南省委党校学报》2003 年第 4 期。

9. 迟福林:《2007 年中国改革评估报告》,中国经济出版社 2007 年版。

10. 丁元竹:《对美国社会管理体制的考察》,《中国改革》2005 年第 11 期。

11. 丁元竹著:《社会发展管理》,中国经济出版社 2006 年版。

12. 窦玉沛主编:《社会管理与社会和谐》,中国社会出版社 2005 年版。

13. 戴蒙德和巴尔执笔,中国经济研究和咨询项目组:《中国社会保障体制改革：问题和建议》，《比较》2006 年第 24 期，中信出版社出版。

14. 费尔德斯坦：《中国的社会养老保障制度改革》，载丁开杰主编：《社会保障体制改革》，社会科学文献出版社 2004 年版。

15. 郭虹：《从单位到社区——社会管理体制的变革》，《经济体制改革》2002 年第 1 期。

16. 郭济：《以科学发展观为指导加强政府社会管理与公共服务职能》，《中国行政管理》2004 年第 8 期。

17. 郭泽保：《构建我国政府现代社会管理职能体系》，《福建行政学院福建经济管理干部学院学报》2005 年第 3 期。

18. 龚禄根主编：《中国社会中介组织发展研究》，中国经济出版社 2006 年版。

19. 顾肖荣：《整合社会资源加强社会管理——谈政府社会管理职能转变》，《毛泽东邓小平理论研究》2007 年第 2 期。

20. 何增科主编：《社会管理与社会体制》，中国社会出版社 2008 年版。

21. 胡盛仪：《完善我国社会管理的思考》，《学习与实践》2006 年第 10 期。

22. 官景辉：《以科学发展观统领经济社会发展全局》，新华出版社 2007 年版。

23. 侯岩：《推进社会管理体制创新》，《中国经贸导刊》2005 年第 4 期。

24. 和经纬：《构建和谐社会与强化政府社会管理职能》，《华南理工大学学报（社会科学版）》2005 年第 5 期。

25. 焦凯平主编：《养老保险》，中国劳动社会保障出版社 2005 年版。

26. 姜平：《构建社会主义和谐社会的核心内容——论推进中国社会管理体制创新》，《云南行政学院学报》2006 年第 1 期。

27. 贾振民：《创新社会管理体制　构建社会主义和谐社会》，《中共郑州市委党校学报》2006 年第 6 期。

28. 孔泾源主编：《中国劳动力市场发展与政策研究》，中国计划出版社2006 年版。

29. 孔泾源:《中国居民收入分配理论与政策》,中国计划出版社 2005 年版。

30. 劳动和社会保障部、中共中央文献研究室编:《新时期劳动和社会保障重要文献选编》,中国劳动社会保障出版社 2002 年版。

31. 李绍光:《深化社会保障改革的经济学分析》,中国人民大学出版社 2006 年版。

32. 李岚清:《李岚清访谈录》,人民教育出版社 2003 年版。

33. 李爽:《实现公平分配的制度与政策选择》,经济科学出版社 2007 年版。

34. 李培林:《"十一五"时期应注重社会管理体制的改革》,《中国经贸导刊》2005 年第 21 期。

35. 李程伟:《社会管理体制创新:公共管理学视角的解读》,《中国行政管理》2005 年第 5 期。

36. 李晓萍:《试论和谐社会的社会管理体制创新》,《前沿》2005 年第 8 期。

37. 李军鹏:《公共服务型政府》,北京大学出版社 2004 年版。

38. 刘淑珍:《论强化政府社会管理职能问题》,《理论学刊》2002 年第 4 期。

39. 刘邦凡:《论社会系统生态性转型及其地方政府管理职能定位与体制变革》,《中国行政管理》2006 年第 11 期。

40. 刘瑞等编著:《社会发展中的宏观管理》,中国人民大学出版社 2005 年版。

41. 刘燕斌主编:《面向新世纪的全球就业》,中国劳动社会保障出版社 2000 年版。

42. 林毅夫、蔡昉、李周:《中国的奇迹:发展战略与经济改革》,上海三联书店、上海人民出版社 1994 年版。

43. 鲁滨等:《以社会管理体制创新推进和谐社会建设》,《中国党政干部论坛》2006 年第 10 期。

44. 马凯主编：《2007 年中国国民经济和社会发展报告》，中国计划出版社 2007 年版。

45. 莫荣主编：《2003—2004 年中国就业报告》，中国劳动社会保障出版社 2004 年版。

46. 潘晨光：《中国人才发展报告 NO1》，社会科学文献出版社 2004 年版。

47. 潘晨光：《2007 年中国人才发展报告 NO4》，社会科学文献出版社 2007 年版。

48. 任宗哲：《地方政府社会管理职能新探》，《西安交通大学学报（社会科学版）》2001 年第 3 期。

49. 宋晓梧：《产权关系与劳动关系》，企业管理出版社 1995 年版。

50. 宋晓梧：《中国社会保障制度改革》，清华大学出版社 2001 年版。

51. 宋晓梧：《我国收入分配体制改革研究》，中国劳动保障出版社 2005 年版。

52. 宋晓梧主笔：《中国社会保障体制改革与发展报告》，中国人民大学出版社 2001 年版。

53. 宋晓梧：《改革：企业·劳动·社保》，社会科学文献出版社 2006 年版。

54. 唐铁汉：《确立科学发展观与转变政府职能》，《国家行政学院学报》2004 年第 3 期。

55. 王东进主编：《中国社会保障制度的改革与发展》，法律出版社 2001 年版。

56. 王延中：《中国的劳动与社会保障问题》，经济管理出版社 2004 年版。

57. 王梦奎主编：《中国社会保障体制改革》，中国发展出版社 2001 年版。

58. 王梦奎：《中国：经济发展与社会和谐》，人民出版社 2007 年版。

59. 温传富：《论政府转型与社会管理体制创新》，《理论学刊》2005 年第 9 期。

60. 张东生:《中国居民收入分配年度报告 (2007)》,中国财政经济出版社 2008 年版。

61. 张东生:《中国居民收入分配年度报告 (2006)》,中国财政经济出版社 2007 年版。

62. 张勤:《强化政府社会管理职能与构建服务型政府的基本思路》,《行政论坛》2005 年第 2 期。

63. 张康之:《在完善社会管理体制中降低行政成本》,《行政论坛》2007 年第 1 期。

64. 赵人伟:《中国居民收入分配再研究》,中国财政经济出版社 1999 年版。

65. 赵立波等:《政府转型与社会管理体制改革》,《科学社会主义》2005 年第 3 期。

66. 赵履宽等主编:《中国劳动经济体制改革——理论、目标、改革》,四川科学技术出版社 1988 年版。

67. 赵万里、李三虎:《中国社会管理引论》,中国社会科学出版社 1995 年版。

68. 郑杭生主编:《中国人民大学中国社会发展研究报告 2006——走向更讲治理的社会:社会建设与社会管理》,中国人民大学出版社 2006 年版。

69. 谢庆奎等:《和谐社会与社会管理体制改革》,《北京行政学院学报》2006 年第 2 期。

70. 谢志强:《当前创新社会管理体制的三个着力点》,《理论前沿》2005 年第 13 期。

71. 谢向阳:《加强社会建设管理与推进社会管理体制创新》,《商业经济》2006 年第 6 期。

72. 杨东平:《2005 年:中国教育发展报告》,社会科学文献出版社 2006 年版。

73. 杨宜勇:《中国转型时期的就业问题》,中国劳动社会保障出版社

2002 年版。

74. 尹鸿祝：《中国教育十年录》，高等教育出版社 2003 年版。

75. 亚诺什·科尔奈：《转轨中的福利、选择和一致性》，中信出版社 2003 年版。

76. 邹东涛：《经济中国改革问题》，中国经济出版社 2005 年版。

77. 郑秉文主编：《社会保障体制改革攻坚》，中国水利水电出版社 2004 年版。

78. 郑功成等：《中国社会保障制度变迁与评估》，中国人民大学出版社 2002 年版。

79. 周敏凯：《新时期我国政府社会管理若干问题理论思考》，《学习与探索》2006 年第 5 期。

后 记

在新闻出版总署策划出版的《强国之路——纪念改革开放 30 周年重点书系》中，《中国社会体制改革 30 年回顾与展望》一书邀我担任主编，感到压力很大。改革开放以来，我国经济保持了 30 年高速发展的势头，创造了世界经济奇迹。同时，正如党的十七大报告中指出的，我国的政治建设、文化建设、社会建设也取得了举世瞩目的成就。这些辉煌成绩不仅使中国人民稳定走上了富裕安康的广阔道路，也为世界经济发展和人类文明进步做出了巨大贡献。回顾 30 年来我们在社会事业和社会体制改革方面取得的进展，更加坚定了我们在中国特色社会主义市场经济道路上前进的信心。党的十七大报告在充分肯定社会事业取得成就的前提下，明确指出在我国还面临着一系列新的矛盾和问题。胡锦涛总书记在《在省部级主要领导干部提高构建社会主义和谐社会能力专题研讨班上的讲话》中指出，我国"城乡发展不平衡、地区发展不平衡、经济社会发展不平衡的矛盾更加突出"。这三个不平衡中的最后一个，就是指社会发展滞后于经济发展。温家宝总理在多次重要讲话中形象地说，当前我国面临的突出问题之一是"经济这条腿长，社会这条腿短"。因此，回顾 30 年社会事业发展和社会体制改革历史进程，应当实事求是地肯定成绩，实事求是地反省问题，从而有利于我们与时俱进，进一步解放思想，通过加大改革力度，推动社会体制创新，促进社会事业发展，尽快解决经济社会发展不平衡的矛盾，实现全面建设小康社会的伟大目标。

本着这样一种精神，我和几位作者广泛收集、认真梳理了有关社会体制方面的资料，力图通过对改革发展阶段的划分、对改革取得成绩的综述、对改革面临问题的剖析以及对今后改革的展望，大致反映 30 年来我国社会体制的演变情况。在写作过程中我们感到，社会体制作为相对独立的体制，与经济体制、政治体制、文化体制比较，提出的时间较晚，其内涵、外延以及相关的理论、政策都还在形成的过程中，需要探讨的问题很多。根据我们手头收集到的资料，这本书很可能是第一部专门总结社会体制改革的著述，不成熟之处在所难免，我们恳切希望读者提出宝贵意见，集思广益、共同探讨，大力推进有关社会体制的理论研究。

　　参与本书写作的五位同志是宋晓梧、邢伟、张璐琴、鄢平和李颖。其中宋晓梧撰写绪论，张璐琴为劳动就业体制改革和收入分配体制改革两章供稿，宋晓梧、邢伟为社会保障体制改革一章供稿，鄢平为教育体制改革一章供稿，李颖和邢伟为医疗卫生体制改革一章供稿，邢伟为社会管理体制改革一章供稿。宋晓梧负责全书总撰。

　　我对其他四位作者表示感谢，他们知难而上，帮助我完成了本书的写作任务。还要感谢人民出版社的郑海燕副主任，她为本书的写作提供了宽松的条件，并给予具体指导。

宋晓梧

2008 年 9 月 17 日

组稿编辑:郑海燕
责任编辑:郑海燕
封面设计:周文辉
版式设计:曹　春
责任校对:夏学娟

图书在版编目(CIP)数据

中国社会体制改革30年回顾与展望/宋晓梧主编.
-北京:人民出版社,2008.12
(强国之路——纪念改革开放30周年重点书系)
ISBN 978 - 7 - 01 - 007360 - 6

Ⅰ.中…　Ⅱ.宋…　Ⅲ.社会管理-体制改革-研究-中国　Ⅳ.D63

中国版本图书馆 CIP 数据核字(2008)第150536号

中国社会体制改革30年回顾与展望
ZHONGGUO SHEHUI TIZHI GAIGE 30 NIAN HUIGU YU ZHANWANG
宋晓梧　主编

人民出版社 出版发行
(100706　北京朝阳门内大街166号)

北京瑞古冠中印刷厂印刷　新华书店经销

2008年12月第1版　2008年12月北京第1次印刷
开本:700毫米×1000毫米 1/16　印张:21.75
字数:305千字

ISBN 978 - 7 - 01 - 007360 - 6　定价:40.00元

邮购地址 100706　北京朝阳门内大街166号
人民东方图书销售中心　电话 (010)65250042　65289539